HERMES

在古希腊神话中,赫耳墨斯是宙斯和迈亚的儿子,奥林波斯神们的信使,道路与边界之神,睡眠与梦想之神,死者的向导,演说者、商人、小偷、旅者和牧人的保护神……

西方传统 经典与解释
HERMES
Classici et Commentarii

柏拉图注疏集

刘小枫 甘阳 ● 主编

苏格拉底与希琵阿斯

Socrates and Hippias

王江涛 | 编
王江涛 等 | 译

华夏出版社

中国人民大学科学研究基金
(中央高校基本科研业务费专项资金资助) 项目成果
Supported by the Fundamental Research Funds for the Central Universities, and the Research Funds of Renmin University of China

"柏拉图注疏集"出版说明

"柏拉图九卷集"是有记载的柏拉图全集最早的编辑体例,相传由亚历山大时期的语文学家、数学家、星相家、皇帝的政治顾问忒拉绪洛斯(Θράσυλλος)编订,按古希腊悲剧的演出结构方式将柏拉图所有作品编成九卷,每卷四部(对话作品三十五种,书简集一种,共三十六种)。1513 年,意大利出版家 Aldus 出版柏拉图全集,被看作印制柏拉图全集的开端,遵循的仍是忒拉绪洛斯体例。

可是,到了十八世纪,欧洲学界兴起疑古风,这个体例中的好些作品被判为伪作;随后,现代的所谓"全集"编本迭出,有 31 篇本或 28 篇本,甚至 24 篇本,作品前后顺序编排也见仁见智。

俱往矣!古典学界约在大半个世纪前已开始认识到,怀疑古人得不偿失,不如依从古人受益良多。回到古传的柏拉图"全集"体例在古典学界几乎已成共识(Les Belles Lettres 自上世纪二十年代始陆续出版的希法对照带注释的 *Platon Œuvres complètes* 以及 Erich Loewenthal 在二十世纪四十年代编成的德译柏拉图全集均为 36 种 + 托名作品 7 种),当今权威的《柏拉图全集》英译本(John M. Cooper 主编,*Plato, Complete Works*,Hackett Publishing Company 1984,不断重印)即完全依照"九卷集"体例(附托名作品)。

"盛世必修典"——或者说,太平盛世得乘机抓紧时日修典。对于推进当今中国学术来说,修典的历史使命当不仅是续修中国古代典籍，同时得编修古代西方典籍。古典文明研究工作坊属内的"古典学研究中心"拟定计划，推动修译西方古代经典这一学术大业。我们主张，修译西典当秉承我国清代学人编修古代经典的精神和方法——精神即：敬重古代经典，并不以为今人对世事人生的见识比古人高明；方法即：翻译时从名家注疏入手掌握文本，考究版本、广采前人注疏成果。

"柏拉图注疏集"将提供足本汉译柏拉图全集（36 种＋托名作品 7 种），篇序从忒拉绪洛斯的"九卷集"。尽管参与翻译的译者都修习过古希腊文，我们主张，翻译柏拉图作品等古典要籍，当采注经式译法（即凭靠西方古典学者的笺注和义疏本迻译），而非所谓"直接译自古希腊语原文"（如此注疏体柏拉图全集在欧美学界亦未见全功，德国古典语文学界于 1994 年开始着手"柏拉图全集：译本和注疏"，体例从忒拉绪洛斯，到 2004 年为止，仅出版不到 8 种；Brisson 主持的法译注疏体全集，九十年代初开工，迄今未完成一半）

柏拉图作品的义疏汗牛充栋，而且往往篇幅颇大。这个注疏体汉译柏拉图全集以带注疏的柏拉图作品为主体，亦收义疏性质的专著或文集。编译者当紧密关注并积极吸取西方学界的相关成果，不急欲求成，务求踏实稳靠，裨益于端正教育风气、重新认识西学传统，促进我国文教事业的新生。

刘小枫　甘阳
2005 年元月

柏拉图注疏九卷集篇目

卷一
1 游叙弗伦（顾丽玲 译）
2 苏格拉底的申辩（吴飞 译）
3 克力同（程志敏 译）
4 斐多（刘小枫 译）

卷二
1 克拉提洛斯（刘振 译）
2 泰阿泰德（贾冬阳 译）
3 智术师（柯常咏 译）
4 治邦者（张爽 译）

卷三
1 帕默尼德（曹聪 译）
2 斐勒布（李致远 译）
3 会饮（刘小枫 译）
4 斐德若（刘小枫 译）

卷四
1 阿尔喀比亚德前篇（梁中和 译）
2 阿尔喀比亚德后篇（梁中和 译）
3 希普帕库斯（胡镓 译）
4 情敌（吴明波 译）

卷五
1 忒阿格斯（刘振 译）
2 卡尔米德（彭磊 译）
3 拉克斯（罗峰 译）
4 吕西斯（黄群 译）

卷六
1 欧绪德谟（万昊 译）
2 普罗塔戈拉（刘小枫 译）
3 高尔吉亚（李致远 译）
4 美诺（郭振华 译）

卷七
1 希琵阿斯前篇（王江涛 译）
2 希琵阿斯后篇（王江涛 译）
3 伊翁（王双洪 译）
4 默涅克塞诺斯（李向利 译）

卷八
1 克利托普丰（张缨 译）
2 王制（史毅仁 译）
3 蒂迈欧（叶然 译）
4 克里提阿（叶然 译）

卷九
1 米诺斯（林志猛 译）
2 法义（林志猛 译）
3 厄庇诺米斯（程志敏/崔嵬 编译）
4 书简（彭磊 译）

杂篇（唐敏 译）

（篇名译法以出版时为准）

目 录

编者前言 ·· 1

柏拉图的《希琵阿斯前篇》（赫耳贝） ················ 1

《希琵阿斯前篇》导论（斯威特） ···················· 16

柏拉图的《希琵阿斯后篇》（赫耳贝） ················ 32

《希琵阿斯后篇》导论（利 克） ···················· 47

论《希琵阿斯前篇》的真伪（格鲁布） ··············· 55

柏拉图《希琵阿斯前篇》中苏格拉底的自我交谈（奥尔森） ··· 79

哲人与智术师：柏拉图《希琵阿斯后篇》义疏（波廷杰） ······ 111

苏格拉底为诡计多端的奥德修斯一辩
　　——柏拉图《希琵阿斯后篇》中的说谎与犯错（朗佩特） ····· 135

《希琵阿斯后篇》中作为能人的好人（维 斯） ············· 167

柏拉图《希琵阿斯后篇》中的"性格"与"诡计多端"（马尔赫恩）
　　·· 197

厄里斯人希琵阿斯与自然-习俗思想（约 翰） ········· 205

厄里斯的希琵阿斯及其对正义的追求（奥格雷迪） ········ 216

编者前言

王江涛　撰

希琵阿斯（Hippias）大约生活在公元前460—前380年，这段时间也是古希腊智术师最活跃的时期。希琵阿斯出生在厄里斯（Elis），这座城邦位于伯罗奔半岛的西北部，在奥林匹亚山的北面。据说，亚历山大里亚的克雷芒（Clement of Alexandria）曾引用过一段希琵阿斯的辑语：

> 其中的某些部分或许俄耳甫斯（Orpheus）说过，穆塞尔乌斯（Musaeus）也说过一点，赫西俄德说过一点，荷马也说过一点，别的诗人说过一点，另一些则见诸希腊人或外邦人的散文作品。可是，我把所有最重要的和紧密相关的段落集中在一起，这样一来，就使得这篇作品既新颖又丰富多彩了。①

若这段话真出自希琵阿斯之口，我们似乎可以推断，希琵阿斯是一位"杂之义广，无所不包"的"杂家"。这倒颇为符合柏拉图笔下

---

① 参见 Guthrie，《希腊哲学史》（*A History of Greek Philosophy*），Ⅲ，Cambridge University Press，页283；亦可参见柯费尔德，《智者运动》，刘开会、徐名驹译，兰州：兰州大学出版社，1996，页54。

希琵阿斯的形象：博闻强识却缺乏真知灼见，简直是自称无知的苏格拉底的反面。希琵阿斯的博学多识或许来自他惊人的记忆术，据说他可以一口气记住 50 个名词。凭借这项绝活，他通晓的技艺多得令人咂舌：首先，希琵阿斯擅长天文、算术、几何等静观知识；其次，身为厄里斯的使者，希琵阿斯周游希腊诸城邦，至少懂得处理城邦事务的实践知识；最后，希琵阿斯精通多门制作知识，不仅会制作戒指、印章、刮刀等家什，还能创作叙事诗、悲剧、酒神祭以及各种散文。也正因为此，不少古代或现代的学者把一些佚名著作和一些重要发现归于希琵阿斯名下。

不过，与大多数智术师的境遇相似，希琵阿斯本人的作品大都亡佚，几乎没有流传下来。现存关于他的记载，主要出自苏格拉底的两位门人，色诺芬和柏拉图。抛开色诺芬不提，①希琵阿斯在柏拉图对话中被提及 2 次，作为剧中人物出场 3 次。

在《申辩》中，苏格拉底为了反驳"败坏青年"的指控，他连续提到三位智术师的名字，并与他们划清界限。他们分别是高尔吉亚（Gorgias）、普罗狄科（Prodicus）和希琵阿斯。苏格拉底说他们收费授课，而自己从不收费，跟他们相比根本算不上败坏青年（19e‑20a）。在《斐德若》中，苏格拉底与斐德若在谈论修辞术的技艺时谈到了普罗狄科，然后又说希琵阿斯跟普罗狄科是同道中人（367b）。在《普罗塔戈拉》中，苏格拉底告诉无名同伴和我们，希琵阿斯擅长天文学，甚至对抒情诗也颇有研究（315c，347b）。这些描述与希琵阿斯博学多识的形象基本一致。那么，博学多识的希琵阿斯是一位能够教授德性的好教师吗？两篇《希琵阿斯》对话（以下分别简称《希前》和《希后》）追问的正是这一问题。

《希前》开始于苏格拉底的主动攀谈。一开始，他和希琵阿斯探讨了智术及其最主要的阻力——礼法。希琵阿斯谈到他在斯巴达的一次讲演经历：他教育斯巴达的青年们什么是美行（kala epitēdeumata），以及如何凭借这些行为获得荣誉。他对苏格拉底说，

---

① 色诺芬在《会饮》中提到过希琵阿斯（4.62），在《回忆苏格拉底》中记载了一段希琵阿斯与苏格拉底讨论正义和法律的对话（IV. iv. 5‑25）。

三天后他会在雅典再次讲演这个题目,并邀请苏格拉底一同前往。苏格拉底欣然答应希琵阿斯的邀请,但他说这个话题使他"回忆"起有人指责他在什么是美(to kalon)① 的问题上一窍不通,他希望希琵阿斯能帮他解答这个小小的疑惑。于是,他俩便开启了定义美的六次尝试。而《希后》恰好开始于那场讲演之后,希琵阿斯在雅典的东道主欧狄库斯(Eudicus)要求苏格拉底点评一下希琵阿斯刚才的讲演,苏格拉底显得是被迫开口请教希琵阿斯:阿基琉斯和奥德修斯,谁更优秀?之后,希琵阿斯代表阿基琉斯,苏格拉底代表奥德修斯,开始了"谁是最优秀的阿开奥斯人"的辩论。

可见,这两篇对话正是被这场关于美行的讲演所分开。在讲演之前,苏格拉底和希琵阿斯定义美的尝试是私下进行的,这也是苏格拉底与智术师唯一的私下谈话。在讲演之后,沉默的苏格拉底在相对公开的场合被迫加入到希琵阿斯他们的"哲学讨论"中去。另一方面,也正是这场讲演把两篇对话勾连起来,因为无论是《希前》还是《希后》,它们的话题都出自这场讲演,尽管是两个不同的话题——引发《希前》的话题是美行,引发《希后》的话题是谁是荷马笔下最优秀的人。因此理解两篇对话的关键即在于理解希琵阿斯的这场讲演,在于理解什么是美行。而按照苏格拉底的说法,理解什么是美行必须首先理解什么是美。反过来说,只有知道什么是美,才懂得什么是美行,进而才知道希琵阿斯是否有资格教授美行,即是否是德性的教师。

那么希琵阿斯到底是不是德性的教师呢?

这个问题要从《希前》与《希后》在柏拉图对话中的位置谈起。按照亚历山大时期的语文学家忒拉绪洛斯(Thrasyllus)编订的"九卷集",虽然《希前》《希后》《伊翁》和《墨涅克塞诺斯》放在第七组"四联剧"下面,但从主题上看,这两篇对话更接近于前一组"四联剧"——《欧绪德谟》《普罗塔戈拉》《高尔吉亚》和

---

① to kalon 是个非常重要的希腊语词,英语学界根据语境时而将其译作 beautiful,时而译作 noble。考虑到中文的"美"的古义包含二者,遂统一译作"美",不再译作"漂亮""高贵"。

《美诺》。这组"四联剧"主要处理"智术师是否是德性的教师"这一主题,并记叙了苏格拉底与智术师及其学生的交往。哲人经常被误认为是智术师或政治家(《智术师》217a－b),①既然柏拉图把智术师描绘成哲人的主要对手之一,想必他一定会在记叙这些交往的同时告诉我们,哲人与智术师到底有何不同。

另外一把打开《希前》的钥匙是《会饮》。在某种意义上,《会饮》与《希前》也可构成一对姊妹篇。这两篇对话的内在关联直指《希前》的意图——柏拉图如何理解美。《会饮》由六篇颂扬爱欲的讲辞和阿尔喀比亚德颂扬苏格拉底的讲辞组成,从没有爱欲的斐德若逐渐上升到欲求美的阿伽通(Agathon)和苏格拉底,突出所谓真正的爱欲在于对美本身的欲求。而作为唯一一篇明确谈论美的对话,《希前》竟然对爱欲只字未提。在《会饮》中,苏格拉底回忆了他年轻时从第俄提玛(Diotima)那里习得的爱欲知识。第俄提玛在向苏格拉底透露爱欲的奥秘时,说爱欲即是对美的欲求,而对美的欲求又要分阶段逐级而上。从美的单个身体开始,上升到所有美的身体,然后再上升到美行,然后从美行上升到各种美的学问,最后从各种美的学问上升到关于美本身的知识(211b－d)。在这美的阶梯上,美行处于居中的位置。它有待上升到关于美本身的静观知识,这说明美行不属于静观的纯哲学,而属于城邦之中的政治哲学。按照苏格拉底的说法,欲掌握关于美行的知识,必须首先掌握关于美的知识。换言之,首先要从诸多关于美行的意见中走出来,上升到美本身,然后才能下降到城邦,向青年们施行"什么是美行"的教育。

美在柏拉图的哲学中意味着什么?

其实,美在柏拉图那里根本不是什么美学或审美问题。毋宁说,美对柏拉图来说是政治哲学的问题,而且是真正严肃的政治哲学问题。近代以降的政治哲学缺乏对美的相关论述,这绝非偶然。无论

---

① 柏拉图35篇对话中只有《希前》和《希后》,《阿尔喀比亚德前篇》和《阿尔喀比亚德后篇》以同一人的名字命名两篇对话。而他俩恰好一为智术师,一为政治家。这是偶然吗?

在柏拉图的还是亚里士多德的哲学中，如何教育有天赋的少数人朝向哲学都是十分关键的一环，而第一步往往在于陶冶学生对美和正义的关注，激发起他们探寻什么是美和正义的渴求。这种探寻难免与城邦或以城邦礼法为代表的意见构成张力，这种张力同时也意味着哲学与政治的冲突，希琵阿斯在斯巴达分文未赚便是对这一冲突的戏谑摹仿（《希前》283c – 286a）。美的含混性在这一张力中体现得淋漓尽致：一方面，美可以激发人的爱欲，把人引向哲学的生活；另一方面，美也可以使人沉溺在美的表面之中，放弃上升的渴望。《会饮》展现了美的前一面，而《希前》则力图展现美的后一面。伯纳德特（Seth Benardate）曾说过："雅典对美所投注的热情堪比耶路撒冷对正义所投注的热情。"① 他自己也对美的问题投入了极大的热情，这位解经大师在晚年甚至尝试通过《希前》对美的理解重新解读《泰阿泰德》三部曲。

然而，智术师据说不是更关心知识吗？讨论什么是真理，智术师无疑是理想的对话人选，可美似乎是诗人的专长，柏拉图为何不安排苏格拉底与诗人，比如美人阿伽通，进行这一场对话，而选择一位智术师？

诗人之所以擅长谈论美，是因为诗人的诗具有诗教功能。希腊人在儿时都会背诵优秀诗人的诗作，热切摹仿古代英雄们的言辞和品德，努力成为与他们一样优秀的人（《普罗塔戈拉》326a）。所以说传统诗人是希腊人的教师，他们承担着教育大众的使命。从这方面看，传统诗教既是一种德育，也是一种美育。而在苏格拉底生活的时代，智术师说服父亲们花钱把儿子们送到他们门下接受不同于传统的新式教育，他们正在逐渐取代诗人，成为教育大众的教师。由于他们有着一整套与诗人完全不同的德性观，对德性的理解自然不一样，进而他们对德性教育的品质也会发生改变。与其说智术师的教育教人如何践行美行，不如说他们更关注如何通过美行获得荣誉。对美的理解的败坏直接导致德性教育的败坏，教育青年成了败

---

① 伯纳德特，《美的存在》（*The Being of the Beautiful*），Introduction, Chicago，1984，页 xv。

坏青年。因此，无论是苏格拉底的公民义务还是他的哲人使命，都促使他必须站出来重新厘清对美的理解，从智术师手中夺回对美的解释权。

那么，柏拉图为何单单挑中希琵阿斯作为对话者？在当时的知名智术师中，普罗塔戈拉凭借其精巧的人义论成为柏拉图一生的敌人；高尔吉亚有轰动雅典的修辞术；普罗狄科的语词辨析比起后世的分析哲学可能都不落下风；忒拉叙马霍斯（Thrasymachus）能够说服连苏格拉底也说服不了的大众。为什么偏偏是希琵阿斯？难道只是因为前面提到的博学多识？博学与美有什么相干？

首先，普罗塔戈拉并不关心美的问题。在《普罗塔戈拉》中，美（kalos）从未在普罗塔戈拉的"创世神话"或"古诗新解"中出现过，普罗塔戈拉的德性观并没有美的位置，一如人是万物的尺度，人本身也代替美成为德性的目的。其次，高尔吉亚的修辞术虽然美轮美奂，但他压根不关心德性（《美诺》95c）。或者说，高尔吉亚关心的是表面的美，而不是实际的美。而苏格拉底显然关心的是后者。至于普罗狄科，他更接近传统的知识人，他关心的语词辨析更接近远离政治的"纯哲学"，让他谈论美似乎有点勉为其难。最后，忒拉叙马霍斯是众所周知的正义方面的"行家"，他也不会关心美的问题。

在知名的智术师中，唯独希琵阿斯十分关心美，而且有能耐与苏格拉底对话。尽管他对美的看法与苏格拉底的看法大相径庭——前者把美当作某种美的存在者，后者把美理解作某种抽象的存在——但他们毕竟在讨论中达成一个默契：美与爱欲无关。《希前》故意与《会饮》拉开距离，似乎正是要我们注意到美的双重性。

本文集收录的10篇文章，涵盖了近百年来西方学界对柏拉图笔下的希琵阿斯的研究。文章从真伪考辨、美学和政治哲学等不同角度解读了《希前》《希后》和《普罗塔戈拉》三部对话。吸收、总结西方学界的既有成就，有助于我们看清柏拉图笔下希琵阿斯的面相。在此基础上，对柏拉图关于美的思考才可能真正起步。张羽军同学移译《厄里斯人希琵阿斯与自然——习俗思想》一文，并帮忙解决翻译中遇到的德文翻译问题。刘畅同学阅读了部分译稿，并提出许多宝贵的修改意见，谨致谢忱。

柏拉图的《希琵阿斯前篇》*

赫耳贝(Robert C. Hoerber)撰
王江涛 译

大约 35 年前,关于《希琵阿斯前篇》(以下简称《希前》)的真伪问题是一段悬而未决的公案,其中怀疑派的代表人物是塔兰特(Dorothy Tarrant),另一派的代表人物则是格鲁布(G. M. A. Grube),格鲁布综合多位柏拉图研究者的观点,成功地捍卫了这篇对话的真实性。① 塔兰特与格鲁布二人"对话"所反映出的论争滥觞于施莱尔马赫的时代,当时,施莱尔马赫推测,在两篇命名为"希琵阿斯"的对话中,《希前》更有可能为真。第一个怀疑《希前》真实性的

---

* [译按]选自 *Phronesis*, Vol. 9, No. 2, 1964, 页 143 – 155。

① 参见格鲁布,《论〈希琵阿斯前篇〉的真伪》("On the Authenticity of the *Hippias Maior*"), *Classical Quarterly*, 20, 1926, 页 134 – 148;塔兰特,《〈希琵阿斯前篇〉的真实性》("The Authorship of the *Hippias Maior*"), *Classical Quarterly*, 21, 1927, 页 82 – 87;塔兰特,《希琵阿斯前篇》(*The Hippias Major*), Cambridge, 1928;格鲁布,《〈希琵阿斯前篇〉中的逻辑与语言》("The Logic and Language of the *Hippias Major*"), *Classical Philology*, 24, 1929, 页 369 – 375。另可参见,塔兰特,《论〈希琵阿斯前篇〉》("On the *Hippias Major*"), *Journal of Philology*, 1920;格鲁布,《关于〈希琵阿斯前篇〉的若干笔记》("Notes on the *Hippias Maior*"), *Classical Review*, 1926。

是阿斯特（Ast）；之后支持其为伪作的学者有：于贝韦格（Ueberweg）、策勒（Zeller）、霍内弗尔（Horneffer）、罗林格（F. W. Röllig）、齐勒斯（Zilles）、布伦斯（Bruns）、乔伊特（Jowett）、文德尔班（Windelband）、格德克迈尔（Goedeckemeyer）、冈伯茨（Gomperz）、波伦茨（Pohlenz）、维拉莫维茨（Wilamowitz）以及塔兰特。另一阵营里，认为《希前》是真作的学者有：索赫尔（Socher）、斯坦哈特（Steinhart）、苏塞米尔（Susemihl）、蒙克（Munk）、赫尔曼（K. F. Hermann）、斯塔尔鲍姆（Stallbaum）、布格斯（G. Burges）、迪姆勒（Dümmler）、阿佩尔特（Apelt）、弗里兰德（Vrijlandt）、维希曼（Wichmann）、杜普雷尔（Depréel）、亚当（Adam）、布尔奈特（Burnet）、毛尔斯贝格（Mauersberger）、莱德尔（Raeder）、里特尔（Ritter）、阿尔尼姆（von Arnim）、康福德（Comford）、肖里（Shorey）、泰勒（A. E. Taylor）、弗里德伦德（P. Friedländer）、罗斯（David Ross）、格鲁布以及索雷特（M. Soreth），最新出版的《希前》便是出自索雷特之手。①

不过，本文的目的并非在于加入到这一场论争之中，只是将真伪之争当作一个附产品（πάρεργον），因为我们认为，格鲁布已经把这一问题谈得足够清楚、透彻。我们最有力的证据来自亚里士多德；以罗斯爵士的话来说："亚里士多德在《论题篇》146a21-3的定义中引用的第一个例子就明确地提到了《希前》297e3-303a11，在这一段中，美被定义为'通过听和看得到的快乐'，而亚里士多德的第二个例子则引自《智术师》247d3-e4。另外，亚里士多德在《论题

---

① 索雷特，《柏拉图对话之〈希琵阿斯前篇〉》（Der Platonische Dialog Hippias Maior），Munich，1953。自施莱尔马赫以降的学者概况，参见塔兰特，《希琵阿斯前篇》（前揭），前言10-11，14；肖里，《柏拉图说过什么》（What Plato Said），Chicago，1957，页472；罗斯，《柏拉图的理念论》（Plato's Theory of Ideas），Oxford，1953，页2-4，10；《剑桥古代史》（Cambridge Ancient History），Cambridge，1933，VI 311-313。W. Lutoslawski 也许判定《希前》为伪作，至少可疑，《柏拉图逻各斯的起源与发展》（The Origin and Growth of Plato's Logic），London，1905，页75，194。

篇》的 102a6 和 135a13 两处将美定义为'合适',这可能会使人想起《希前》293d6 – 294e10。"①虽然亚里士多德提到《希琵阿斯后篇》(以下简称《希后》)时用的是"唯一的《希琵阿斯》(the Hippias)证明……"这一说法,②但没有更多的证据说明《希前》是伪篇,若是如此,亚里士多德在《论诗术》中多次这样提到索福克勒斯的《俄狄浦斯》,岂不是意味着索福克勒斯只写过一部关于俄狄浦斯的戏剧。③

目前的研究将主要关注《希前》中的戏剧技巧(dramatic technique)与哲学内涵之间错综复杂的关系,一如我们前几篇谈论柏拉图对话的论文一样。④如果证明《希前》也具有如此这般关系,就像在《游叙弗伦》《吕西斯》《美诺》和《希后》中所发现的一样,这几篇对话都被当代柏拉图学者们视为真作,那么格鲁布、索雷特等人的观点便有力地与本文主旨相契合——即研究柏拉图的另一篇文章,在这篇文章中,其戏剧技巧有助于解释其哲学内涵。

由于我们已经发表过一篇单独讨论《希后》的论文,因此,关于希琵阿斯的性格特点、处事原则和个人成就,他在柏拉图和色诺芬作品中出现的次数,以及在希腊文学史上可能归于他名下的作品

---

① 罗斯,《柏拉图的理念论》(前揭),页 3 – 4。
② 亚里士多德,《形而上学》(*Metaphysica*),1025a6 – 15;参见《希后》365c – 376c。
③ 同样,新约学者也都认为保罗的《哥林多书》和《帖撒罗尼迦书》均不止一篇,尽管有诸如 Origen 之类的大哲称"关于保罗……在唯一的《哥林多书》和在唯一的《帖撒罗尼迦书》";参见 Theodor Zahn,《新约导论》(*Introduction to the New Testamnent*),Edinburgh,1909,页 184,203。
④ 《柏拉图的〈游叙弗伦〉》("Plato's *Euthyphro*"),*Phronesis*,3,1958,页 95 – 107;《柏拉图的〈吕西斯〉》("Plato's *Lysis*"),*Phronesis*,4,1959,页 15 – 28,《柏拉图的〈美诺〉》("Plato's *Meno*"),*Phronesis*,5,1960,页 78 – 102;《柏拉图的〈希琵阿斯后篇〉》("Plato's *Lesser Hippias*"),*Phronesis*,7,1962,页 121 – 131。

便不再重复，可参考上文。①关于《希前》的戏剧时间，我们只需要记住维拉莫维茨和泰勒两位柏拉图学者的看法。维拉莫维茨的观点是："希琵阿斯曾谈到他的斯巴达之旅，公元前402—前401年的战争以后，就没再提过。但是，上述论点及此篇柏拉图托名对话的发生时间并不重要。"②另外，按照泰勒的看法："希琵阿斯出现在雅典，这意味着当时正处于一个和平时期；其次，对话提到了高尔吉亚曾经访问过雅典（282b），这说明对话发生的时间肯定在427年以后；因而发生在尼西阿斯和平时期。"③由于这些证据都不够有力，所以，我们的结论与《希后》的情形相同，"还是保持戏剧时间问题的开放性为妙，假定它发生在苏格拉底生命最后二十年中的某个时刻。希琵阿斯还在《普罗塔戈拉》中出现过，而《普罗塔戈拉》的戏剧时间也不能完全确定。"④此外，也没有必要假设两篇对话（《希后》和《普罗塔戈拉》）发生在希琵阿斯同一次访问雅典的时期。⑤

---

① 参见《柏拉图的〈希琵阿斯篇〉》（前揭），页122 - 124。P. Chantraine, 色诺芬在《齐家》8.19中有几处也许是对《希前》288d的暗示, *Revue de Philologie*, 21, 1947, 页46 - 48。迪姆勒在《希前》中发现了对Isocrates《海伦与尤阿哥拉斯》（*Helen and Euagoras*）的攻击，引自莱德尔，《柏拉图哲学的发展》（*Platons Philosophische Entwicklung*），Leipzig, 1905, 页106。

② 维拉莫维茨，《柏拉图：生平及其著作》（*Platon: Sein Leben und seine Werke*），Berlin, 1959, 页101。

③ 泰勒，《柏拉图：生平及其著作》（*Plato: The Man and His Work*），London, 1949, 页29。［译按］中译参见《柏拉图——生平及其著作》，谢随知等译，济南：山东人民出版社，1991, 页57 - 62。

④ 参见《柏拉图的〈希琵阿斯后篇〉》（前揭），页122。对照Kathleen Freeman, 《前苏格拉底哲人》（*The Pre-Socratic Philosophers*），Oxford, 1949, 页343 - 344。R. Hackforth的看法则过于独断："……《普罗塔戈拉》的戏剧时间最晚肯定不超过前433 - 前432年。"见《柏拉图的〈斐德若〉》（*Plato's Phaedrus*），Cambridge, 1952, 页8。

⑤ 考虑到两部希琵阿斯对话均谈到了欧狄库斯、阿佩曼托斯和涅斯托尔（《希前》286b与《希后》363a - c, 364c - e, 373a - c），两篇对话的场景很可能都设置在希琵阿斯同一次访问雅典期间。

同样，也没有足够的证据确定《希前》的写作时间，过去一个世纪以来，柏拉图学者们对此也是众说纷纭。斯塔尔鲍姆假定《希前》是一篇早期对话，理由在于"苏格拉底对希琵阿斯说话的语气粗鲁无礼"。①康福德也认为《希前》是一篇早期对话，主要是因为它丝毫看不出毕达哥拉斯的影响。②而莱德尔则把这篇对话的写作时间排在《克力同》和《普罗塔戈拉》（这两篇对话通常都被视为早期对话）之间。里特尔认为，《希前》的写作时间应该在《高尔吉亚》之后，《欧绪德谟》之前。③赫尔曼与索赫尔认为《希前》并不属于早期对话，而应归入中期对话。④罗斯认为这篇对话位于《游叙弗伦》之后，《美诺》之前，因为这篇对话"指出了大部分理念之间的差异，这些理念各自为真，并且都属于一些具体事物，而数的诸理念，对于一个集合为真，却不属于集合的各个部分"。⑤阿尔尼姆完全用语言风格的方法分析，他甚至把《希前》排到了《会饮》之后，《斐多》之前，而索雷特则把这篇对话放在《斐多》与《游叙弗伦》（通常被视作中期对话）之间。⑥因此，为避免过于武断，

---

① 参见 George Grote，《柏拉图与苏格拉底的其他同伴们》(*Plato and the other Companions of Sokrates*)，London，1875，页 364，388。

② 《剑桥古代史》（前揭），Ⅵ，页 311，315。

③ 参见罗斯，《柏拉图的理念论》（前揭），页 2。莱德尔称《希前》位于《克力同》和《普罗塔戈拉》之间，《柏拉图哲学的发展》（前揭），页 101–106。然而，Constantin Ritter 则把《希前》放在《卡尔米德》之后，《游叙弗伦》之前，这三篇对话都位于《高尔吉亚》之前，《柏拉图：生平、著作与学说》(*Platon: Sein Leben, seine Schriften, seine Lehre*)，Munich，1910，页 359–362。

④ 参见 George Grote，《柏拉图与苏格拉底的其他同伴们》（前揭），页 365，388。

⑤ 罗斯，《柏拉图的理念论》（前揭），页 4，10。

⑥ 罗斯，《柏拉图的理念论》（前揭），页 2，4；索雷特，《柏拉图对话之〈希琵阿斯前篇〉》（前揭），页 32–46，63–64。Grote 把《希前》看作早期对话，《柏拉图与其他苏格拉底的同伴们》（前揭），页 365。E. R. Dodds 把《希前》排在《高尔吉亚》前；参见，《柏拉图：高尔吉亚》(*Plato: Gorgias*)，Oxford，1959，页 22，页 250。

在写作时间方面我们也避而不谈，直接进入对作品戏剧技巧的探究。

从下列提要中我们也许看得出《希前》的基本戏剧技巧：

一、希琵阿斯的特征（281a – 286b）

　　1、希琵阿斯与前辈们（281a – 282a, 283a）

　　2、希琵阿斯与当代同行们（282b – e）

　　3、希琵阿斯与拉凯岱蒙人（283b – 286b）

二、希琵阿斯定义"美"的三次尝试（286c – 293c）

　　1、美的少女（286c – 289c）

　　2、黄金（289d – 291c）

　　3、财富、健康、荣誉、寿终、适宜地埋葬双亲，以及被子女适宜地埋葬（291d – 293c）

三、苏格拉底的三次提议（293d – 304e）

　　1、适宜（293d – 294e）

　　2、用处和益处（295a – 297d）

　　3、通过听和看获得的快乐（297e – 304e）

一眼即可看出这篇对话呈现为三段式结构：对话由三部分组成，每一部分又可分为三小节。希琵阿斯三次试图给"美"下定义，苏格拉底也接着补充了三个建议，但这一事实太过显眼，使读者容易对其视而不见。

此外，文中还有其他的"三要素"（triplet），值得仔细玩味。希琵阿斯的前辈们（οἱ παλαιοι）被分作三类：皮塔科斯与庇阿斯；米利都的泰勒斯的追随者；阿那克萨戈拉的继承者（281c）。苏格拉底提到了希琵阿斯的三位同行（或劲敌）：高尔吉亚、普罗狄科和普罗塔戈拉（282b – d）。对希琵阿斯来说，在拉凯岱蒙施展他的教化术需要三大必备条件：其一，希琵阿斯有能力教导拉凯岱蒙青年；其二，拉凯岱蒙希望自己的青年得到教化；其三，他们得有足够的钱付给希琵阿斯（283c – d）。对话比较了三个地方：拉凯岱蒙，忒萨利，西西里岛以及岛上小邦伊尼库姆（284a – b）。其中西西里提及了三次（282d8, 283c7 – 8, 284b3）。伊尼库姆同样出现了三次（(282e4, 283c5, 284b4)。拉凯岱蒙对希琵阿斯的三类节目不感兴趣：一是天文学；二是数学，即几何与算术；三是语文与音乐，即字母、音节、韵律与和声（（285c-d）。拉凯岱蒙对三类话题感兴趣："英雄们"与凡人们的谱系，古代城邦的建立，以及所有古代的传奇故事（285d）。希琵阿斯在其"特洛伊的讲演"中提到了三个专名：特洛伊、涅奥普托勒摩斯和涅斯托尔。同时，他还谈到了三位同时代的雅典人：斐多斯特拉图斯、欧狄库斯与阿佩曼托斯（286b）。①

苏格拉底引用了三个一般性用语——正义、智慧和善——以此为希琵阿斯首次定义"美"做好了准备（287c）。之后，苏格拉底又用三组例子——美的牝马，美的七弦琴，美的陶钵——以驳斥希琵阿斯把"美"定义为美的少女（（288b-e）。赫拉克利特的箴言区分了三类不同的阶层，或曰尺度、标准：猴子、凡人、诸神（289a-b）。为指出希琵阿斯第二次定义（美即是黄金）的缺陷，苏格拉底提到了斐迪阿斯（Pheidias）建造雅典娜神像时所使用的三种原料：黄金、象牙和石头（290b-c）。紧接着，苏格拉底再次证明有三种材料有时是优于黄金的：象牙、斐迪阿斯神像上的石头以及作汤勺用的无花果木（290b-291c）。在解释无花果木在某些情况下的优点时，包括了三个要素：陶钵、汤肴、勺子（290d-e）。希琵阿斯在表述其第三次定义时用了两组三要素。他说人的一生需要三大必备条件：财富、健康与蜚声全希腊；另外三大条件与死亡相关：寿终正寝、给予父母适宜的葬礼以及被后辈适宜地安葬（291d-e）。苏格拉底反对希琵阿斯的第三次定义，认为其过于狭隘，他把自己的看法亦表述为三对概念：木头与石头、凡人与诸神、行为与学问（292d）。此外，苏格拉底还谈到了三种神话人物形象：诸神、半神以及非神所生的"英雄"（292e-293b）。这三类形象分别对应三组人：阿基琉斯、他的祖父埃阿科斯（Aeacus）以及其他人；赫拉克勒斯；坦塔路斯（Tantalus）、达达路斯（Dardalus）、泽托斯（Zethus）和佩罗普斯（Pelops, 292e-293b）。

---

① ［译按］在《希前》中，Pheidostratus 似乎是学园的名字，而非人名。

在苏格拉底的第一次建议中,关于"合适"的定义有三种可能性值得考虑:使事物显得美;使事物成为美;使事物既显得美又成为美(294a–e)。在把美定义为"有用的"时,苏格拉底又举了三类例子:人的身体、动物和无生命物(295c–d)。身体的功能他提到了三点:观看、奔跑和摔跤(295c)。动物有三:马、鸡、鸟(295d)。无生命物由两组三重性组成,一组涉及人类的物质进步:器皿、陆上交通工具、船舶(295d);另一组则与社会文化的进步有关:乐器和一般技艺的器具、操持(pursuits)和法律(295d)。苏格拉底用另一对三重性总结了他的评述:本质($ἧ\ πέφυκεν$)、制作方式($ἧ\ εἴργασται$)和形式($ἧ\ κεῖται$, 295d);有用的方式($ἧ\ χρήσιμον$)、有用的目的($πρὸς\ ὃ\ χρήσιμον$)和有用的时机($ὁπότε\ χρήσιμον$, 295d–e)。苏格拉底在批判其第二定义的第一部分时,列举了三个术语:用处、能力和智慧(295e–296b)。为了推翻之前被他取代的术语"益处",苏格拉底比较了三种思想:性质($τὸ\ ποιοῦν$)、原因($τὸ\ αἴτιον$)和父亲($ὁ\ πατήρ$, 296e–297c)。

苏格拉底的第三次定义含有三个条件:快乐、听觉和视觉(297e–303e)。他还提到了三种不同领域的"美":外形、声音、操持和法律(298a–b)。苏格拉底假定,面容姣好者之美是自明的,他另外引用了三种美的形式:刺绣、绘画和雕塑(298a)。关于美妙的声音也举了三个例子:音乐、讲演和传说(298a)。另外,苏格拉底还提到了两组不同快乐的三方面,这是他的第三定义中所没有的,分别为:食、饮、性(298e)以及吃、嗅、性(299a)。关于听觉和视觉,苏格拉底的第三次定义考虑到了三种可能性:可分有却不可共有的性质、可共有却不可分有的性质、既可共有又可分有的性质(299e–302d)。希琵阿斯还列举了若干例子,属于第三种可能性,即既可共有又可分有的性质:正义、不义和健康;疲劳、伤痛和折磨;金的、银的和象牙的;高贵、智慧和荣誉;年老的、年少的以及你所期望的任何属性(300e–301a)。为了向希琵阿斯说明并非所有的性质都属于同一个范畴,苏格拉底用三对数学属性举例说明了第二种可能性,可共有却不可分有的性质:一和二、奇数和偶数、有理数和无理数（301d–302a，303a–b）。①最后，在斯特方码的最后一页，也包含了若干细微的三重性：在法庭上（ἐν δικαστηρίῳ）、在议事会上（ἐν βουλευτηρίῳ）、在其他统治者面前（ἐπί ἄλλη τινί ἀρχῇ，304a）、保护自己（σωτηρίαν αὑτοῦ）、保护财产（τῶν αὑτοῦ χρημάτων）、保护朋友（φίλων，304b）；愚不可及（ἠλίθιά）、微不足道（σμικρά）、一文不值（ἄξια，304c）。

《希前》的第二种戏剧技巧是"编织术"（intertwining）。首先提到一个集合、对象或话题，然后插入一段不相干的讨论，然后再重新讨论先前提到的同一个集合、对象或话题。这一技巧，其实质是一种ABA的写作结构，在这篇对话中曾多次出现。例如，在对话的第一部分，柏拉图写到了希琵阿斯与其前辈们的关系（281a–282a），然后讨论希琵阿斯与其当代劲敌们的关系（282b–e），最后又复返讨论他的前辈阿那克萨戈拉（283a）。同样，在处理希琵阿斯访问拉凯岱蒙那一段时，先是谈到拉凯岱蒙希望他们的孩子们得到提高，之后插入一段对希琵阿斯说服能力的简要观察，最后又重复拉凯岱蒙希望他们的孩子们得到提高（283e6–8）。还有陶钵的例子，首次是出现在希琵阿斯第一次对美的定义中，然后希琵阿斯的第一次定义被驳倒，进而引入了他对美的第二次定义，在第二次定义中再次引用到陶钵的例子，以此来说明某些东西有时还是优于黄金的（290d–e）。再有，对"合适"的讨论一开始出现于希琵阿斯把美定义为黄金的段落（290b–291c），接着是希琵阿斯的第三次定义（291d–293c），然后同一个"合适"的话题在苏格拉底的第一次定义中被重新引入（293d–294e）。其至连提到西西里和伊尼库姆，柏拉图都运用了ABA结构，前后用的是地名，中间用的是人名：西西里（Σικελίαν，282d8）、西西里人（Σικελιῶται，283c7–8）、在西西里（ἐν Σικελίᾳ，284b3）；伊尼库姆（Ἰνυκοῦ，282e4）、伊尼库姆的儿子们（τούς μέν Ἰνυκίνων υἱεῖς，283c5–6）、在伊尼库姆

---

① 关于第一种可能性的属性，即可分有却不可共有，苏格拉底也给予了明确的阐述（299e–300a）。

(ἐν Ἰνυχῷ, 284b3-4)。

《希前》的第三种戏剧技巧是对"假想的批评家"(imaginary critic)的运用,这一手法在关于《希前》的文学评论中引起了广泛的争议。塔兰特女士便对这一手法表示不屑,她认为完全看不出它有何妙用:"不管这一技巧的对象为何,它都因其过于拖沓而缺乏有效性,一会儿完全扔掉了,一会儿又突然拿回来了。"①简单来讲,对于塔兰特来说,"假想的批评家"就是证明这篇对话为伪作的有力证据。然而,格鲁布博士不仅发现了这一技巧的用意,还在柏拉图的其他对话中找到了类似的例子:"这么一个角色要么是出于礼貌(这里和《高尔吉亚》),要么是出于友谊(《克力同》),要么是出于审慎(《会饮》)而设置的,苏格拉底不太愿意直言不讳地表达他的反对意见。"②

不过,与前两种戏剧手法相比较,"假想的批评家"这一技巧在《希前》中发挥着更为重要的作用,这是它的评论者们所未能认识到的。"假想的批评家"的运用不仅能适应三段式结构,还巧妙地融入遍布全篇的"三要素"。如果算上"假象的批评家",对话的角色增加到三位:苏格拉底、希琵阿斯和"批评家"——如此便成了另一组重要的"三要素"。此外,"假想的批评家"还与"编织术"的技巧,或者说 ABA 的结构相互照应。正如塔兰特女士所注意到(或抱怨)的,"批评家"一开始出现,而后消失了,之后又重新出现。而且,对话最后把"批评家"描述为索弗戎尼斯库斯(Sophroniscus)的儿子,③实际上就是苏格拉底本人,这样便把他俩的身份"编织"起来;"苏格拉底——希琵阿斯——批评家"三位角色就变成"苏格拉

---

① 塔兰特,《希琵阿斯前篇》(*The Hippias Major*), Cambridge, 1928, xi-ii; 参见 *Classical Quarterly*, 21, 1927, 页 82-4。

② 参见 *Classical Quarterly*, 20, 1926, 页 136-137。格鲁布指的是《高尔吉亚》中的佚名提问者 (451-452),《克力同》中人格化的"法律",以及《会饮》中的第俄提玛。

③ 参见《希琵阿斯前篇》298a,《欧绪德谟》297e,《拉克斯》180d-181a。

底——希琵阿斯——批评家苏格拉底"。因此，可以说"假想的批评家"这一手法与文中另外两种戏剧技巧是相互呼应、相互强调的。

于是，《希前》的戏剧手法展现了两大主要概念："三元组"（triads）与"环环相扣性"（interlocking）。倘若柏拉图遵循的创作原则正是我们先前所研究得出的原则，那么这些概念对解释对话的哲学内涵将大有裨益。《吕西斯》也大量使用了"三要素"，我们发现，"三元组"把读者的注意力引向友谊（φιλία）概念的复杂性，友谊本身即包括三种形态。[1]再回过头来看《希前》，少数"三重性"也许是巧合的缘故，但通篇大多数"三重性"，包括对话的三段式结构，都表明柏拉图运用这一戏剧技巧意在暗示美（τὸ καλόν）有三个方面。此外，ABA 的文学结构或"编织"的技巧也可能是在暗示，美的三面性也许是相互重叠并环环相扣，美的某一阶段不时会转化成另一阶段。也就是说，美的三面性不同于《吕西斯》中友谊的三面性，后者的三种形态是截然不同、相互独立的。

τὸ καλόν [美] 是一个相当复杂的概念，这不但可以从它五花八门的译名——漂亮的，高贵的，高尚的，健康的——轻易看出，从它的反义词τὸ αἰσχρόν [丑] 也看得出来，后者要么译作"丑陋的"，要么译作"可耻的"。柏拉图区分过τὸ καλόν [美] 的两个不同方面，一是在《高尔吉亚》讨论正义时：

> 那么，它其实又产生最大的快乐或益处或这两者喽，既然它最美（κάλλιστόν, 478b）？

另一次是第俄提玛在《会饮》中的描述：

> 难道你不觉得，她说，只有当精神的眼睛亲眼见到那仅仅对精神的眼睛才显现的美，一个人才会触及真实而非影像，从

---

[1] 参见 Phronesis, 4, 1959, 页 15-28。柏拉图把友谊的三种形态分别描述为：激情的爱；快乐的同志情；因一个高贵的目的而相互结识在一起。

而生育真实的美德而非美德的影像？你不觉得，谁要是生育、抚养真实的美德，从而成为受神宠爱的人，不管这个人是谁，不都会是不死的吗（212a）？

综上所述，根据柏拉图的其他对话来看，τὸ καλόν［美］的三个方面分别是：有用的或实用的，愉悦的或审美的，道德的或向善的。

"编织"的戏剧技巧提示读者，柏拉图并没有把τὸ καλόν［美］的三面性看作相互独立的。例如，一个在实用主义者眼中美的对象，同时也可以在审美意义上是美的，并且最终还可能导向某种"美"或德性的目标。柏拉图运用"环环相扣"的戏剧手法的运用也在提醒读者，苏格拉底正是把τὸ καλόν［美］的含义从一方面转到另一方面，以使希琵阿斯感到糊涂。在希琵阿斯把τὸ καλόν［美］定义作美的女人和黄金之后——均按审美的标准定义——苏格拉底改用实用的标准，他引用了木勺的例子说明喝汤用木勺就是比金勺好。希琵阿斯分不清τὸ καλόν［美］的三个层次，因而也意识不到苏格拉底在定义τὸ καλόν［美］时的转换，这也是对话得不出确切结论的原因之一。不过，读者应当认真对待柏拉图戏剧手法的暗示，应当把这些手法运用到苏格拉底对谈话贡献的那些建议上。

苏格拉底的第一个建议，称τὸ καλόν［美］可能是"合适"，这一提议明显暗示实用层面的"美"的本质。柏拉图希望读者依据其功能层面来思考τὸ καλόν［美］，从以下两方面看会显得很清楚，一是从礼法和操持（294c）的例子来看，二是从之前引入"合适"的提示来看，这一提示谈到木勺比金勺更合适喝汤（293e；参见290d-291c）。希琵阿斯没有对其产生重视，因为他无法区分本质与表象，或无法区分τὸ καλόν［美］的实用标准和审美标准，无法认识到论证已经从τὸ καλόν［美］的一个层面转向了另一个层面。当希琵阿斯引入比较级καλλίων［更美］时（294a），他依然称"合适"使事物显得（appear）美而不是（be）美，对于苏格拉底而言，推翻这一提议可谓小事一桩，只需指出"合适"是一种欺骗的形态，它使事物的表象比其本身看起来更美。然而，通过区分审美的和实用的标准,读者可能会察觉到,τὸ καλόν［美］的一个方面关涉到对某些功能"合适"的对象。稍后,苏格拉底在实用层面上使用了καλός［美的］,这也是这个形容词的常规用法之一(295c):

> 按这种方式我们还可以说整个身体都是美的,一个用于跑步,另一个用于摔跤……

但是,实用的标准仅仅是τὸ καλόν［美］的一个方面而已,而且是最微不足道的方面,就像柏拉图在苏格拉底的第二次建议中所强调的那样。尽管τὸ καλόν［美］在功能上"有用",但实用层面则是模棱两可的(Janus-head);对于力量、才能和知识而言,尽管它们也可以是有用的,但只有当它们产生善而非恶的时候才是"美的"。换句话说,τὸ καλόν［美］必须只能放在道德标准下评价,道德标准必须成为任何实用标准的基础。道德的τὸ καλόν［美］必定有益,因为它导向善。柏拉图似乎想表现τὸ καλόν［美］的另一面。当然,希琵阿斯对此无动于衷,他无法击败苏格拉底的"假想敌",因为后者在本质和属性之间作了转换。根据苏格拉底,如果τὸ καλόν［美］能产生善,那么它就是善的原因,而善也就是τὸ καλόν［美］的结果;因为原因不等于结果,这样τὸ καλόν［美］就不是善的,而善也不是美的;因此,希琵阿斯便无法证明苏格拉底的第二次建议。但是,苏格拉底的建议向读者们暗示了τὸ καλόν［美］的道德层面,如果这些读者分得清本质与属性,懂得"是"(to be)在英语和希腊语中的区别(尤其是在陈述句中有定冠词和不定冠词的情况),那么他们便意识到苏格拉底的论据并不能支持他的结论(297c):"以宙斯之名,最优秀的人啊,那么美就不是善(τὸ ἀγαθόν)了,而善也就不是美(τὸ καλόν)。"这句话却容易理解成以下情况:"那么美就不是善的(ἀγαθόν)了,而善也就不是美的(καλόν)了。"尽管美与善不必然可相互取代,在本质上一致,但是也没有必要像苏格拉底那样还原,认为它们各自不具有彼此的属性——美可以是一种善的东西,而善也有可能是一种美的东西,这并不意味着二者在本质上是一回事。而且，根据"编织"文学手法的暗示，τὸ καλόν［美］的两个方面尽管相近，却不必然可以相互取代。苏格拉底的"假想敌"使得希琵阿斯没看出τὸ καλόν［美］的两个层面的转换——即道德标准和审美标准的转换。

Τὸ καλόν［美］的审美方面引向了苏格拉底的第三次建议——τὸ καλόν［美］可能与通过视觉和听觉获得的快乐有关。当然，苏格拉底的建议没有奏效，因为希琵阿斯无法理解这一情形；他无法分辨"听觉和视觉"与"听觉或视觉"的不同。①不过，对于读者而言，只要对"和"与"或"二者的细微差别有所体察，那么苏格拉底的第三次建议即使算不上一个完整的定义，也能够表达出τὸ καλόν［美］的第三层面，即审美的层面。来自两种感觉之一的快乐与来自另一种感觉的另一种快乐具有相同的特点。如果读者想走得更远，他还须考虑到听觉与视觉是各种美好技艺的基础，考虑到只有高度敏锐的视觉和听觉才能够理解声音和颜色，考虑到与听觉和视觉相关的快乐奠基于比例与和谐。正如康福德在其《蒂迈欧》注疏中说道："……视觉与听觉……是揭示世界之和谐的两种感觉。"②在《王制》中，诸如和声学一类的科学也与产生和谐的数学比例以及比率相关（《王制》530c–531c）。凭借其对数学的爱好，柏拉图在比例与和谐中轻易地发现了审美的美，正如雕塑家、建筑家、音乐家、画家、诗人一样，他们都创造了真正美的古希腊作品。想必柏拉图必定会感到高兴，若他知道现代物理学的理论以波的频率和数的比率来解释声音和颜色——这些理论与《希前》中支持审美的τὸ καλόν［美］异曲同工。

不过，把柏拉图解读成现代理论并非我们的目的；他的许多理论总是已经或者将要变得现代。毋宁说，我们旨在审视《希前》中

---

① 关于"和"与"或"的解释，参见柏拉图，《王制》524b，《泰阿泰德》185a，《智术师》243e，《帕默尼德》143c–d。亚里士多德，《政治学》1261b28–30，1264b19–21。

② 参见氏著，《柏拉图的宇宙论》（*Plato's Cosmology*），London，1948，页151–152。这段话是对《蒂迈欧》45b–46a的评论。

的两大文学手法——"三元组"与"环环相扣"——它们皆有助于解释对话的哲学内涵。根据"三要素"的特征，$τὸ\ καλόν$［美］的诸种层面，无论是在本篇对话还是在其他对话中，都是三段式的：有用的或实用的；快乐的或审美的；道德的或向善的。按照"编织"（或 ABA 结构）的手法，$τὸ\ καλόν$［美］的三个层面也许相互交织，无论对特定功能来说（实用的标准，"合适"），对听觉和视觉的感觉来说（审美的标准，与一种快乐的类型形式相关），还是对最终的德性目的来说（道德标准，"益处"），都是一个和谐的比例。用内特尔希普（R. L. Nettleship）的话讲：

> 比例，不管在这种还是那种形式中，都是柏拉图所有优秀技艺的唯一原因，在时间与曲调的音乐性关系中，并不亚于在形式与结构技艺中的空间关系……柏拉图之所以热衷于理念，是因为在性质与技艺形式中存在某些真实的联系，还因为在比例正确的地方会发现性质与技艺形式的共同要素，而比例的正确性在本质上类似于技艺中的美与行为中的善……对柏拉图来说，比例的诸法则美在技艺中的前提，这些法则似乎预示着一颗相同的心灵，正如在宇宙的不变秩序中所被揭示的，以及在人类生活的道德秩序中尚未完全被揭示的。①

---

① 参见氏著，《柏拉图〈王制〉中的教育理论》（*The Theory of Education in Plato's Republic*），Oxford，1955，页 70，72，74。关于苏格拉底和亚里士多德各自对美的看法，参见色诺芬，《回忆苏格拉底》（*Memorabilia*），3.8.1 - 10，4.6.8 - 9；亚里士多德，《修辞学》（*Rhetorica*），1364b27 - 8。参见柏拉图，《王制》420c - d，457b，《斐勒布》，64e，《蒂迈欧》，87c。N. R. Murphy，《解读柏拉图〈王制〉》（*The Interpretation of Plato's Republic*），Oxford，1951，页 243 - 246。格鲁布，《柏拉图的思想》（*Plato's Thought*），London，1935，页 63 - 82。格鲁布教授的一篇文章发人深省，那篇文章体现出苏格拉底的三次对"美"的建议恰好再现了柏拉图作品中美的三个方面。《柏拉图关于美的理论》（"Plato's Theory of Beauty"），*The Monist*，37，1927，页 269 - 288。在我读到格鲁布教授的文章前，我已经完成了本文；细节上的分歧有必要分别对待。

《希琵阿斯前篇》导论*

斯威特（David R. Sweet） 撰

王江涛 译

　　[340] 厄里斯的希琵阿斯是最有影响力的六位希腊智术师之一，现存关于他的记载主要来自柏拉图的三篇对话《普罗塔戈拉》《希琵阿斯前篇》和《希琵阿斯后篇》（以下分别简称《希前》和《希后》）①以及色诺芬《回忆苏格拉底》中的一段文字。②希琵阿斯明显认为，生活的目的在于自足，③而为了实现这一目的，他学习积累了大量技艺。在他所有的技艺中，最受赞赏的是他讲演的才能。凭借这一才能，他在《希前》中说（282e），他赚到的钱比其他两位智术师加起来还多，而在对话开篇，他声称，他已习惯于被他的城邦选作使节并且再次被派来雅典，他所凭借的也是这一才能，因为他是厄里斯人中最有能力判别和转述讲演的人。

---

　　* 选自潘戈编，《政治哲学之根》（*The Roots of Political Philosophy*），Cornell University Press, 1987, 页 340 - 355。
　　① 《申辩》（19e）也提到了希琵阿斯，把他与高尔吉亚、普罗狄科放在一起。
　　② IV4.5 - 25。亦可参见色诺芬《会饮》IV62。
　　③ 参见 Diels - Kranz,《前苏格拉底残篇》（*Die Fragmente der Vorsokratiker*），A.1。

在对话开场，苏格拉底提到，希琵阿斯有很长一段时间没来过雅典了。在这段时间，希琵阿斯常常前往厄里斯的军事盟友斯巴达。如今他为了厄里斯的公共事务再次来到雅典，或许是为了跟雅典商谈结盟的条约，雅典与厄里斯的条约缔结于公元前 420 年。因此，这篇对话的背景是伯罗奔半岛战争及其背后的外交斡旋。

参与对话的人物分别是苏格拉底和希琵阿斯，他们谈话的主题是"美"，但这个主题却在一段相当长的引子（281a – 286c）之后才被明确提出。[341] 对话的剩余部分可划分成六次定义，希琵阿斯三次，苏格拉底三次。不过，希琵阿斯和苏格拉底在某种意义上并非单独交谈，在他们提出美的问题的同时，第三位人物加入到他们的对话中。此人明明就是苏格拉底本人，但苏格拉底却将他表现得像是另外一个人。他说，希琵阿斯不会知道这人的名字（290e），这人也称希琵阿斯为"异方人"（287d）或"厄里斯的异方人"（287c，292e）。这二人的谈话完全通过苏格拉底来进行。彼此都为异方人，他们是潜在的敌人。事实上，二人的敌意随着对话的深入越来越深，可那是通过苏格拉底才变得如此，苏格拉底扮演着居中者和传话者的角色。希琵阿斯与无名氏之间的差异可以理解为意见和真理之间的差异。下定义时，希琵阿斯这样支持其论点：他说他的定义对所有人都"显得是如此"（288a），或者"我们都知道"（289e），或者"在任何时候、对任何人、在任何地点"都适用（291d）。然而，另一个人则只关心真理（288d）。他告诉苏格拉底和希琵阿斯，不要因为快乐显得不美就耻于说快乐是美（299a），这人还提醒他们，他问的不是"什么在多数人看来美，而是什么是美"（299b）。这两种问法之间的差异与存在有关，或者说，与表象和存在之间的差异有关。

关于意见与真理，表象和真实的问题，在柏拉图对话中，与智术式探寻和哲学式探寻的关系问题紧密相连。由此可以理解苏格拉底为何会与一位智术师谈论这些问题。由于希琵阿斯就是这一类智术师——身陷表象之中无法摆脱——不过，《希前》在论述这些问题时还不那么直接，对这些问题更明确的论述，《希前》指向了其他对话，尤其是《泰阿泰德》和《智术师》。不过，希琵阿斯的特性，连同无名氏的特性，戏剧性地和辩证性地揭示了不同的方式，在这些方式中，人们可以从它们与美的关系来理解这些问题。

希琵阿斯有两大戏剧特征。一是漂亮的"外表"，尤其是他漂亮的鞋子（291a）和全身的装扮（参见《希后》368b-c）。二是漂亮的言辞，不仅包括他关于美的操持的表演式讲辞，还包括他精美构思的法庭式讲辞和立法式讲辞，后两种他在对话的结尾时提到了（304a-b）。[342] 他的特征被苏格拉底一开始称呼他的方式描绘出来，苏格拉底用的是主格而不是更常见的呼格，仿佛希琵阿斯本身就是一个名字和头衔，"希琵阿斯，既美且智"。①但是，无名氏根本没有外表，至少他对希琵阿斯来说是不可见的，而他的言辞——稀奇古怪（292c），而且十分粗俗——最后在希琵阿斯看来不过是零敲碎打而且一文不值（300d）。在性格上，他俩也不同，希琵阿斯能说会道，总是在回答（286e，287b），确信他自己可以轻易地发现美（295a，297e），愿意说一些看似错误的东西，希望不被人注意（298b）。②与此相反，无名氏不肯轻易接受任何事情（289e）。他强词夺理（290e）、死缠烂打（289e），非但不高雅，反而很粗俗（288d），因此在希琵阿斯看来，他不仅没教养（288d），而且还无知（290e）。

性格上的差异辩证地反映在对话的过程中，这个过程是由易到难的过程，从说得漂亮到说得准确，从可见的或事物的外表，到不可见的事物的型（forms），也就是说，从关于美的事物的三段解释到关于美的三段解释。不过，这一顺序却没使对立的双方达成一致。结尾时希琵阿斯的立场和无名氏的立场都没有明显的改变。唯一明

---

① 其他对话中没有任何一篇以主格的正式名称开头，而且在任何对话中都没有像形容希琵阿斯一样在第一句话里就完美或讨好地形容一个人。对比《希后》中粗鲁的开头，欧狄库斯说："你，苏格拉底啊，为何沉默不语？"

② 同样参见285b（希琵阿斯不反对论据，只要他认为这些论据是有利于他的）和287e（只要真相必须如此）。

显的变化是苏格拉底,他声称在二位的帮助下他受益匪浅,并且似乎懂得了"美的事物是困难的"这一古谚到底是什么意思。对话中迥异的两大因素必须在他身上发生联系。他摹仿希琵阿斯,为的是向自己无名的一面呈现出希琵阿斯的论证(292d - e),他摹仿自己的另一面,把论证呈现给希琵阿斯(287a,292c)。从对话发展到后面的角度看,苏格拉底是一个复合体,既不是这一个,也不是那一个,而是两个的合一。

导论分为两个部分。第一部分(281a - 283b)讨论智术师们的活动,以及把他们与过去[343]那些以智慧著称的人作比较。第二部分(283b - 286c)讨论希琵阿斯作为一名智术师的一般活动和他在斯巴达的具体活动。苏格拉底一开始便为智慧而完满的人下了一个定义。这样一个人得兼顾公私两方面。一方面,他得通过帮助年轻人赚取钱财(他是如何帮助他们的却没有交代),为自己的利益行事。另一方面,他得使他的城邦得到好处,为公众利益行事。至于他怎么做,还是没有交代,但作为报答,他收获了名声。希琵阿斯假设当代的智术师们可以做到两者兼顾,虽然过去的那些人做不到。①因此,不管是在能力(281d)、审慎(phronesis,281d)或智慧(sophia,281c,d)的某些形式,还是如苏格拉底所建议的,在技艺(282b)方面,明显存在着进步。在搜集如此进步的证据的过程中,苏格拉底谈到了高尔吉亚和普罗狄科的活动。而他们的活动据说与那些智慧而完满的人的活动并不相同。高尔吉亚和普罗狄科发表表演式讲辞,与青年交往,私下赚取钱财——因而不必然会帮助他们。于公他们以看似精彩的讲演(高尔吉亚)和法庭面前的辩论(普罗狄科)赢得喝彩——因而不必然使他们的城邦得到好处。与此形成反差的是古人,以阿那克萨戈拉为例,他们对钱财不感兴趣(283a),不愿在三教九流面前展现他们的智慧(282c - d),而

---

① 希琵阿斯用"一般的(koinon)"一词取代了苏格拉底的"公众的"。这个词在后面关于"美"的讨论中扮演了一个一般性的实体,与众多美的事物相关联。

且明显远离政治（281c）。因此，古人回避一般的公众，而且忽略他们自己的私人利益。然而，他们却没有忽略公共的利益和私人的善。他们以精明达练著称，为他们的城邦出谋划策，而且，他们在他们不愿也不能公之于众的这类知识的方面培育他们的善。相反，智术师们变公为私，充分利用他们的名声牟利，将公众的情绪（public sentiment）转化为私人财富，并将他们的知识公开。金钱即他们这种能力的漂亮证明。这体现出在什么意义上智术师们可以把意见的杂多性还原到名称的单一性（a single denomination），以黄金之名衡量各个城邦。①导论的第二部分［344］证明希琵阿斯不可能总是把意见转化为金钱。因此，这对希琵阿斯公私兼顾的能力提出质疑，关于他具有什么样的知识和技艺，他能提供什么样的帮助，如果有的话，这样质疑会提出更加明确的问题。讨论发展出一系列对比，它们是公与私之间张力的一部分，基于准确的讲演和习俗性讲演之间的差异。知道真理的那些人说得准确；不知道真理的那些人，它们属于大多数，不习惯用词准确。这一区别在准确性或科学知识和习俗性或传统性知识的差异中反映出来。前者的例子是天文学、几何学和计算的数学。后者的例子是（英雄和人类的）谱系学、考古学（古风事物，包括城邦的建立）和神话学（讲故事）。这两种知识同时也意味着知道得准确和知道得美之间的差异。②因此，这些例子揭示出，在真与美之间可能存在冲突。能够公私兼顾的说法必须也包括以真实且漂亮的方式知道和谈论的能力。有人可能把这一能力视作数学和神话的结合。当苏格拉底发展了关于希琵阿斯的问题的两方面时，他却说道，希琵阿斯准确知道的只有一类事物，即如何区分字母、音节、韵律与和声的能力（285c – d）。希琵阿斯准确地知道如何说得美。另外，即使在天文学的例子中，苏格拉底也只说他知道得美。危险在于，知道得美将意味着如何以美的方式谈论

---

① 参见希琵阿斯对美的第二次定义。

② 参见苏格拉底在282b（"你的用词和想法都很漂亮，在我看来"）和287d处的回应（"很明显你知道得更美"）。

传统的和习俗的事物。希琵阿斯在斯巴达即是这样做的。在那里，真与美的张力显得像有益，即准确意义上的合乎礼法和习俗意义上的合乎礼法两者之间的差异。法律的这后一种意义，得到了希琵阿斯的加强，他以漂亮的言辞谈论了"许多合乎礼法的、大体上是美的事物"（286b）。于是在导论中，"美"显得像一种欺骗，像在准确意义上有别于"有益的"东西。接下来，问题之一便是美能否与"真"和"善"发生关联。

[345] 希琵阿斯关于许多合乎礼法和美的操持的讲演使苏格拉底想起了"美"，于是苏格拉底引入了无名氏，他问了一连串问题，关于正义、智慧、善、美，提问形式都是"所有美的事物难道不是因为美才是美的吗"（287c-d）。这些问题提出了三点争议：第一，许多事物能否理解为一；第二，那些多和一之间的非正式关系（the casual relation）是什么；第三，与存在相比，一处于什么地位。希琵阿斯表明，他认为一仅仅是多中之一，它们都是相似的存在者，它们除了是存在者什么都不是（287d）。在回答时他指向多中之一，尽管问他的是"美是什么"，他的定义却仅仅是"美的少女就是美"（287e）。他的举动在对话结尾时变得更为清晰，当时他痛斥苏格拉底没有注意到"存在自然生长的伟大和连贯的方面"（301b）。希琵阿斯是个唯物论者。对他来说，存在的事物只可能是物体。美就是任何美的事物。

美的少女依次同美的牝马、美的竖琴、美的陶钵作比较，以此检验这一定义。在每一个例子中，苏格拉底都在摹仿希琵阿斯，因为他也在主语中包含了一个谓语的形式。所有的例子都被确证为"美"，尽管在陶钵的例子中希琵阿斯显得不情愿。他认为，作为一个整体，陶钵与其他美的事物相比是不美的。正如他在对话结尾时解释的，苏格拉底没有考虑"事物的整体"（301b）。因此希琵阿斯第一个提出什么是"诸整体"的问题，是他开始拿这些整体彼此作比较。当诸神被引入时，他的难题出现了。与诸神相比，最美的少女也显得丑（289b）。

定义的第一次尝试把"美"表现为一种品质，它必须在与一个对象的亲密关系中被领会。在同一个对象种类中，不管是所有的少女、陶钵还是诸神，"美"显然没把自身表现为一个问题。然而当对象种类不同时，在它们之间肯定会产生比较，于是即便是最高级"最美的"也可能显得"丑"。品质本身似乎在随着种类的变化而变化。这些不同的种类有可能是更加关键的"诸整体"，而不是希琵阿斯当作整体的个体对象。于是理解种类便成为理解美的问题的一部分。特别是必须理解最美的种类，即诸神的种类。不过，按照[346]诸神的标准，所有不那么美的事物都显得丑。因而只有当观看者不再观看高于它们的事物，不那么美的事物才会显得美。关于最美的，诸神的知识不利于观看其他不那么美的事物。另一方面，单个美的事物的能力易于使人忘记其他更美的事物。美具有的能力不但突出（highlight）了具体事物，还赋予具体事物魅力和表面上的完美，这不利于超越具体事物来观察"美"。在这一方面，"美"是虚假的（false）。

　　无名氏的建议，"美本身"是"只有经过它的点缀，其他所有事物才会显得美，只要附着上那个样子的东西"（或者更字面的含义，"出现在事物的外表上"，289d），希琵阿斯以此提出了他的第二次定义。希琵阿斯在复述无名氏的建议时有几处省略：他丢掉了"自身"和"样子"，又添加了"使其显得"，另外还专门强调"美的对象"（或更字面的含义是"美的所有物"）。于是他说："美……不是别的，而是黄金。"他的证据在于，黄金使一个东西显得美，即便它之前显得丑。现在似乎只有黄金才是（is）美；当黄金在场时，所有其他东西只显得（appear）美。在此之前，在确定一个东西的美的品质方面，属性"美"证明没有实体（神、人、猴子）重要。现在，属性本身已经变成一种实体。它甚至可以把其他东西的外表由丑变美，相比之下，美的诸神只能把其他东西的外表由美变丑。因此，希琵阿斯似乎在努力弥补他之前定义的缺陷。

　　之前，他把"美"看待为"美的事物"，于是便陷入了困境，因为形容词之于他们修饰的名词具有相对性。现在，大概是因为蕴含在概念中的"被呈现为"和"被点缀得"，希琵阿斯似乎在把

"美"与"美的事物"分离开来，努力使"美"成为一个事物本身。如果之前它算一个形容词，那么现在，它是个名词——"黄金"。黄金具有一定价值，而且独立存在于它所美化的事物。如果之前作为整体的事物（神、少女、陶钵）决定美的价值，那么现在美（黄金）将决定事物的价值。但之后才发现，事物的价值可能由诸名词的出现而决定，而并非黄金，没有这些名词的变化，任何事物都没那么［347］美。通过象牙和石头的例子，名词被证明和形容词一样具有相对性。如果名词对形容词具有相对性，而且反之亦然，如果实体和属性相互独立，便会产生出一种新的可能，美是两者之间的关系。希琵阿斯亲自为这一关系提供了一个语词："合适"。因此，无名氏引入无花果木，通过论证"合适比不合适更美"，他证明无花果有时合适，并且比黄金更美。这定义被推翻了，却没有推进对"美"的探究。或许归根结底，"美"将会是某种类似于黄金的东西，只要黄金是一种实体，它不容易变质，不管它修饰什么都不会改变其本质属性。此外，这一定义也提出一种可能性，某物可以既是美本身，又使其他事物显得美，只要它出现在这些事物中。

希琵阿斯亲自为他的第三次定义建立了标准。他的前两次定义已经遭到驳斥，因为"美的少女"和"黄金"在某些情形下都会显得丑。因此希琵阿斯直接面对表面和相对性的问题。他猜想，苏格拉底正在问的美是"在任何时间、在任何地点、对于任何人都不会显得丑"（291d）。苏格拉底告诉他，他理解得很漂亮，于是希琵阿斯开始着手于定义"最美"，作为描述人类生活的一系列品质。这些品质在希腊文中表现为一连串分词，在一个不定式达到顶峰，"死后由子女替自己举行漂亮而隆重的葬礼"（291d-e）。相比之下，他之前把"美的"（beautiful）说成一个属性，然后又把"美"（the beauty）说成是一个实体，现在他用动词来谈论对于一个男人"最美的"东西。然而所描述的却是一种异常静态（peculiarly static）的美。所强调的是身体的福祉、荣誉和被荣耀，却没有提到灵魂或一个男人应该拥有何种德性，既没有提到勇气，最斯巴达式的美，也没有提到智慧，希琵阿斯自豪的德性。在这个男人所参与的行为中，唯一"美的操持",据说是其双亲风光的后事(the beautiful burial)。在他生命的最后行动中,他只是个被动的参与者,这个行动确实产生一个"整体",即完整的生活,但它是从死亡的角度看待整全,也就是说,从非存在的角度看待整全。无论如何,希琵阿斯对动词以及这个特殊动词的强调说明了美的问题的一个方面,[348]无名氏也在其回应中强调了这一方面。他重述了他们研究的目标,"美本身即内在于所有事物之中,使其成为美的"(292c-d),他建构起一套论证,表明把诸神引入到实践之中是有困难的。困难部分在于一个人如何理解不死的存在者与生育的关系。他们如何成为他们自己形象生成的存在的原因?因果关系问题在苏格拉底的第二次定义中再次被提起。不过,这里的讨论从相反的角度看待这一问题。一个人如何理解生育的存在者与诸神的关系?这一个案可以被视作认识的普遍问题的一种情况。"认识"在某种意义上是"生成"的反转吗(即,认识伴随着回到存在的形象吗)?这些问题由这些形象所表明,这些形象又是由论证提出的。仅仅引入诸神完全足以驳斥希琵阿斯的定义。然而,无名氏还是区分了诸神所生的英雄和非诸神所生的英雄。这一区分和对存在和生成的一致性问题(293c)的反复言说(reiteration)与对话的如下转变是同时进行的,从希琵阿斯的定义过渡到苏格拉底的定义,从例子过渡到原则,从美的事物名称的多样性过渡到种类的统一性。也许苏格拉底和希琵阿斯就是两种类型的英雄,一种带有神性的成分,另一种则是完全有死的。①不管怎样,苏格拉底在两个领域之间开辟出一条道路,作为他这样做的标志,无名氏现在称他为"神奇的苏格拉底"(293d)。②"自然"(physis,293e)一词首次出现。

希琵阿斯的三次定义已经展现出把"美"理解作一种关系的可

---

① 苏格拉底在《普罗塔戈拉》中(315b-c)把希琵阿斯和奥德修斯在冥府中看见的赫拉克勒斯的有死部分(《奥德赛》XI601)联系起来。伯纳德特从这一观察出发解释《希前》,他的解释在许多方面对本文有重大影响。

② 参见《会饮》(202e-203a)中对 daemon 的定义。

能性，首先，把美理解作属性与实体的关系，"美的"和"少女"的关系，这样她便可以显得美或不显得美；其次，把美理解作诸现象与一个形式的关系，诸偶然与本质的关系，这样"美的"才可以显现，"美"才可以是。在种种形式之中，有人设想，美也可能作为第三层意义中的关系存在。[349] 苏格拉底在他的后两次定义中转向这一可能性。希琵阿斯的第三次定义，也专门暗示了认识者和认识事物之间的关系问题。认识似乎是一项英雄式事业，把诸表象的世界和诸存在联系起来。在苏格拉底的第二次定义中，智慧被等同于一种能力，而且被说成是最美的（296a）。那么最美的生活可能是致力于认识最美的事物，即诸神的种类，他们在希琵阿斯的第一次定义中出现过。然而，希琵阿斯的智慧涵盖不了高的东西。他的定义分别被诸神、神的雕像和诸神所生的英雄推翻了。他的智慧同样涵盖不了低的东西。他讨厌谈论陶钵和无花果木勺子。他对有用的事物犯难，他更喜欢表面上或习惯上更吸引人的事物，即好看的事物。因此，他的智慧在用处方面是值得怀疑的，并被围于不高不低的范围内。尽管如此，他揭示出，美也在某种意义上是吸引力和用处的居间者，是他首先提出"合适"的概念（290c），这个概念沟通了对话的两个部分。

苏格拉底的第一次定义，"合适……才恰恰是美"（293e），以如下方式被审察：当它在场时，它是否使每一个被合适附着的事物显得美，还是使其成为美，还是两者皆否（294a）。希琵阿斯想同时选择两者，苏格拉底再三迫使他作出非此即彼的选择（294a，c，e）。当受到逼迫时，希琵阿斯选择了表象，因此，只要苏格拉底坚持从存在定义美，这个定义肯定会失败。但当苏格拉底就这论证得出结论时，他暗示存在和表象的问题仍未解决。他说他和希琵阿斯"未能认识到美到底是什么，到目前为止，合适不过显得是别的东西，而不是美"（294e）。一个人如何理解表象，或者如何理解存在的显现，这个问题仍未得到解决。美在存在显现的方式中扮演着重要的角色吗？苏格拉底击败了这一定义，凭借的是坚持分离作为表象能力的原因和作为存在能力的原因。无论如何，答案仍然是开放的，这一分离可以被克服。

　　希琵阿斯对击败这一定义的贡献再次表明，把美从诸表象中解脱出来是如何的艰难。美在这一方面可能不同于"善"。人们是在真实的或真正的善的意义上追求善，他们不希望[350]在什么是真正的善方面被欺骗，尽管如苏格拉底在这篇对话中指出，他们在这方面确实被骗了（296c）。尽管如此，如果他们是正确的，那么他们抛弃他们之前关于善的意见，采用那些他们认为更真实的意见（参见《王制》505d）。但他们却不以同样的方式对待美。人们也不必然抛弃他们对美的事物的欲望，即便美的事物仅仅表现为外表美。如此事物的一个例子便是诗歌，尽管苏格拉底批评诗歌是想象出来的，但诗歌依然对他有巨大的吸引力（《王制》，尤其是598b，599a）。于是，这个第一次定义至少在两方面是成功的，一方面表明美是如何难以捉摸（elusive），另一方面表明美如何逃入诸现象本身的吸引力中。

　　这一定义也捕捉到了所谓的美的三面性（three-sided character），因为"合适"的希腊语词 prepon 本身就具有三层含义。它最初是一个动词，"相合适"，它的分词形式可以作为形容词或名词，具有以下三层含义：第一，它意味着两件事物彼此关联的事实，即便是以相似的方式彼此关联；第二，它意味着一件事物合用于一个目的或功能，即"有用"；第三，它可能意味着一件事物的诸外表，有时还意味着声音，含义是"清晰的"或"明显的"。这个语词的所有含义都与苏格拉底的定义相关。相似性的问题属于他的第三次定义，同时也属于第一次定义，因为与表象和存在的问题相关。他在其第二次定义中提到了美与用处的关系问题。在他的第三次定义中，他以通过视觉和听觉得来的快乐审察美。也许"合适"的多样性是苏格拉底感到失望的原因，当时希琵阿斯把美专门同"显得"而不是"是"联系起来，以此使他们没有接受合适作为美的定义。也许苏格拉底失望是因为"合适"是一个"普通事物"（koinon），它表明美的混合自然悬置于表象与存在之间，或者悬置于善和快乐之间。"合适就是美"，无论如何，是这篇对话中唯一剩下未被驳倒的定义。

苏格拉底告诫希琵阿斯运用他的心智，以此开始他的第二次定义，他说他正在"思考"，或更字面的含义，他"在心智本身之中运用心智的行为"（ennooumenos，295c）。他所思考的是，眼睛很美，只要它们具有［351］看的能力，这一思想导致他列举了一连串有用的事物，建立在他所提出的观点上，"凡是有用的，就是美的"（295e）。眼睛的例子令人好奇，因为关于美丽眼睛的原始意见是它们看起来美（290a–c）。这个例子也许一是为了纠正美的自我中心化（self‑centredness），二是纠正下述意见，美的事物是自在的。美的事物可能给人一种印象，它们是完满的。希琵阿斯似乎易于接受关于他自己的这种印象，这无疑可以解释他的自负。因此，有必要使美从属于某个高于美的东西。苏格拉底提到有用性即是为了这一目的。他所列举例子的长度可以表明，使现象中的美超越自身有多么困难。希琵阿斯本人当然不喜欢把美与单纯的工具性联系起来，他对定义的回应仅限于举的例子，因为它们是正确的。但当苏格拉底把用处与能力关联起来时，希琵阿斯由衷地同意，他提供证据说，在政治事务以及在自己的城邦中，能力是所有事物中最美的（296a）。然而，对希琵阿斯来说，这一能力再次指向自我利益，被理解作"保护自己，以及保护自己的财产和朋友们"（304b）。因此，苏格拉底首次改变了希琵阿斯的证明，他说如果能力是美的，智慧就是所有事物中最美的。这一步可以从下述事实中推导出，这一定义从心智中开始，但智慧是特别困难的，因为它结合了他人的利益和自己的利益。苏格拉底接下来的担心（296a）可能基于他的如下认识，希琵阿斯的智慧最终是为自己的智慧。因此苏格拉底完善了他的论证，使作为用处和能力的美从属于作为益处和善的美。

把美与善联系起来的论证终究还是失败了，因为苏格拉底把动力因（efficient causation）引入到美与善的关系中，在如此方式中，美成为善的一个起因。基于列举有用事物的例子强调的美的工具性，这一强调部分是由于美按照动力因被展现为一种能力。但如果美仅仅是一种动力因，那么雕塑家才可能是美的，而并非他的雕塑。因果联系的问题在苏格拉底采取的第二种方式中非常复杂,因为他主张,结果或完成之物是成为存在的事物,即生成的事物(gignomenon, 297a),这一结果是矛盾的结论,美具有善的父亲的型,[352]与此相反,在《王制》(508b)中所描述的那一结论,善被认为是产生后代的事物。① 矛盾的结论是对宙斯的冒犯,大量以宙斯名义的誓言指明这一点,并反映出希琵阿斯和苏格拉底达到如今处境的那条道路。苏格拉底使用了三个术语,"善的事物"(a good thing)、"善的"(good)和"善"(the good),并在论证中不停地变换,希琵阿斯没有注意到苏格拉底的变换,至少没有反对这样的变换。结果就是,所呈现的论证可以用于支持以下结论,"美"不是"善",也不是"善"的起因,但却不支持苏格拉底和希琵阿斯所得出的结论(297c)。

无论如何,对美的重新定义,认为美有益于和有能力产生某种善,是一个强有力的论证。当它遭到反驳时,苏格拉底观察到,正当他们提出该定义的时候,它显得是所有论证中最美的(297d)。也许论证之所以失败,是因为它已经表明自身缺乏充分的"显现"。它明显不加修饰,而且在逻辑上极端复杂。虽然这一定义是唯一一个完全包括"美的身体、美的合法事物和智慧"的定义(296e),虽然它是灵魂希望开口说话的定义(296d),但它还是不令人满意。除了一个明喻(simile,参见希琵阿斯的回应,297b - c),它缺乏对外表美的装饰性(the cosmetic)。

在第三次定义中,苏格拉底尝试提供其第二次定义中所缺乏的魅力。希琵阿斯无法帮助他,但由于苏格拉底的求知欲(297e),他发现了一个可能的答案。他建议将美定义为"使我们感到快乐的东西,不是所有快乐,而是来自听觉和视觉的快乐"(297e),他提供了一系列美的事例,它们可以被看见或听到。② 那么难题变为对这种

---

① 亦参见《斐勒布》54a - c。
② 最后两个例子,美的操持和律法,是有问题的。另外,关于事物原则的沉默思想既看不见也听不到。

分离辩护,为何要把这些快乐与另外一些诸如吃、喝、性的快乐分开。对性的提及,以及这个定义由欲望所推动这一事实提醒我们,爱欲对于理解美在人类灵魂中的运行(operation)是非常重要的一点,但《希前》基本上完全回避了这个问题。尽管希琵阿斯的定义是从美的身体开始,就像第俄提玛开始"美"之上升阶梯的叙述是从爱美的身体开始一样(《会饮》210a – b),[353]希琵阿斯自己却没有爱欲。在这一点上,他就像一般而言美的诸事物(《斐勒布》53d – 54a)。

对话的下一阶段以另一种方式指明,希琵阿斯的灵魂也有缺陷。无名氏表明,希琵阿斯和苏格拉底之所以把视觉和听觉与其他快乐的感觉区分开,是因为他们在这两种感觉中发现了某些东西,使得它们与其他感觉有所不同(299e)。这个某些东西就是"一般物(a common thing),既可以存在于二者共同之中,也可以存在于二者各自之中"(300a – b)。它需要与第二种"一般物"区分开来,表示两个事物在一起时的特征,却不表示二者分开时各自的特征(300b)。例如,夫妻就是两个人在一起,但每一个伴侣都不是一对夫妻。希琵阿斯不能理解这一可能性。虽然许多这样的事物出现在苏格拉底的灵魂之前,但没有一个在希琵阿斯的灵魂前出现(300c – d)。这两种"一般物"之间的区分被《泰阿泰德》中的一段话(184c – 185e)分析得很透彻。在那里,苏格拉底和泰阿泰德决定,灵魂有能力同时思考需要几种感觉的对象。无论哪一种感觉都不可能成为如此思想的唯一原因。在关于视觉和听觉对象的思想中,比如,第一,两者皆是,第二,各自不同于对方,而与自身相同,第三,两者是二,而各自是一(就像夫妻的例子),泰阿泰德认识到,不是说单一的"器官"对于这些思想是特别的,仿佛存在针对各个感觉对象的单一器官,而是说灵魂在其自身之中反映出这些"一般物"。但对希琵阿斯而言,一般性的这些理型(such forms of commonness)晦暗不明,尽管他对自己的数学技艺感到自豪(《希后》366c – d),数学领域存在着大量这样的"一般物"。

当苏格拉底把第二种类型的"一般物"(比如夫妻)引入对话

时，希琵阿斯表示反对。他质疑这一类型的论据之一便是一连串"一般物"的例子，可以说明他和苏格拉底在一起共有，同时也各自分有（300e–301a）。但他表示，他对这些"一般物"的理解也非常特殊。在他和苏格拉底可能具有的性质当中，他包括了他们可能是黄金或白银或象牙的可能性。可以想象希琵阿斯和苏格拉底的雕塑可能具有如此性质，但他们本人应当如此，这是一个标志，希琵阿斯不加区别地对待"属性"（affection）和"存在"，[354] 不久前他还以此谴责苏格拉底（301b）。①他们之间的困惑也给希琵阿斯的前两个定义造成了困难。现在，在关于两种类型的"一般物"的这一讨论中，他表明了他先前难题的原因。他两者都忽视，尽管这两种类型是按照事物的种类彼此区分的原则。于是在同一种方式中，希琵阿斯把公共的事物转换为私人的事物，对他而言不存在"一般物"。所有事物都是特殊的。明显存在"诸整体"，而它们彼此不可分割。存在由大的连续的物体组成。但正如苏格拉底所指出的，希琵阿斯对存在的论述是连贯的，不加选择（indiscriminate）（301e）。由于没有种类和描述界限的能力，希琵阿斯便有可能认为，他正在说某事，当他声称他可以说得"比任何答案都还要准确"时（295a）。这是一段漂亮的讲演，但不是准确的讲演。

因此，引入两种类型的"一般物"，便有助于揭示希琵阿斯立场的本质，还解释了他在感觉对象的方向上扭曲论证的倾向。引入一般性的第二种类，也将关于美的论证往前推进了一大步。在苏格拉底尝试以视觉和听觉的快乐定义美失败后，他暗示，通过这些感觉得来的快乐可能与其他快乐不同，因为它们的危害更小，而且最好，因此他提出，美是有益的快乐（303e）。他的提议结合了其第二次和第三次定义，并从中造成了一个第二类的"一般物"。根据二者，美既不是有益的，也不是快乐的，而是两者的结

---

① 因此，对希琵阿斯来说，任何事情都可以被讲成任何其他事情。参见300b，他似乎以互换的方式使用"存在物之一（one of the things that are）"和"属性（affection）"。

合（参见《高尔吉亚》474d – 475a）。由于其第一次定义的情况，对其第三次定义的这一修正旨在这样理解美，美在其自身之中是有魅力的，美按照超越美的事物为导向来理解。然而，新的定义不可能被审察，更迫切的是，它提出了先前就妨碍希琵阿斯和苏格拉底的同一个问题，"美"和"益处"的关系之于"善"的问题（303e – 304a）。因此，苏格拉底自己驳斥了新定义，希琵阿斯出于厌恶，[355] 传达出对苏格拉底琐碎的最后攻击，并暗示他的言辞丑陋而微不足道。

苏格拉底在他的回应中又回到了什么是有益的问题，他解释说，虽然希琵阿斯和那个无名氏对他恶语相向，但他在与二人的交谈中受益良多。具体来说，通过帮助，他知道了古谚"美的事物是难的"是什么意思。这句古谚如何理解，可能在于"美的事物"是什么。只要它们意味着诸现象中外表美的事物，那些希琵阿斯举例说明的事物，它们便难以理解，因为它们是如此的捉摸不定。不过，它们的魅力发挥了防止认识（a deterrent to knowledge）的作用，阻止像希琵阿斯那样的人观察事物的表面，进而发现表面下的理智结构。美的事物在一种意义上是那些表面事物，事物的"外表"和"声音"。因此，《希前》为《会饮》提供了一个矫正性的补充。《会饮》描述了美的事物如何引导向美。《希前》表明，它们可能产生相反的效果，使一个人的目光停留在迷人的表面。①

但在事物如是的层次上，美的事物可能是或至少包括诸型本身。所以，在型的情形中，就像在诸现象中，它们的美可能在它们的"外表"中。它们的外表是"美"与"理智"、与"存在"、与"善"的关系问题的一部分。无论如何，善将被理解为一位父亲，无论如何，它生产它自身的反思（reflection），美可能是善吸引理智的一个方面。那么，美也许是可知的和认知的之间、存在和灵魂或心智之间的居间者。

---

① 参见《王制》475d – 476c 以及 479a – 480a 的论证。

柏拉图的《希琵阿斯后篇》*

赫耳贝（Robert C. Hoerber）撰
王江涛 译

尽管不熟悉苏格拉底对话的读者们会对《希琵阿斯后篇》（以下简称《希后》）的两大论点（说真话者与说谎话者是一个人，而且是同一个人；有意行不义的人要好过无意这样做的人）感到费解，但这篇文章的真实性无可置疑。甚至连许多疑古派的学者，比如斯塔尔鲍姆（Stallbaum）、斯坦哈特（Steinhart）以及索赫尔（Socher），都认可《希后》的真实性。在那个时代的柏拉图研究者当中，唯有阿斯特（Ast）和施莱尔马赫（Schleimacher）坚持认为《希后》是伪篇，因为其文风太过诡辩。①当代学者站在多数人这边，认为《希后》是真正的柏拉图对话，这是毋庸置疑的，因为亚里士多德明

---

* ［译按］选自 *Phronesis*, Vol. 7, No. 2, 1962, 页 121 - 131。

① 对照 George Grote,《柏拉图与苏格拉底的其他同伴们》(*Plato and the other Companions of Sokrates*), London, 1875, 页 387 - 388, 他谈到了上个世纪的学者们的观点。甚至连 W. Lutoslawski 都认可《希后》的真实性，他之所以不将其纳入他的研究，是因为这篇对话太过简短，使得他觉得它在逻辑领域方面毫无重要性可言；对照《柏拉图逻辑的起源与发展》(*The Origin and Growth of Plato's Logic*), London, 1905, 页 194。

确引用过这篇对话。①

不过，对话的戏剧时间和写作时间却没有得到彻底解决，这依然是个问题。目前达成的共识是，《希后》是一篇柏拉图的早期对话。或许是因为篇幅短小，而且缺少形而上学式的概念，这才使得学者们达成这一共识。②既然没有反面的确凿证明，也没有具体的证据，我们可以假定，学者们的共识可能是正确的。只有两位柏拉图研究者冒险就对话的戏剧时间提出了看法——也仅仅是出于推测；因为他们推断出的是《希琵阿斯前篇》（以下简称《希前》）的戏剧时间，不见得就是《希后》的戏剧时间。根据维拉莫维茨："希琵阿斯曾谈到了他的斯巴达之旅，但在公元前402—401年的战争以后，就没再提过。但是，上述论点及此篇柏拉图托名对话的发生时间并不重要。"③泰勒（A. E. Tailor）则认为："希琵阿斯出现在雅典，这意味着当时正处于一个和平时期；其次，对话提到了高尔吉亚曾经访问过雅典（282b），这说明对话发生的时间肯定在427年以后；因而发生在尼西阿斯和平时期。"④因为这两部命名为"希琵阿斯"

---

① 《形而上学》1025a6 – 9："所以'希比亚'篇中证明同一人'既假又真'是引人入于错误的。篇中假定谁能谎骗他人（亦即是谁有知识，聪明而能作诡骗的人）谁就是假人。"[译按] 中译文参见《形而上学》，吴寿彭译，商务版，1997，页143。

② 对照 Paul Shorey，《柏拉图说过什么》（*What Plato Said*），Chicago，1933，页55；F. M. Conford，《剑桥古代史》（*Cambridge Ancient History*），Cambridge，1933，页311；Hans Raeder，《柏拉图哲学的发展》（*Platons Philosophische Entwickelung*），Leipzig，1905，页57；Grote，《柏拉图与苏格拉底的其他同伴们》（前揭），页388。维拉莫维茨（Wilamowitz）推测对话的写作时间在公元前399年之前，参见维拉莫维茨，《柏拉图：生平及其著作》（*Platon: Sein Leben und seine Werke*），Berlin，1959，页103。

③ 维拉莫维茨，《柏拉图：生平及其著作》（前揭），页101。

④ 泰勒，《柏拉图：生平及其著作》（*Plato: The Man and His Work*），London，1949，页29。[译按] 中译参见《柏拉图——生平及其著作》，谢随知等译，济南，1991，页57 – 62。

的作品都发生在他同一次访问雅典,①维拉莫维茨和泰勒提供的证据算不上有力,所以还是保持戏剧时间问题的开放性为妙,假定它发生在苏格拉底生命最后二十年中的某个时刻。希琵阿斯还在《普罗塔戈拉》中出现过,而《普罗塔戈拉》的戏剧时间也不能完全确定;②此外,也没有必要假设《希后》和《普罗塔戈拉》发生在希琵阿斯同一次访问雅典的时期。

对于熟悉希腊史的研究者而言,公元前五世纪的智术师希琵阿斯的基本学说及其成就可谓众所周知:他重视算术、几何以及天文学;比起人为的立法,他更倾向于自然;他发现了一种名叫"四分线(quadratrix)"的曲线,可以三等分一个角并且化圆为方;他对讲演的各个部分也很感兴趣,包括字词、音韵、和声;他具备一套自给自足的技艺,有回他去参加奥林匹亚赛会,全身的穿戴都是自己制造的——戒指、印章、膏油瓶、刮刀、靴子、外衣、袍子,还有精致的波斯腰带;他编制了一份奥林匹克历年优胜者的名单;谙习荷马与其他诗人的诗作;他精通作诗的技艺,包括叙事诗、悲剧、酒神祭,还精通讲演辞的创作,据说希琵阿斯写过不少散文,但几乎全都亡佚了——"特洛伊讲演""选集""部落的命名";他还精通"考古"的学问;其拿手绝活是记忆术。③

---

① 考虑到两篇对话都提到了欧狄库斯(Eudicus)——阿佩曼托斯之子——和涅斯托尔,这一情形是有可能的;对照《希前》286b 和《希后》363a - c,364c - e,373a - c。

② 对照 Kathleen Freeman,《前苏格拉底哲人》(*The Pre - Socratic Philosophers*),Oxford,1949,页 343 - 344。R. Hackforth 的看法则完全是教条式的:"……《普罗塔戈拉》的戏剧时间最晚肯定不超过前 433—前 432 年",《柏拉图的〈斐德诺〉》(*Plato's Phaedrus*),Cambridge,1952,页 8。

③ 对照柏拉图《普罗塔戈拉》318d - e,337c -338a;《希后》368b - d;《希前》285b - 286b;Freeman,《前苏格拉底哲人》(前揭)页 381 -391;Edward Zeller,《希腊哲学史纲》(*Outlines of the History of Greek Philosophy*),New York,1955,页 102 - 104,[译按] 中译本参见《希腊哲学史纲》,翁绍军译,贺麟校,上海,2007;J. B. Bury,《剑桥古代史》(*Cambridge Ancient History*),Cambridge,1940,页 380;Philostratus,《智者的生平》(*Vitae Sophistarum*) 1.11;Pausanias,5.25.4。

正是希琵阿斯的这些成就使得他三次出现在柏拉图的作品中,①并在另外两篇文章中被提及。②色诺芬也记录了一场苏格拉底与希琵阿斯关于法律问题的对话,③在那次谈话中,希琵阿斯被迫承认,正义就是守法。有位现代注疏家试图把一些古代文学作品中的衍文部分归到希琵阿斯名下:扬布里科斯(Iamblichus)的伪作;修昔底德《伯罗奔半岛战争志》的3.84;特奥弗拉斯图斯(Theophrastus)《人物素描》的导论;《异文》(the Dissoi Logoi);甚至柏拉图《书简七》中富有哲学意味的离题话(342a-343d)。④几乎可以肯定的是,校勘荷马作品音调的功劳应归诸厄里斯的希琵阿斯,但亚里士多德却认为是塔索斯的希琵

---

① 《希前》《希后》(在这篇对话中,他与苏格拉底进行了一场完整的讨论)以及《普罗塔戈拉》(在这篇对话中,希琵阿斯的戏份不多,主要充当苏格拉底与普罗塔戈拉的居中者[337c-338a],而普罗塔戈拉则嘲笑希琵阿斯在算术、几何、天文、音乐方面太过用力[318d-e])。《希前》的真实性值得怀疑,故不在讨论范围之内。

② 《申辩》(19e-20a)只是提到过希琵阿斯、高尔吉亚与普罗狄科,说他们自称能够教导青年。在《斐德诺》中再次提到了希琵阿斯,说他同意普罗狄科的看法,认为一篇文章应该长短适中。

③ 《回忆苏格拉底》4.4.5-25。色诺芬记录的谈话似乎指的是《希前》的那次对话,二者都有一个相似的开场:"当希琵阿斯在离开雅典一个时期以后又回来的时候……"(色诺芬),比较"自从你上次来雅典后,咱们好久不见了"(柏拉图);而且两者都讨论到了斯巴达的法律,以及人类立法的缺陷(色诺芬,《回忆苏格拉底》4.4.14-16;柏拉图,《希前》283-285)。色诺芬还注意到,希琵阿斯还曾教授过卡里阿斯(Callias)记忆术(《会饮》4.62)。[译按]《回忆苏格拉底》中译本参见《回忆苏格拉底》,吴永泉译,北京:商务印书馆,2010;《会饮》中译本参见《色诺芬的〈会饮〉》,沈默译,北京:华夏出版社,2005。

④ Mario Untersteiner,《智术师》(*The Sophists*), New York, 1954,页273-303。此外,W. H. S. Jones 认为,希琵阿斯还有可能是《希波克拉底选集》中《论技艺》的作者;而 C. E. Périphanakis 则假定希琵阿斯是柏拉图《米诺斯》中的同伴,见《智术师与法律》(*Les Sophistes et le Droit*), Athens, 1953,页35。新近关于希琵阿斯的研究,参见 *Classical Weekly*, 47, 1953-1954,页181;50, 1956-1957,页180。关于《希后》的最新著作是 G. Calogero,《柏拉图:希琵阿斯后篇》(*Platone: L'Ippia Minore*), Firenze, 1948。Calogero 教授提到了

阿斯（Hippias of Thasos）的功劳，毫无疑问，他把两者搞混了。①

基于古代的证据，现代学者总是试图把一些匿名的古希腊作品归到厄里斯的希琵阿斯名下，希琵阿斯的核心形象莫过于博学多才了。②博学是典型的古希腊滑稽特征。希腊读者们肯定会想起马尔基特斯（Margites）的戏剧形象，他"知道很多事情，却全是一知半解"。③

George Smith 的著作，《柏拉图的〈伊翁〉与〈希琵阿斯后篇〉》（*Platonis Ion et Hippias Minor*），London，1895，但未提及 B. J. H. Ovink 的《柏拉图对话的哲学解读：〈美诺〉与〈希琵阿斯后篇〉》（*Philosophische Erklärung der platonische Dialoge Meno und Hippias Minor*），Amsterdam，1931。但是，这几本著作均未关注《希后》中的戏剧性要素。

① 《诗学》1461a21 – 23。（[译按] 中译本参见《诗学》，罗念生译，北京：人民文学出版社，2008。）对照 Freeman，《前苏格拉底哲人》（前揭），页 383 – 384；《前苏格拉底哲人入门》（*Ancilla to the Pre - Socratic Philosophers*），Oxford，1948，页144。关于塔索斯的希琵阿斯，我们只知道他被三十僭主所害（Lysias，13.54）；柏拉图专门提到了厄里斯的希琵阿斯在文学、和声、韵律、节奏以及音节方面的精湛技艺（《希后》368c – d）。

② 对照西塞罗，《论演说家》3.32："这时，卡图卢斯说道：'永生的天神啊，克拉苏斯，你对事物的理解多么复杂，多么深刻，多么丰富！你竟然胆敢想把演说家从怎样的髅骨里领出来，把他们安置到我们先辈的王国里！要知道，我们也听说过，古代那些著名的学者和行家也没有否弃任何一种讨论，而是一向从各个方面研究演说问题。当他们中的厄里斯人希琵阿斯去到奥林匹亚参加四年一度的赛会时，他差不多是在整个希腊都能听到的情况下宣称，世上没有哪一种科学他不知道，并且不仅指那些高尚的、合适于自由人研究的科学，如几何学、音乐、文法学和诗歌，而且包括研究物的自然属性、研究人的习俗、研究国家制度的科学，甚至他戴的戒指，穿的衬衣，脚上的鞋，都是他亲手做的。'"[译按] 中译文参见《论演说家》，王焕生译，中国政法大学出版社，2003，页595。

③ 柏拉图，《阿尔喀比亚德后篇》147c。（[译按] 中译本参见《阿尔喀比亚德》，梁中和译，北京：华夏出版社，2009。）其他关于马尔基特斯的文献，参见 T. W. Allen，《荷马全集Ⅴ》（*Homer Opera* Ⅴ），Oxford，1911，页 152 – 159。

赫拉克利特（Heracleitus）亦嘲笑过这种过度的博学：①

> 博学并不能教导人的心灵。

柏拉图也在几处明显提到了博学：

> 你认为即使不经过教育，博学的人们似乎也可以变得睿智，其实他们在大部分事情上都是无知的，而且难以相处，他们获得的只是智慧的意见，而非智慧本身。（《斐德若》275a－b）

> 如果是那样的话，那么我觉得，让孩子们学习太多的东西是一件危险的事情。（《法义》811b）

> 对一切事物过于无知不见得是件可怕的事情，也算不上最坏的事情，反而是受过太多坏的教育，会招致非常严重的惩罚。（《法义》819a）

对柏拉图来说，过于多才多艺会导致困惑。《希后》写得很明白，希琵阿斯无疑是一位博学之士（368b－d），同时，贯穿整篇对话的一个主要线索即困惑（372d－e，376b－c）。早在对话开篇，苏格拉底就承认，他对 πολύτροπος［诡计多端］的含义感到困惑，这个词特指奥德修斯（364a）。它是荷马在《奥德赛》开篇第一行用来描述奥德修斯的形容词，在那里，它有明确的含义，即

---

① 残篇40，辑于第欧根尼9.1。［译按］中译本参见赫拉克利特，《赫拉克利特著作残篇》，楚荷译，桂林：广西师范大学出版社，2007；亦可参见第欧根尼·拉尔修，《名哲言行录》，徐开来、溥林译，桂林：广西师范大学出版社，2010。

"历尽艰辛的""四处漂泊的"。①不过,这个形容词的意思也许本来就含混,因为它在希腊文学的语境中也有"诡计多端的""狡诈的""聪明的""多才多艺的"等含义。希琵阿斯把诡计多端等同于 ψευδής [说谎的](365b),可见,他认为诡计多端的意思属于后者。

苏格拉底认同了希琵阿斯对这个形容词的解释,紧接着他又提到困惑是由混乱的逻辑和混乱的术语所致。首先,他把诡计多端和说谎的等同于 δυνατοί [有能力];然后,他又诱使希琵阿斯承认,他们之所以有能力,凭借的是一种恶行以及某种审慎,而不是凭借愚蠢和不审慎;最后,希琵阿斯同意了这一荒谬的结论,即"诡计多端"和"说谎的"对应的是 φρονίμοι [审慎] 和 σοφοί [有智慧](365d-e)。②简而言之,术语上的混用把"审慎"等同于 πανουργία [恶行],它导致了后来荒谬的结论,把"说谎的"与"有智慧"相对应。这一错误的推理是如此明显,使得我们很容易忽略掉后文中另一个术语的混用,把智慧与恶行相对应(368e)。

这一混乱的假设已经得到了希琵阿斯的同意,它为对话的第一个令人费解的论点——说真话者与说谎话者是一个人,而且是同一个人——做好了铺垫。因为如果承认说真话者与说谎话者的本质属

---

① 这个词还在《奥德赛》10.330 出现过。《牛津希英大辞典》就是依据《奥德赛》的这两段来解释 πολύτροπος。[译按] 中译本参见《奥德赛》,王焕生译,北京:人民文学出版社,1997。

② 柏拉图似乎提供了一条戏剧性线索,πολύτροποι 并不等同于 σοφοί,为此,他特意让希琵阿斯区分了荷马笔下的三位英雄(364c):

> 因为我觉得,荷马把阿基琉斯当作远赴特洛伊的人中最优秀的,把涅斯托尔当作最智慧的,把奥德修斯当作最诡计多端的。

引入涅斯托尔似乎是主要目的;此外,涅斯托尔显然是希琵阿斯所喜爱的人物形象之一(对照《希前》286b)。

性都是有能力,那么向希琵阿斯"证明",在算术、几何以及天文学方面最有能力给出正确答案的人同时也是最有能力给出错误答案的人,也就容易许多(366a – 368a)。之后是一段小插曲,苏格拉底回忆了希琵阿斯在不同技艺、文学领域、音乐理论以及记忆术方面的才华,他再次向希琵阿斯发出挑战,要他反驳现有的结论;可希琵阿斯仍处于困惑之中,以至于身为记忆专家的他在记忆上犯了错,苏格拉底被迫提醒希琵阿斯,现有的论证将使奥德修斯(还有阿基琉斯)既是说谎话者又是说真话者(368b – 369b)。

对话的下半部分继续充满着困惑,并导致另一个令人费解的论点——有意行不义的人要比无意这样做的人更好。苏格拉底引用了阿基琉斯自相矛盾的说法,这些话似乎表明,希琵阿斯的英雄对他是否应该按照计划离开希腊军队感到困惑(370a – 371c)。①希琵阿斯尝试以术语混乱为由来解释阿基琉斯表面上的困惑;首先,希琵阿斯比较了 ἄκων[无意]和 ἑκών[有意],他把"有意"对应于 ἐξ ἐπιβουλῆς[出于诡计],之后,他又用短语 ὑπὸ εὐνοίας[出于好心]来解释"无意",仿佛两者可以等同(370e,371e)。同样,希琵阿斯还诉诸法律,这也许会使现代读者感到奇怪(372a),因为希琵阿斯偏好自然,反对礼法,这是众所周知的;他肯定是被弄糊涂了才会诉诸一个他心目中的次一级标准。但在苏格拉底一段冗长的发言后(承认了之前的困惑),在欧狄库斯的专门请求之下,希琵阿斯又愿意继续进行讨论了(372b – 373c)。最后一部分提出了一个新论点,认为有意犯错要胜过无意犯错,这一论点遮蔽了技艺与知识之间的差异(375b8 – c1),并将知识与能力对立起来

---

① 《伊利亚特》9.312 – 313、9.357 – 363、1.169 – 171、9.650 – 655。[译按]中译本参见《伊利亚特》,罗念生译,北京:人民文学出版社,1994。

(375d - e)，①于是便体现出另一种困惑——尽管这篇文章的论证假设的起点就是把能力等同于智慧（365d - e）。当苏格拉底在对话结束再次承认其困惑时（376b - c），柏拉图也就完成了其困惑的循环。

在贯穿全文的对 ἀγαϑός［好的］比较级的用法中，同样可以理出一条关于困惑的线索。希琵阿斯赞同欧狄库斯父亲的说法，认为阿基琉斯比起奥德修斯是 ἀμείνων［更好］。在对话的前半部分，苏格拉底和希琵阿斯二人使用的都是这个比较级，只有一次例外——当希琵阿斯提到他在奥林匹亚赛会非身体竞赛方面的个人成就时，他使用的是比较级 κρείττων［更强大的］，通常指身体方面更好（364a）。κρείττων 在整篇著作中只出现过这唯一一次，而且还完全出现在不该出现的位置。在后半部分的讨论中，苏格拉底开始使用比较级 βελτίων［更好］（371e），通常指道德方面更好；剩余部分，ἀμείνων 和 βελτίων 两个比较级在含义上不加区分地交替使用。考虑到 ἀμείνων 和 βελτίων 频繁的交替使用出现在对话的后半部分，这就不仅仅是巧合了；术语的变化可以作为一条线索，不仅可以考察对话中出现的困惑，更有可能回答这两个令人费解的论点。②

柏拉图在邀请他的读者们解决《希后》中两大令人费解的论点。这一点从文章的几个方面都可以看出。我们已经注意到，混乱的逻

---

① 对 δύναμις［能力］与 τέχνη［技艺］不加区分是术语不严谨的另一体现（367a3）；在同一语境下却区分了 δύναμις［能力］与 ἐπιστήμη［知识］，将这两者并置也许会加强 ἐπιστήμη［知识］与 τέχνη［技艺］同义的印象。之前苏格拉底已暗中区分了 ἐπιστήμαι［知识］（他提到了算术、几何学与天文学，这些都是他已经讨论过的）与 τέχναι［技艺］（苏格拉底接下来提到的，就是希琵阿斯技艺的组成）；但苏格拉底在术语上的区分显然没有引起希琵阿斯的注意，这两个术语在后文中再次出现（375b8 - c1），未再提及任何区分。虽然希琵阿斯没有看到这一点，但是柏拉图向读者表达得很清楚，他在前一部分强调的是 ἐπιστήμαι［知识］（比如算术与天文学），在后一部分强调的是 τέχναι［技艺］（比如各种制作）。

② 简单地列一个表将会说明这一点：

辑和术语的不同要素充斥着这篇文章，这将使读者意识到，他必须更加仔细地审视苏格拉底的论点——尤其是自从苏格拉底亲口承认，他不但在讨论的过程中，而且在对话结束时都感到困惑（372d－e，376b－c）。同样众所周知的是，苏格拉底（和柏拉图）向来所坚持的一种观点，就直接反对《希后》的第二个论点，即根据苏格拉底和柏拉图的说法，没人会有意犯错。① 柏拉图向读者所表现出的

ἀμείνων 363b3－4（苏），363c1（苏）

κρείττων 364a8－9（希）

ἀμείνων 364b4（苏），367c8（苏），369c4（希），369c7（希），369c8（希），370d7（苏），370e2（苏），371c4（苏）

βελτίων 371e8（苏），372a1（希），372d7（苏），372e3（苏）

ἀμείνων 373c7（苏），373d6（苏），374a2（苏）

βελτίων 374a6（苏），374a7（苏），374b2（苏），374b5（苏），374c3（苏），374d6（苏），374e3（苏），374e5（苏）

ἀμείνων 375a2（苏），375a3（苏），37Sa4（苏），375a8（苏），375b2（苏），375b6（苏），375b7（希），375cl（苏），375c6（苏）

βελτίων 375c7（苏），375d1（苏），375d4（苏），375e3（苏）

ἀμείνων 375e9（苏），376a6（苏）

分清楚ἀμείνων和βελτίων之后，读者便可以怀疑，有意犯错的人也许是ἀμείνων（比如在某些学科、技艺和身体技巧方面），但不可能βελτίων（比如在伦理学领域）。而柏拉图心中是否有这样一个区分则很难证明。然而有趣的是，要注意柏拉图在《希后》中使用到ποιεῖν［制作］和ἐργάζεσθαι［工作］，却在整篇文章中避免使用πράττειν［实践］。这难免使人想到柏拉图在《卡尔米德》中对这些动词所作出的区分（162a，163e）——这一区分指向技艺或技术与伦理学之间类似的差异。

① 这一观点是柏拉图在《申辩》中提出的（25d－26a），并一直延续到他的最后一部作品《法义》（860d，731c，734b）；对照《美诺》77b－78b，《普罗塔戈拉》345d－e和358c－d，《王制》589c，《蒂迈欧》86d－e。要真正了解柏拉图意义上的有意（ἑκούσιος），参见Proclus的《〈王制〉注疏》2.355；每个人都发自内心地认为自己认定的就是好的，参见亚里士多德，《尼各马可伦理学》1172b35－1173a5，廖申白译，北京：商务印书馆，2003。

另一个警告，即不要把论证看作定论，这就是苏格拉底在结束时所说的（376b）：

> 那个有意犯错，做可耻、不义之举的人，希琵阿斯呵，如果真有其人的话，他不是别的，只会是好人。

短语 εἴπερ τίς ἐστιν οὗτος ［如果真有其人的话］，提醒读者别把文章中令人费解的论点太过当真；因为柏拉图在其他对话中也用过这样的表达方式，为的是表明，他个人其实是反对所争论的观点的。①

由于错误的推理，论证才导致了错误的结论，对读者来说，这应当是显而易见的。可是柏拉图透露过任何戏剧性的线索（除了松散的逻辑和术语），提示我们如何正确地解答这些令人费解的论点吗？对话最主要的戏剧手法就是它在结构上的"双重性"（doublets）。首先，只有两个角色参与了论证——苏格拉底与希琵阿斯。其次，欧狄库斯仅仅在开场段落（363a–c）和文章进行到一半时（373a–c）露了个面，他本身似乎就是一个戏剧线索，提示我们要把对话分成两部分，每一部分都是以欧狄库斯的出现开头。第三，对话还包括两个论点——说谎话者与说真话者的同一性，以及有意行不义要胜过无意行不义——每个论点都同样令人费解。第四，对话中比较了荷马笔下的两位英雄——奥德修斯与阿基琉斯。第五，对话比较了荷马的两部史诗（363b，365c）——《伊利亚特》与《奥德赛》。此外，在对话的开场部分，还隐匿着若干"双重性"的

---

① 切不可忽视这一短语的重要性。对照《游叙弗伦》7d："那诸神又怎么样呢，游叙弗伦？他们要是意见不合的话，不也是因为这类事物而意见不合吗？"还有《游叙弗伦》8e："不过，我觉得，游叙弗伦，争论者无论是人还是神——如果神也争论的话，都是争论某件做过的事情。"柏拉图认为神是不应该争吵的；因此才会用到 εἴπερ τι διαφέρονται ［要是意见不合的话］ 和 εἴπερ ἀμφισβητοῦσιν θεοί ［如果神也争论的话］。亦可参见《高尔吉亚》480e："……要是人们必须对某人做坏事，不管对敌人还是对任何人……"柏拉图理出一条线索，展现他是如何反对普通意见的。

细节：希琵阿斯的见解与欧狄库斯之父阿佩曼托斯的见解（363a – b）；希琵阿斯对其他诗人的公开评价与对荷马的公开评价（363c）；奥林匹亚赛会上的希琵阿斯与跟苏格拉底谈话的希琵阿斯（363c – d）；在奥林匹亚赛会上发表讲演的希琵阿斯与回答问题的希琵阿斯（363d）；希琵阿斯的精神追求对比奥林匹亚运动员身体方面的本领（364a）；希琵阿斯的同胞与他的双亲（364b）；希琵阿斯讲演时的一大群人对比进一步深入讨论时的一小撮人（364b，363a）；希琵阿斯的公共表现对比他回答具体问题的意愿（363a，364b）。

"双重性"和对话内表现出的困惑似乎就是戏剧线索，把读者引向苏格拉底的两大论点——德性即知识和没人会有意犯错——如果不做一个二重的区分，任何一个论点都可能导致混乱的结论。苏格拉底的名言（dictum），德性即知识，有可能导致这一结论，只有无知才会引起恶，于是伦理问题就转化成纯粹智性的问题。在数学领域，正如柏拉图在《希后》的前半部分所指出的，能判断答案正确抑或错误的人才算得上智慧之人。但数学不是伦理学；在伦理学中，整个灵魂都必须受到训练，因为道德行为所牵涉的不仅仅是理智。另一名言，没人会有意犯错，同样也可以解释成犯错仿佛跟灵魂中低的部分无关，而只跟理性因素相关。但是，正如文章的后半部分所揭示的，即使是在身体活动中，成功也不只关系到自然能力，因为运动员可以选择不竭尽全力。"双重性"似乎是要引导读者意识到，必须对两个截然不同的领域作出区分：一方面是伦理学；另一方面是科学技艺或者身体禀赋。在后一领域，可以肯定，ἀρετή［德性］就算不是专门地，至少也是主要依靠心灵和身体的自然能力；而在伦理学领域，ἀρετή不仅包含理性方面的训练，而且还包括意愿的选择。自然能力和意愿的选择可以在科学以及身体活动方面区分开来，但在伦理学领域，二者都是本质性的，如果有人想要避免《希后》中混淆的论点。

柏拉图在整篇对话中都不合逻辑地使用了若干对术语：（1）δυνατοί 和 σοφοί；（2）πανουργία 和 φρόνησις；（3）ἐξ ἐπιβουλῆς 和 ὑπὸ εὐνοίας；（4）τέχναι 和 ἐπιστῆμαι；（5）ἀμείνων 和 βελτίων。只要对这些术语作出必

要的区分,并且留心"双重性"的戏剧线索,读者便能够解决对话中的困惑。他便能够注意到,苏格拉底论证为真的前提在于技艺性才能,它依靠的是知识和自然能力的发展,但是,当这一前提进入道德或伦理领域时,困惑就产生了。此外,读者还可以认识到,苏格拉底习惯的论证建立在以下基础上,τέχναι[技艺]在伦理讨论中依然有效——这一区分在《卡尔米德》中发展得更充分,正如最近古尔德(J. Gould)所指出的。①

柏拉图把"双重性"用作一种戏剧线索,提示读者要区别对待伦理领域与人类ἐπιστήμη[知识]与δύναμις[能力]领域,这从《希后》对亚里士多德产生的影响中即可明显看出。引两段《尼各马可伦理学》的内容,它们与《希后》的关系甚密:

> 我们看到,所有的人在说公正时都是指一种品质,这种品质使一个人倾向于做正确的事情,使他做事公正,并愿意做公正的事。同样,人们在说不公正时也是指一种品质,这种品质是一个人做事不公正,并愿意做不公正的事情。我们先把这个意见作为讨论的基础。因为,品质的情况同科学和能力是不同的。一种科学或能力是通过相反的事物而达到的一或相同。而一种品质则是相反品质中的一种,它只产生某一种结果,而不是产生相反的结果。例如,健康不产生不健康的行为,而只产生健康的行为。健康的步行的意思就是像健康的人那样地步行。(《尼各马可伦理学》1129a6 - 17)

---

① 古尔德,《柏拉图伦理学的发展》(*The Development of Plato's Ethics*), Cambridge, 1955, 页 36 - 41。手艺中的能力分两方面——有益的或者有害的——这也解释了《王制》333d - 334b 的悖论,这一点已经被古尔德(页 44 - 45)和 D. J. Allan(《王制》卷一, London, 1953, 页 23)讨论过了。同样的谬误还出现在色诺芬笔下苏格拉底与欧绪德谟的谈话中,《回忆苏格拉底》4.2.19 - 20。

所以，明智是一种同人的善相关的、合乎逻各斯的、求真的实践品质。其次，技艺中有德性，明智中却没有德性。此外，在技艺上出于意愿的错误比违反意愿的错误好，在明智上则如同在德性上一样，出于意愿的错误更坏。由此可见，明智是一种德性而不是一种技艺。在灵魂的两个有逻各斯的部分中，明智必定是一个部分的德性。就是说，它是那个构成意见的部分的德性。因为，意见是同可变的事物相关，明智也是这样。但是，明智不仅仅是一个合乎逻各斯的品质。这可以由下面这个事实得证：纯粹的合乎逻各斯的品质会被遗忘，明智则不会。（《尼各马可伦理学》1140b20 – 30）①

从这两段话中，我们可以明显看出《希后》对亚里士多德的影响。从第一段引文可以看出，《希后》的前半部分使得亚里士多德区分了与δύναμις［能力］相对的ἕξις［品质］和ἐπιστήμη［知识］，这样一来就解决了第一个令人不解的论点之谜。在第二段引文中，亚里士多德似乎将《希后》的后半部分铭记于心，区分了伦理学中的有意犯错与τέχναι［技艺］中的有意犯错。②

最后，《希后》中的戏剧手段是对πολύτροπος［诡计多端］的表现。这一术语一开始变得引人注目是在对荷马笔下的奥德修斯与阿基琉斯的讨论中。然后，在聪明和狡猾的意义上，这个形容词又成为博学的希琵阿斯的主要特征，他被刻画成在技术和手艺中都是最多才多艺的。然而在对话的结尾，πολύτροπος［诡计多端］的是苏格拉底；他凭借两个错误的论题，把希琵阿斯完全弄糊涂了。他是有

---

① ［译按］中译文引自《尼各马可伦理学》（前揭），页126 – 127，173 – 174。

② 还有一篇柏拉图对话似乎也对亚里士多德产生过特别的影响，参拙文，《柏拉图的〈吕西斯〉》（"Plato's *Lysis*"），*Phronesis*, 4, 1959, 页15 – 28。想要观察将戏剧手段与哲学内容融合起来的例子，亦可比较我的研究，《柏拉图的〈游叙弗伦〉》（"Plato's *Euthyphro*"），*Phronesis*, 3, 1958, 页95 – 107；《柏拉图的〈美诺〉》（"Plato's *Meno*"），*Phronesis*, 5, 1960, 页78 – 102。

意这样做的，意在提醒我们荒谬的论点并不真正可信。因此，苏格拉底在那一方面才是更优秀的；因为他才是真正的 *πολύτροπος*［诡计多端］，他能够有意提供错误的答案。这篇作品温和的幽默把希琵阿斯完全描述成一头雾水状；不过亚里士多德显然通过这些困惑发现了这一幽默，并毫无疑问地领会了这一幽默；只要遵循柏拉图的戏剧手段留下的线索，现代的读者也可以完全领会这篇文章。

《希琵阿斯后篇》导论[*]

利克（James Leake）撰
王江涛 译

[300] 苏格拉底在这篇对话中的主要对话者是希琵阿斯，公元前5世纪末最负盛名的智术师之一。他来自厄里斯，一个位于伯罗奔半岛西北部的小城邦，厄里斯的公民们屡次选他代表他们的利益，担任外交使节，尤其是针对斯巴达。由于出众的记忆和善于吸收新事物的天赋，希琵阿斯精通同时代的所有技艺和学问。事实上，他似乎把智慧等同于 polimathia ［博学］。他的自负是这篇对话中的一个重要隐藏主题，苏格拉底不露痕迹地揭示了这一主题。他似乎带有习俗的道德顾虑，对苏格拉底在这篇对话中的论证显得义愤填膺。他与苏格拉底之间的其他交谈可见于《希琵阿斯前篇》（以下简称《希前》，《希琵阿斯后篇》以下简称《希后》），以及色诺芬的《回忆苏格拉底》（IV iv 5–25）。

欧狄库斯（Eudicus）第一个发言。除了这篇对话和《希前》中有段话提到他之外，没有任何关于此人的资料。在那段话中，希琵阿斯告诉苏格拉底，他打算发表一篇展示型讲辞，主题是高贵的操

---

[*] 选自潘戈编，《政治哲学之根》（*The Roots of Political Philosophy*），Cornell University Press, 1987, 页 300–306。

持（noble pursuits），为了解释说明高贵操持的主题，他提到了特洛伊战争中的英雄。希琵阿斯说，是阿佩曼托斯之子欧狄库斯请他讲的（《希前》286b7）。希琵阿斯邀请苏格拉底在他们碰面的三天后去听讲演。这场讲演听起来像是《希后》的对话开始前刚好结束的那场讲演。

欧狄库斯宣称自己致力于哲学式的生活方式，一如我们 [301] 从他第一段话中了解到，他对苏格拉底的意见特别感兴趣。这段话同样显示出他对希琵阿斯有好感，甚至有可能是他的仰慕者。他就是请希琵阿斯作讲演的那个人。他显得是在保护希琵阿斯的名誉。

欧狄库斯问苏格拉底，希琵阿斯"发表了一场如此伟大的讲演"，为什么他不向希琵阿斯提问题，由此拉开了对话的序幕。讲演的话题是涅斯托尔回答阿基琉斯之子的问题，阿基琉斯之子问涅斯托尔："青年应该从事什么样的高贵操持，才可以变得最受欢迎？"按照希琵阿斯，涅斯托尔为他规定的是"所有合乎礼法的行为，以及非常高贵的行为"。

一如《王制》的卷三和卷十，以及《伊翁》，这篇对话呈现出一场集中讨论荷马史诗的苏格拉底式谈话。受欧狄库斯鼓动，苏格拉底问希琵阿斯，荷马笔下的哪一位英雄更好，是阿基琉斯还是奥德修斯？希琵阿斯像大多数希腊人一样（对比 363b1-5），未在此察觉出问题。在前往特洛伊的那批人中，阿基琉斯明显是最好的，他是真正有德性的英雄。而按照希琵阿斯的看法，奥德修斯不过是"诡计多端"。苏格拉底逼着希琵阿斯解释，希琵阿斯回答，在荷马诗歌中，奥德修斯的主要特征是善于欺骗。这一品质使奥德修斯不可能成为最好的人，连有德性的人都算不上。苏格拉底诱使希琵阿斯和他一起探讨，是否巧言令色的说谎能力也算一门技艺，就连最诚实的人也需要掌握。在搞笑地嘲讽希琵阿斯的自傲自大后，对话的第一部分得出结论，说真话者和说谎话者其实是同一类人，希琵阿斯勉强同意苏格拉底的这一证明。接下来对话便把这一结论用于荷马。这一教诲似乎更适用于奥德修斯，而非阿基琉斯。在第二部分，苏格拉底证明，有意行不义的人是好人及好灵魂的标志，而无意这样做的人是坏人及坏灵魂的标志,这使希琵阿斯感到恐慌。苏格拉底承认,这一结论使他这样一个普通人焦虑不已,所以他才希望号称智慧的希琵阿斯对他伸出援手。这篇对话似乎并没有以一个教诲结束,但它让我们更仔细地探寻,汲取营养。

开始时千万不要忘记,是苏格拉底请求希琵阿斯比较并评价阿基琉斯与奥德修斯。所有论证最终都与《伊利亚特》和 [302]《奥德赛》相关。这篇对话有大量细节,如果根据这些细节阅读荷马的这两篇叙事诗,从中会有许多有趣的发现。

希琵阿斯相信,阿基琉斯是"奔赴特洛伊的人中最好的"(364c5-6)。他解释说阿基琉斯"诚实而单纯"(365b4)。高贵的阿基琉斯的单纯,在希琵阿斯所引用的刻画其性格的段落中变得明显。在那段话中,阿基琉斯以严厉的口吻谴责了说谎者。他还三次说道,他言出必行。阿基琉斯憎恨说谎,这夹杂着他对自己巨大实力的了解,在他的掌控下,没有力量办不到的事。有人说得好,就像希琵阿斯,这就是单纯。如果我们转向《伊利亚特》,我们发现,阿基琉斯的暴怒来自一种失望的感觉,他的德性并未给他带来荣誉;那一失望最终呈现为神学或宇宙论的命题。阿基琉斯之所以被公认为在奔赴特洛伊人的中最好,是因为他强大、勇敢,还因为他严肃对待德性,愿意竭尽全力去实现德性。但阿基琉斯竭尽全力的意愿基于这种假设,他做的是正确之事:众人承认,背后有宙斯支持,即德性。在诗篇的开场,他相信,德性神圣支持的标志在于他——最优秀的人——的战利品。于是当阿伽门农剥夺了他的女奴,羞辱他时,他变得怒不可遏。这一看法是否站得住脚,是荷马贯穿《伊利亚特》全书的大问题。

希琵阿斯所选取的那段话旨在说明阿基琉斯的性格,这段话来自他拒绝阿伽门农使者的和解中长篇大论的开头(《伊利亚特》卷九,行 307-429)。在那场谈话中,阿基琉斯对德性的正确或良善(goodness)表达出强烈的质疑,到目前为止,他一直致力于德性。但就算在那里,正如我们在希琵阿斯引用的那段话中所看到的,阿基琉斯依然单纯或直率,因为他感受到自己的天生强大:"我会把我所想的、会成为事实的话讲出来。"要成为说谎者，一个人必须意识到，他的实力对他当作善的东西的影响是有限的。把说谎当作道德上可辩护的，或者必须导致善，一个人必须意识到他对善的作用是有限的——不单是在人类事务和宇宙中战无不胜。荷马把"诡计多端的"奥德修斯表现得对此有所了解，而苏格拉底则在剩余的对话中致力于打破希琵阿斯对［303］这一"奥德修斯式"看法——苏格拉底明显持有的看法（371d8 - e6）——的道德顾虑（365c7, 369c2 - 5, 375d3 - 4）。

奥德修斯，就像《王制》中的哲人，发现在特定场合说谎是迫不得已。希琵阿斯把说谎当作奥德修斯在《伊利亚特》和《奥德赛》中最显著的特征（365c1 - 2）。这样，对话预设，我们应当对这两部叙事诗有相当的了解。苏格拉底提到，说谎的能力和这一能力背后的总体看法甚至可能使奥德修斯比阿基琉斯更好，即更深刻。简单地说，荷马在什么情况下把奥德修斯表现成说谎的？

在他的所有计谋中，最著名的莫过于特洛伊木马的策略（《奥德赛》卷八，行 492 - 520），这一策略使得希腊人在十年失败的围攻之后一举拿下特洛伊。再往前，阿基琉斯避而不战，赫克托耳勇不可当，特洛伊人几乎把希腊人赶下了海，又是奥德修斯，他与狄奥墨得斯（Diomedes）夜探敌营，打探特洛伊人的计划。他们截住多隆（Dolon），在审问完之后又把他杀掉，然后他们杀死了瑞索斯（Rheseus）及其同伴，偷了他们健壮的马匹（《伊利亚特》卷 10）。这些都是施加在敌人身上的欺骗。人们可以说这些欺骗是为了共同的善，尽管它并不是阿基琉斯欣赏的那种堂堂正正的战斗。在《奥德赛》中，奥德修斯发现，在很多场合，他只得通过欺骗才可能渡过难关。他狡猾地告诉将他囚禁的库克洛普斯（Cyclopes），他的船只已遭覆灭，以防库克罗普斯前去毁了他的船，杀掉他的其他同伴（《奥德赛》卷九，行 283 - 286）。如果奥德修斯没说谎，他和他的所有同伴将绝望地丧生于强大、凶恶的库克罗普斯手中。奥德修斯是这样逃脱库克罗普斯的，他首先用计刺瞎库克罗普斯的眼睛，然后狡猾地自称为"无人"，这样其他库克罗普斯便不会追捕他。当全船的存亡需要个人铤而走险时,他还欺骗过自己的船员(《奥德赛》卷十二,行 223 – 225、245 – 259)。作为一名领袖,他选择唯一可能拯救全体船员的办法,尽管有人必须为此付出生命。他向船员们隐藏了真相。最重要的是,我们在《奥德赛》后半部看见,作为说谎高手的奥德修斯失去了所有同伴,孤身一人。在他隐姓埋名,筹划重新从求婚人手中赢回他的家产的过程中,他〔304〕向他的保护神雅典娜说谎,向牧猪奴欧迈奥斯说谎,向他的妻子佩涅洛佩说谎,以及向他的老女仆欧律克勒娅说谎(《奥德赛》卷十三,行 253 – 338;卷十四,行 191 以下;卷十九,行 165 以下,以及行 381 – 385)。奥德修斯的谎话合情合理,这是因为他以精湛的技艺将谎言和真实的观察编织起来,而这些观察是他从对事物核心的多样性和统一性富有洞见的观察中得出的。成为一位像奥德修斯一样的说谎者,一个人必须做到三点:一,必须富有阅历、审慎节制、坚韧不拔;二,必须意识到自己的局限性和他人的局限性;三,必须知道如何吸引他人,并懂得运用正确的方法使他们去做必须之事。成为一名说谎高手,需要在利用和帮助他人方面变得有智慧。说谎是政治技艺不可或缺的部分之一,或者是统治那些无法听从理性的人们的必要手段——无论他们是敌人还是朋友,由于激情或缺乏认识什么是善的必要天赋。说谎是智慧的一部分,因为智慧如此合理,以至于它不是也不可能是全能的。赞同说谎的看法必然与认识理性的界限是同时发生的。我们在荷马笔下发现这点,我们也将在柏拉图笔下发现这点。一个人不应当忘记,虽然奥德修斯凭借他的智慧重返家园,但荷马并没有把他表现得很幸福——他失去了他的船只和他的同伴,他在《奥德赛》中的整个生活充满了一场又一场悲伤。

  说谎——伟大的奥德修斯的技艺——和它背后的假设是《希后》的主题。在对话的第一场交谈部分,苏格拉底着手证明,说谎话者和说真话者是同一个人。希琵阿斯反对说这"太可怕"了——在他看来,这削弱了基本的道德区分。苏格拉底谈到的说谎者属于一个非常高级的类型——有奥德修斯天赋的人们。苏格拉底把这些人等同于在他们说谎的那些方面能干、审慎、老练、聪明的人（366a3 - 4）。相应地，他们能够按照自己的意愿对待他人——根据时机、情况的需要选择说谎话还是真话。他们可以随心所欲地说谎话或说真话：苏格拉底关心的是对结果有充分认识的清醒的行为，而不是愚蠢的小骗局，这些骗局寻求的无非是避免自己给自己制造讨厌的结果（366b7 - c4）。因此，在这一部分的后半段，苏格拉底主张，说真话和说谎话是一门技艺的两个方面，在一方面做得最好也将在另一方面做得最好。他［305］在《王制》中有类似的主张，如果最正义的人最善于看守财物，那么他也同样是最好的偷窃者，最好的医生同样也是最好的下毒者（《王制》333e1 - 334b5）。在《希后》中，他把这门无名技艺同其他三门非常精确的沉思性技艺作比较，尽管它们可以为了善或恶应用于实践的事物。这些技艺是算术、几何、天文。在每一门技艺上最好的人同时也是在这门技艺上最善于欺骗的人。说谎是这无名技艺的一方面，而这门技艺可能就是哲学。《王制》中有一部分可以阐明这段话，苏格拉底在其中谈到，谎言可能是哲人统治所需要的。他在那部分论证到，尽管人类最为讨厌关于"最重要事物"的谎言，但谎言为统治所必需。对处于以下处境中的智者来说，谎言是有用的而且必需的：对待敌人；作为像良药一样的预防措施，谨防朋友因为疯狂或愚蠢执意伤害自己或他人；讲故事或神话，因为人们不知道关于事物首要原理的真相——在所有这些处境下，智者都需要谎言来和那些不能承受真理的人们打交道（《王制》382a1 - e6，331c）。苏格拉底把他关于谎言的有用性和必然性的论证奠基在这个未明说的假设上，这个假设就是真理的残酷，以及大多数人生活在影像或信仰保护的界限内的不可抗拒性。就算在哲人统治的最好的城邦，也需要一种"高贵"的谎言去欺骗和改善它的大多数公民（《王制》413a - 415d，459c，337a）。苏格拉底指出的基本问题是，大多数人爱他们自己胜过爱正义。因此，为了增强正义高于大多数公民自己的说法，一定的谎言是必要的。苏格拉底不认为这样的人可以改变。

那么,《希后》第一部分的结论就是,说谎高手同样也是最有能力说真话的人。紧接在这一结论之后,是一段搞笑的插曲,苏格拉底宣称,非常合理的是,如果奥德修斯是说谎话者,他肯定是说真话者,而不太合理的是,如果阿基琉斯是说真话者,那么他肯定是个说谎话者。第二个说法构成了一个精妙论述的基础,它更加表明,阿基琉斯是在怀疑德性,尽管苏格拉底声称,它表明阿基琉斯在说谎。虽然阿基琉斯开始怀疑德性和荣誉的生活是正确的,但他不可能使他自己得出他怀疑的最终结论——放弃特洛伊,放弃获得荣誉的机会而回家——虽然他屡次扬言要这样做。这一摇摆［306］构成了苏格拉底的说法,阿基琉斯在说谎。希琵阿斯为自己的看法辩护:阿基琉斯是最好的人,而最好的人从不说谎,他区分了有意的谎言和无意的谎言。当阿基琉斯说谎时他是无心的,而"当奥德修斯说真话时,他总是先拿定主意再说出口,即便撒谎也是如此"(371e2-3)。苏格拉底回应道,这样看来奥德修斯比阿基琉斯更好。那些有意说谎的人比无意说谎的人更好。在对话的下一部分,苏格拉底即提出了这一看法。

为什么苏格拉底主张有意犯错或行不义的人比无意这样做的人更好呢?我们推测,有人会根据之前的论证来理解他。拥有知识或某种能力使一个人可以行善或作恶。苏格拉底教导说,人人都追求善,没人会有意作恶(《美诺》77b6-78b2;对勘《王制》517b6-c6)。拥有行善能力的人,肯定也拥有了作恶的能力(375e9-376a1)。苏格拉底在这篇对话中特别关心建立这一论点吗?苏格拉底推断道,他在犹豫要不要接受推理得出的结论。他似乎承认,希琵阿斯不愿意接受他的观点可能有几分道理。他在别处详细阐述了这篇对话的这个论点。他主张,没人有意作恶——于是,越有作恶的能力,作恶的能力被运用得越少,其灵魂也就更优秀(《美诺》77b6-78b2及其相关语境)。他也谈到了教育的核心要害和政制的品质,这都有赖于天生最优秀的灵魂,因为没有充分的教育,这些灵魂会比一般的灵魂作更大的恶(《王制》491b6以下)。苏格拉底理解的这些方面都没有在《希后》中进一步展开。《希后》着重展开一点：技艺、知识和能力就其自身而言既可以向善，也可以向恶。把它们运用得最好的人知道他在做什么。这样"诡计多端的"奥德修斯就比"单纯的"阿基琉斯更好。要证实这一结论，就必须比较《伊利亚特》和《奥德赛》，以及比较作为整体的荷马和作为整体的柏拉图。

论《希琵阿斯前篇》的真伪*

格鲁布（G. M. A. Grube）撰
王江涛 译

格罗特（Grote）对忒拉绪洛斯的九卷集作出了强有力的辩护，这应当教会我们，至少不要轻易否认九卷集中任何一篇对话的真实性，比如《希琵阿斯前篇》（以下简称《希前》）。证伪的重担落在那些攻击对话的人身上。莱德尔（Raeder）、里特尔（Ritter）和阿佩尔特（Apelt）认为《希前》是真作，但阿斯特（Ast）、乔伊特（Jowett）、霍内弗尔（Horneffer）和罗林格（Röling）认为它是伪作，另外，冈伯茨（Gomperz）、策勒（Zeller）和卢托斯拉夫斯基（Lutoslawski）也认为《希前》是伪作。①

---

* ［译按］选自 *The Classical Quarterly*, Vol. 20, No. 3/4, 1926, 页 134 – 148。

① 莱德尔，《柏拉图哲学的发展》（*Platons philosophische Entwickelung*）页 102，页 106 注释 1；里特尔，《柏拉图》（*Platon*），卷一，页 359；阿佩尔特，《柏拉图著作集》（Platonische Aufsätze），页 203，sqq；阿斯特，《柏拉图生平及其作品》（*Platons Leben und Schriften*）；乔伊特并未翻译这篇对话；霍内弗尔，《希琵阿斯前篇》（*De Hippia Majore*）；冈伯茨，《希腊思想家》（*Greek Thinker*），卷二，页283；弗勒，《希腊哲学史纲》（*Die Phil. Der Grizchen*），卷二，页480 – 481；卢托斯拉夫斯基，《柏拉图逻各斯的起源与发展》（*The Origin and Growth of Plato's Logic*），页 194。

专家的观点有分歧（在这点上，我们无法赞同苏格拉底，认为专家之间不可能存在分歧），是以我们得仔细地审视双方各自的论证，无论如何，我们要记住正如乔伊特所说："任何一位伟大的原创作家都不会反对把他自己的作品归诸柏拉图名下。"①我们会发现，《希前》的作者不但伟大，而且具有独创性。事实上，乔伊特后来又说道："证明古希腊作家真实身份的证据，大部分可以归纳为两条，是否优秀，以及是否符合传统。"正是这两条原则使得我们这篇对话饱受抨击，而我希望能证明，这种抨击是毫无根据的。

一、亚里士多德的证据

在亚里士多德《形而上学》（1025a）中，我们读到一段话，来自一篇名为"希琵阿斯"的文章，这段话出现在《希琵阿斯后篇》（以下简称《希后》）的讨论中。显然，我们得知，如果亚里士多德把《希后》称作唯一的（the）"希琵阿斯"对话，他就不知道任何其他以此命名的对话。但是，亚里士多德跟我们一样，写作时难免粗心大意，这使得我们有机会从一个易被忽略的形容词中推敲出蛛丝马迹。在做课堂笔记时，我们自己也会这样写，心里很清楚有两篇对话，却没有必要如实写下来提醒自己；尤其当我们会反复阅读其中一篇时。因此也没有必要提醒我们的听众或读者。另一事实也能支持这一结论（下文会涉及，这一事实甚至得到了罗林格和塔兰特的认可，这二人可是一直认为《希前》是伪作的），《希前》不大可能出于一位聪明人之手，而且这位聪明人又读过《斐勒布》。但可以肯定的是，《希前》确实出于一位聪明人之手。

亚里士多德在《论题篇》（146a21）中的一段话十分有趣，这段话与《希前》中的一个重要部分非常相似，鉴于这相似度太过惊人，我必须将这段话全文引用：

---

① 乔伊特，《柏拉图》（*Plato*），卷二，页 425。

再次，要考察对方是否把相关于两者的定义个别地提出来。例如，把美好定义为悦目或悦耳的东西，或者把存在定义为能够被他物作用或者能够作用于他物的东西。因为如果是这样，同一事物就会既美好同时又不美好，既存在同时又不存在。因为如果悦耳的东西与美好相同，那么，不悦耳的东西就会与不美好相同。因为对于同一的事物来说，它们的那些对立面也是同一的，不美好是美好的对立面，不悦耳是悦耳的对立面。因此显然，不悦耳就是与不美好相同的。所以，如若某物悦目但不悦耳，那么，它就会既美好又不美好，以同样的方式，我们也能证明同一事物既存在又不存在。①

我们发现，在《希前》中与之相对应的段落（300–303）却遭到了抨击。亚里士多德为什么要选用这个错误定义的例子——来自视觉或听觉的快乐？为什么亚里士多德解释的恰恰是这个例子，而不是另一个？最直截了当的原因当然是亚里士多德读过《希前》，而且作为一位精明的逻辑学家，他从逻辑的角度注意到了这段话的关键。我们无法证明亚里士多德是否读过《希前》，或许这仅仅是个巧合；但不管如何，我们总算有了比《形而上学》中那个省略的形容词更确凿的论据。

二、内证

我们能相信，除了柏拉图之外，还有其他人能够写出一篇在形式与内容上都如此肖似的柏拉图对话么？正因为难以置信，反对者才建立一套理论，称这篇对话是由柏拉图的学生所作，成文时间大致位于《高尔吉亚》和《斐勒布》之间。这套理论的新近拥护者是塔兰特女士，我们稍后会谈到她。不过，早在1816年，阿斯特便称

---

① ［译按］原文为希腊文，中译文参见苗力田编，《亚里士多德全集》第一卷，中国人民大学出版社，页492。

《希前》为伪作。他武断地宣称290e那段话（"他非常讨厌"以下）和300d（对性质的蹩脚解释，即属于二者共同的性质，不属于各自，反之亦然）不符合柏拉图的学说，因为前者过于夸张，后者则显得拙劣。我们尽可以反驳阿斯特，并跟阿佩尔特一起指出，这篇对话中有不少真正的苏格拉底式反讽，例如285处关于希琵阿斯和斯巴达人的例子，以及他们对待希琵阿斯的一贯方式。众所周知，希琵阿斯没有得到作者的同情，反而遭到了攻击，对希琵阿斯的攻击在本质上是否不同于对欧绪德谟（Euthydemus）和狄奥尼索多卢斯（Dionysodorus）的攻击，也不同于《王制》卷一中对忒拉绪马霍斯（Thrasymachus）的攻击，甚至不同于对游叙弗伦的攻击呢？我不这样认为。这篇对话中的苏格拉底与其他对话中的苏格拉底是同一个苏格拉底。任何细微的语气上的差异都应归咎于希琵阿斯的骄傲自负，这自然使苏格拉底变得粗鲁——但还不至于非常冒犯。

与阿斯特告诉我们的截然不同（引自284d和285a），尽管苏格拉底的论证时常很诡辩，但这并不意味着《希前》是伪作。这些段落在逻辑上经得起辩护，就算它们经不起辩护，苏格拉底在某些显然是真作的对话中也用过错误的论证——比如说在《高尔吉亚》475b和477a推翻了波卢斯（Polus）观点的论证，这一论证混淆了行动者的感觉与旁观者的感觉。最后，阿斯特说281d至282b既不像柏拉图式对话，又不真实。当然，柏拉图不认为当代哲人比古代哲人更伟大，但总的观点是说，苏格拉底假装赞同希琵阿斯，使希琵阿斯显得像个傻瓜。此外，《普罗塔戈拉》中的希琵阿斯和《希前》中的希琵阿斯的差异甚大。但若仔细研读这两篇对话，即可发现这种差异仅仅出于评论者们的一厢情愿，而且，我们会发现，希琵阿斯无论出现在柏拉图的哪一篇对话中，他的形象都是相同的。我在这里只处理一处语言问题。不光是这些差异，还包括任何巧合的相似性，都被那些否认柏拉图作者身份的人所刻意强调。

我们先读一段希琵阿斯在《普罗塔戈拉》347a处的言辞：

  不过嘛，他说，我自己对此也有很好的一种解法，我会展示给你们的，要是你们愿意听的话。①

然后再读一段《希前》286a 处的言辞

因为我已以完美的方式编织出一篇讲辞，这篇讲辞安排得很好，特别是在措辞方面。②

如今，根据塔兰特女士的说法，第二段话必定剽窃了第一段话。但希琵阿斯明显就是这种类型的人，他习惯于以完美的方式编织出一篇讲辞，任何题目都难不倒他，所有智术师都会这样做。当你嘲讽同一个人时，你必定会谈论关于他的同一些事迹，你自然会用同样的词语，或其中某一些，除非你很迂腐。希琵阿斯在色诺芬的《回忆苏格拉底》（IV4.7）中也如出一辙。其实，在这两段话中，只有ἔστι［是］、λόγος［言辞］、περί［关于］和καί［和］是重复的词。我将不再考虑这类无聊的比较，用阿佩尔特的话来说："那些原创性的思想家，同时又著作等身，只要思路清晰连贯，有哪一位不重复自己的话？"

鉴于大多数早期学者的反对意见皆在塔兰特女士的文章中有所体现，我们有足够的理由去细致地处理她的论证。

文风——假想的谈话者（imaginary speaker）具有鲜明的柏拉图风格。虽然没有发现完全类似的情形，但我们可以毫不费劲地记起下列情形：

1. 《泰阿泰德》中"普罗塔戈拉"的讲辞；
2. 《会饮》中的第俄提玛；
3. 《游叙弗伦》5b 引入的梅勒图斯（Meletus）；

---

① ［译按］原文为希腊文，中译文参见刘小枫编译，《普罗塔戈拉》，未刊稿，下同。

② ［译按］原文为希腊文，中译文参见王江涛编译，《希琵阿斯前后篇》，未刊稿，下同。

4.《法义》卷十 893b 的无神论者；

5.《克力同》中的律法；

6.《王制》卷五 479a 中认为绝对的美不存在的男人；

7.《高尔吉亚》451 - 452d 中想象的谈话者。

在《高尔吉亚》506d 还有一条线索是关于这同一种笔法的。以上的第 3、5、7 项似乎与这一点尤其相似。这三人中的每一位都与其余四位略有不同，其中的差异与《希前》中的说话者相比是只多不少。引入这样一位人物是出于礼貌（《希前》和《高尔吉亚》）、友好（《克力同》）或审慎（《会饮》），苏格拉底不喜欢直言不讳地表达他的反对观点。就像布德丛书（Budé）的编者所言："这个反讽人物形象的设置显得固执而粗鲁，他不肯放过苏格拉底，也不肯让苏格拉底不经论证地提出自己的看法，他是个非常难缠的家伙。"①

苏格拉底以第三人称提到自己，据说不符柏拉图的风格。下述例子将证明这一观点是错误的：

1、《斐德诺》228c，苏格拉底提到斐德诺，他用第三人称谈论斐德诺，谈了一整段，亦可参见 244a。

2、《高尔吉亚》495d，苏格拉底对卡里克勒斯说："阿卡奈人卡里克勒斯如是说"；反过来，卡里克勒斯对苏格拉底说，"苏格拉底这个阿罗佩克人"，后来苏格拉底自己又回答说，"他不同意"。

3、《美诺》78d，苏格拉底提到美诺时说"正如美诺所言"。

4、《游叙弗伦》5a，游叙弗伦说道："游叙弗伦跟普通人还有什么差别。"

最后一个例子对应得丝丝入扣，第二项例子中的"他不同意"也非常相似。

我们可能会注意到，苏格拉底在这里并没有把他自己等同于假想的谈话者，一如某些人所认为的那样。这其实是设置上的粗心大

---

① ［译按］原文为法文，参见 *Platon Oeuvres Complètes Tome* Ⅱ, Croiset 编, Paris, 1936, 页 5。

意。然而苏格拉底说的是，"就算假设我们可以欺骗他，我也不会感到满意"，然后这位神秘的提问者再次被带入对话。直至对话结束（304d），苏格拉底也未曾把自己同这第三位人物等同起来。但苏格拉底描述了他俩亲密的关系，使得我们得以猜出真相，虽然希琵阿斯不一定猜得出。这并非胡乱安排。

关于柏拉图的文风，另一条线索是这么一种方式，某些惊人的思想，尽管不直接与当下的主题相关，却披着简洁的、箴言式的外衣。这些闪耀着光芒的思想具有十足柏拉图的特征。比如296b："无意作恶" 使人不禁想起苏格拉底的理论 "没人会有意作恶"。可所有人从小时候起，做的坏事就远多过好事，而且还在无意中犯错。

措辞与表达——这些措辞和表达很少引起人们的注意，但它们却会出现在一篇确定为真的对话中。的确，相同的表达有时会在某些地方被忽略。塔兰特女士把她的述评分为四部分——即对柏拉图式短语的摹仿、文字游戏、怪异的风格和句法，以及用词。

其中，前两项不是我们关心的重点，因为塔兰特也承认这些短语和文字游戏是柏拉图式的（ἀπῆσας除外，下文会展开讨论）。那些被认为具有形而上学含义的部分，我将另辟章节讨论。接下来将依次处理塔兰特的反对意见。有几点略过不谈，这几点无非是想表达一种意见，没有必要把时间浪费在对它们的讨论上。即便如此，我还是不得不针对一部分人讨论这些看似没有价值的意见，尽管自阿斯特以降，这些意见被一个个学者翻来覆去地言说，如果可以，我将再次为大家处理这些意见：

292c：ὅστις διθύραμβον τοσουτονὶ ᾄσας οὕτως ἀμούσως πολὺ **ἀπῆσας** ἀπὸ τοῦ ἐρωτήματος ［当你答非所问时，犹如唱酒神颂跑调了一般］。如果参考过LSJ，一般译作："你在唱歌的时候就已经开始跑调了，"这句话据说不属于柏拉图。但这句话的意思也有可能是："你在这个问题上偏题了"——"你的答案牛头不对马嘴"。对比《蒂迈欧》26d，οὐκ **ἀπᾳσόμεθα** λέγοντες ［我们这样说没有跑题］，这里ἀπᾴδω的用法和上一句意思完全相同；在《法义》802e，ἁρμονία **ἀπᾴδειν** ［节拍不合旋律］ 也是唱歌跑调的意思；同样是《法义》，662b处的

ὡς νῦν γε σχεδὸν **ἀπᾴδομεν** ἀπ' ἀλλήλων［就眼下而言，我们唱的调子大相径庭］，其意思是跟另一个人相比跑调了。阿斯特翻译成"有异议"（dissentio）。还可参见《希后》374c，以及对比《高尔吉亚》461a 和《斐多》92c 的συνᾴδω［合唱］。赫尔沃登（Van Herwerden）发现了这个词的正确含义，当时他这样说："酒神颂的长度无法把握，但其特征可以把握，因此我才探寻τοσουτονί［如此多的］的含义。"①不过这一订正无关紧要，一如他大多数的订正：τοσουτονί指的是长度，ἀπῇσας指的是内容，所以这句话的意思是："你把一首如此冗长的酒神颂唱得乱跑调，完全与问题牛头不对马嘴。"

290e：τοὺς μέλλοντας ἑστιᾶσθαι ἄνευ ὄψου ἂν πάνυ γενναίου ποιήσειεν［木勺不会亏待那些期待享受美食的人们］。据说这是对《王制》卷二 372c 的拙劣摹仿，Ἄνευ ὄψου, ὡς ἔοικας ποιεῖς τοὺς ἄνδρας ἑστιωμένους［你这么一弄，这些人的饮宴似乎缺少调味品］。②但是，关于结构，没有什么真正值得注意的。a）我们可以把ἑστιᾶσθαι［宴饮］看作接双宾语，这种情况可参见《斐德诺》267a，τὰ μεγάλα σμικρὰ φαίνεσθαι ποιοῦσιν［大的事情显得很小］；b）或者我们把ἄνευ ὄψου［没有美食］当作是表语，语法上等于形容词，这同普通的结构ἀσθενῆ ποεῖν τὸν θυμόν［造就虚弱的血气］，没有实质性的差别。

296d：ὃ ἐβούλετο ἡμῶν ἡ ψυχὴ εἰπεῖν［我们灵魂想表达的是…］被指责是对悲剧的摹仿，比较 300c，πρὸ τῆς ψυχῆς［在灵魂面前］；但参见《会饮》192c，ἀλλ' ἄλλο τι βουλομένη ἑκατέρου ἡ ψυχὴ δήλη ἐστίν［各自的灵魂都在愿望着某种东西］；《王制》卷二 365a，τί οἰόμεθα ἀκουούσας νέων ψυχὰς ποιεῖν［一个年轻的灵魂听了这些之后该怎么办呢？］；阿里斯托芬《云》319，ταῦτ' ἄρ' ἀκούσασ' αὐτῶν τὸ φθέγμ' ἡ ψυχή μου πεπότηται［我听了她们的歌声，我的灵魂就在飞腾］；色诺芬《齐家》VI14，πάνυ μου ἡ ψυχὴ ἐπεθύμει αὐτῶν τινι συγγενέσθαι［我的灵魂

---

① *Mnemosyne*, Vol. 35, 1907, 原文为拉丁文：non potuit dithyrambi longitudo carpi, sed qualitas, itaque requiro τοιουτονί.

② ［译按］中译文参见史毅仁译，《王制》，未刊稿。下同。

非常渴望成为他们中的一员]。

300c 和 303c：προφαίνεται [显明] 据说是悲剧词汇，比较《王制》卷八 545b，τῷ νῦν προφαινομένῳ λόγῳ [现在显得明白的言辞]；以及《卡尔米德》172e，ἄτοπ' ἄττ' ἔφην μοι προφαίνεσθαι [我才说某些奇怪的东西对我变得清楚可见]。

当我们开始考察适当的词汇时，我们得牢记，希琵阿斯像大多数智术师，甚至比大多数智术师更愿意用典和掉书袋，因而我们可以料想到有些词汇必定少见。同时，假想的谈话者被刻画成令人敬畏的样子，简直就像荷马笔下的人物。他这个人物也能解释一些词汇问题。

290e：据塔兰特说，μέρμερος [有害的] 是一个史诗用词，292d 的 γεγωνεῖν [宣布] 也是。

295a：ἃ μὴ μέγα, ὦ Ἱππία, λέγε [希琵阿斯呵，话别说大了]。这句话确是讽刺，但并没有放错位置。

293a：δύσφημον [坏兆头] 是诗歌用词，但它是被当作直接反对希琵阿斯的 εὔφημα [好兆头] 才出现的。在欧里庇得斯的《安德罗马克》中亦然，1144，κραυγὴ δ' ἐν εὐφήμοισι δύσφημος δόμοις [在肃静的神庙中发生了不祥的呼号]。①这部剧的措辞颇具柏拉图风格，要不然柏拉图也不用担心用诗歌词汇来达到这种效果。

295b：οὐκ ὀχληρὸς ἔσομαί σοι [我不会成为你的麻烦]。"麻烦的(troublesome)"是 ὀχληρὸς 的原意。在《王制》卷八 569a，μετὰ ὀχληρῶν συμποτῶν [和放荡的食客们一起]，它一般被译作"放荡的(turbulent)"，那才是一个不常用的引申义。因此若两段话任有一段会遭到诘难的话，只可能是《王制》的那段话；但根本没有一个理由能说明，为什么它在那里也不能解释为"恼人的(irksome)"。

291e：τοῦ ἀνδρὸς οὐ τυγχάνομεν，按照阿斯特，通常被译作 uiri

---

① [译按] 中译文参见《欧里庇得斯悲剧集（上册）》，周作人译，中国对外翻译出版公司，2003，页369。

sententiam non assequimur［我们跟不上那个人的思路］，亦被阿斯特指责说是非柏拉图词汇。但何不译作"我们抓不到他"或"他又从我们手上溜掉了"，或更直白一点，"我们又要错过这人了"？我们在《法义》717a 读到的即是这个意思，τοῦ σκοποῦ τυγχάνοι［需要瞄准的目标］，和这里一样，《会饮》193c 表达得也很隐晦，εἰ τῶν παιδικῶν τῶν ἑαυτοῦ ἕκαστος τύχοι［如果人人找到属于自己的同伴］。这隐喻在于寻找的标志。

292a：μου ἐφικέσθαι πειράσεται［他有可能鞭打我］。塔兰特女士误以为ἐφικνοῦμαι［达到］不是柏拉图用语，她的理由是：《斐勒布》46d，（皮肤发炎时），τῇ τρίψει δὲ καὶ τῇ κνήσει μὴ ἐφικνῆταί τις［抓挠都不奏效］；《王制》卷六 506e，πλέον γάρ μοι φαίνεται ἢ κατὰ τὴν παροῦσαν ὁρμὴν ἐφικέσθαι τοῦ γε δοκοῦντος ἐμοὶ τὰ νῦν［因为，我们目前奋力要获得我现在对善持有的观点，但对于我来说，善似乎超出了这个范围］；《蒂迈欧》51b，καθ' ὅσον δ' ἐκ τῶν προειρημένων δυνατὸν ἐφικνεῖσθαι τῆς φύσεως αὐτοῦ［根据前面的讨论，可以实现它的自然］。后两例用的是属格，与这里用法一致，其含义也是"达到""实现"。

287a：μή τι κωλύω μιμούμενος［摹仿那人来阻碍你］。κωλύειν本义为"阻碍"（hinder）。省略直接宾语σε［你］的例子可对勘《高尔吉亚》458d，τό γ' ἐμὸν οὐδὲν κωλύει［至少我这方，确实毫无障碍］。μιμούμενος = ἐὰν μιμῶμαι。

以下俗语被认为带有摹仿的痕迹：

285e：Ἀληθῆ λέγεις［你说得真实］被译作"毫无疑问，你若这样说"。但何不译作"你说得对"更常用的含义？苏格拉底并不怀疑希琵阿斯一口气记住五个名字的本事。他何以这样说呢？

286e：φαῦλον γὰρ ἂν εἴη τὸ ἐμὸν πρᾶγμα［我的行为也就太愚蠢］。在《克力同》53d 有一个πρᾶγμα［行为］的近似用法。参见相应位置亚当斯的注释。

287d：ἀλλὰ τί μέλλει［不然还会是什么］；该用法不多见，但我们在《王制》349d 找到了完全相同的用法，意思是"为什么他在犹豫?""他的困难是什么?"

287e：εὐδόξως ἀπεκρίνω［你回答得令人称道］。εὐδόξως［令人称道］这一副词，据我所知，未见于柏拉图的其他作品，倒是可见于《法义》950c、773a。猜想这可能是取笑希琵阿斯对副词的喜爱?

288d：συρφετός［荒谬的念头］。在《高尔吉亚》489c 中用来形容众人。我未能找到形容个人的例子，但波吕克斯（Atticist Pollux）曾把这个词用作ταπεινός, δύστηνος, εἰκαῖος的同义词（Poll. V. 163）。

290a：τετυφωμένε［骗子］这个词未见于柏拉图其他著作，倒是德摩斯梯尼（Demosthenes）用过几次。它有可能是个俗语。但它的同根词ἐπιτύφομαι柏拉图曾用过一次——《斐德诺》230a，苏格拉底用ἐπιτέδυφομαι指称他自己，意思相同。

291a：φύρεσθαι πρός［混迹］。塔兰特女士对勘《法义》950a。柏拉图常把这个词用作"混合"，这个用法与这段中的πρός［对于］无法严格对应。

300c：Οὐ κινδυνεύεις ἀλλὰ πάνυ ἑτοίμως παρορᾷς［不是有可能，而是你确实看走眼了］。在塔兰特看来，ἑτοίμως［确实］在这个意义上是没有可比性的，如果我们译作"你看得还不够透彻"。这段话令评论者们很是费解，海因多夫（Heindorf）建议修订为ἐτύμως［真实地］。但斯塔尔鲍姆似乎更接近原意，他解释作"你忽略了关于真正目的的理由"，① 并且增加"因为ἑτοίμως = prompto paratoque animo［准备好了］"。或许我们可以从κινδυνεύειν［有危险、有可能］的字面含义中发现线索，"不会有危险，但你确实没有准备好，没看对"。LSJ 把它与ἐξ ἑτοίμου［毫不迟疑］比较。

293a：βάλλ' ἐς μακαρίαν［把他扔进冥府］被批评为对柏拉图来说是一句过重的咒骂。但要注意，这句话出自希琵阿斯之口。

304a：κνήσματά καὶ περιτμήματα［支离破碎的咬文嚼字］这些罕见词汇亦出自希琵阿斯。若这些词是所谓的俗语，这样用便增强了希琵阿斯对苏格拉底方法的蔑视。

---

① ［译按］原文为拉丁文：sed de industria ueram rationem neglegis。

以下表达被批评为显得过于哲学化：

296d：τὸ δυνατόν τε καὶ χρήσιμον ἁπλῶς εἶναι καλόν［能力和用处就等于美］。在"仅仅""无须证明"这层意义上，ἁπλῶς［简单地］被认为有些奇怪。但这层含义在《斐多》100d 中用得很是到位：τοῦτο δὲ ἁπλῶς καὶ ἀτέχνως καὶ ἴσως εὐήθως ἔχω παρ' ἐμαυτῷ［我只是直截了当，甚至愚蠢地主张］。①在本质上与《法义》909d 的用法也没有什么差别：ἔστω γὰρ νόμος ὅδε τοῖς σύμπασιν κείμενος ἁπλῶς ［让这法律以简洁的方式处理所有这一切］。还可参见《斐勒布》50d；《会饮》182b, d；《王制》卷二 381c。我们通常把 ἁπλῶς οὕτως 解释成"正是如此"。

300c：λέξις λόγων［论证的用词］这是希琵阿斯爱用的一类双声调式。λέξις 不大常见，但也在《王制》卷三 400d 中出现，表示与所讨论事物相反的风格。

301b：κρούετε δὲ ἀπολαμβάνοντες［你们以抽离的方式考察］。这层含义未见于柏拉图。在《泰阿泰德》154e 中有所暗示（言辞交锋）：ἀλλήλων τοὺς λόγους τοῖς λόγοις ἐκρούομεν［彼此以言辞交锋］。《泰阿泰德》179d 的 διακρούω［分开］和《斐德诺》55c 的 περικρούω［全打掉］也是这个意思；但这个含义似乎只在柏拉图对话中出现过一次。

303b：ἄρρητα, ῥητά——无理数和有理数。苏格拉底说无理数加无理数既可能变成有理数，也可能变成无理数。这句话违背了一个原则，严格从措辞来讲，若干无理数相加不能变成有理数。这显然是真的，但柏拉图认为乘法与加法是一回事。συναμφότερα 的意思是"合计"，既可能指加法也可能指乘法（比较《王制》卷八 546b，参见亚当斯注释）。无理数相乘既可得到无理数也可得到有理数。②

303d：τῶν ἀδυνάτων τι παρέχεται［无法变成不可能的东西］也是

---

① ［译按］中译文参见王太庆译，《柏拉图对话集》，商务印书馆，2004，页 265。下同。

② ［译按］作者似乎没有意识到以下情况，比如 $(2+\sqrt{2})+(2-\sqrt{2})=4$。

数学术语，显然是正确的。

除了一小部分史诗用词，一两个无关紧要的偏僻用法，上述段落囊括了所有反对《希前》为真作的内证；我们得强调地重复里特尔关于阿斯特从文本内部反对柏拉图作者身份的证词，没人会认为阿斯特的论证是站得住脚的。至于更一般的风格问题，只需让人不带偏见地读一读《希前》，然后再不带偏见地读一读其他早期对话，我不认为有人会在两者间发现什么文本上的差异。

对话中的形而上学意味——斯塔尔鲍姆在《希前》中没有发现理念论的痕迹；迪姆勒（Dümmler）说，整部对话表现出一种对《美诺》《斐多》和《会饮》的透彻认识；布德丛书的编者也同意斯塔尔鲍姆的看法；然而，塔兰特女士却认为，我们在《希前》中看到各种各样逻辑-形而上学的术语，这些术语是对《斐多》中那些术语的运用，她把《斐多》的本体论当作归谬法（reductio ad absurdum），她相信，正如罗林格所说，《希前》的作者是"学园中的一位年轻学徒"。

我不相信这篇对话写就时学园已经建立了；就算建立了，我也不相信，有哪位年轻学徒胆敢对《斐多》的术语作归谬法的尝试；最后，我不相信，这位学徒可以把他的意图隐藏得如此成功。

对于那些可能被理解为带有形而上学含义的表达，让我们对其进行全面的检审，我们将发现，相同或至少相似的表达可以在柏拉图的大多数早期作品中发现，而这些作品一般都被看作是真作。

《希琵阿斯前篇》：

286d，对比 295a 和 c：*τί ἐστι τὸ καλόν* [什么是美]，或者 *αὐτό τὸ καλόν* [美本身]，*τί ἐστιν* [它是什么]。

287c：*δικαιοσύνῃ δίκαιοί εἰσινοἱ δίκαιοι* [由于正义，正义的人们才是正义的]。*σοφίᾳ οἱ σοφοί εἰσι σοφοὶ καὶ τῷ ἀγαθῷ πάντα τἀγαθὰ ἀγαθά* [由于智慧，智慧的人们才是智慧的]。*καὶ τὰ καλὰ πάντα τῷ καλῷ ἐστι καλά* [由于善，所有善的东西才是善的]。

287d：*τῷ καλῷ……Ὄντι γέ τινι τούτῳ* [凭借美……至少才存在]。

289d：αὐτὸ τὸ καλόν, ᾧ καὶ τἆλλα πάντα κοσμεῖται καὶ καλὰ φαίνεται, ἐπειδὰν προσγένηται ἐκεῖνο τὸ εἶδος [美本身有这么一种属性，其他所有事物只有经过它的点缀，才会显得美，只要附着上那个样子]。

292d：τὸ καλὸν αὐτὸ ἠρώτων, ὃ παντὶ ᾧ ἂν προσγένηται, ὑπάρχει ἐκείνῳ καλῷ εἶναι [我问的是美本身，它附着在任何一件事物上，都使那一事物成为美的]。

293e：ἣν φύσιν αὐτοῦ τοῦ πρέποντος [合适及其自身的本质]。

294b，d：τὸ ποιοῦν εἶναι καλά [那个使事物成其为美的东西]。

300b：τὸ κοινὸν τοῦτο, ὃ καὶ ἀμφοτέραις αὐταῖς ἔπεστι κοινῇ καὶ ἑκατέρᾳ ἰδίᾳ [这一共同性质使它们合在一起时成其为美，分开时各自亦美]。

对比以下表达，它们都摘自其他早期对话：

《拉克斯》191e：πειρῶ εἰπεῖν ἀνδρείαν πρῶτον τί ὂν ἐν πᾶσι τούτοις ταὐτόν ἐστιν [试着说说勇敢吧，它在上述的哪些情况下是相同的]。

《吕西斯》219-220：ἐπ' ἐκεῖνο ὅ ἐστιν πρῶτον φίλον, οὗ ἕνεκα καὶ τὰ ἄλλα φαμὲν πάντα φίλα εἶναι [友谊不能归因于他物，而其他一切事物之所以可爱，我们说，就是由于那个本原的缘故]。τἆλλα πάντα ἃ εἴπομεν ἐκείνου ἕνεκα φίλα εἶναι, ὥσπερ εἴδωλα ἄττα ὄντα αὐτοῦ [我们说的由于别的事物才觉得可爱的所有其他那些事物，都不过是幻想和误解]。φίλον δὲ τῷ ὄντι κινδυνεύει ἐκεῖνο αὐτὸ εἶναι, εἰς ὃ πᾶσαι αὗται αἱ λεγόμεναι φιλίαι τελευτῶσιν [真正可爱的事物，乃是这一切所谓珍贵友谊终极目的的所在]。

《游叙弗伦》6d，e：ἀλλ' ἐκεῖνο αὐτὸ τὸ εἶδος ᾧ πάντα τὰ ὅσια ὅσιά ἐστιν; ἔφησθα γάρ που μιᾷ ἰδέᾳ τά τε ἀνόσια ἀνόσια εἶναι καὶ τὰ ὅσια ὅσια [所有虔敬的事之所以虔敬，它的样式是什么？因为你知道，正是按照一个样式，凡不虔敬的事物不虔敬，虔敬的事虔敬]。① ταύτην τοίνυν με αὐτὴν δίδαξον τὴν ἰδέαν τίς ποτέ ἐστιν, ἵνα εἰς ἐκείνην ἀποβλέπων καὶ χρώμενος αὐτῇ παραδείγματι, ὃ μὲν ἂν τοιοῦτον ᾖ ὧν ἂν ἢ σὺ ἢ ἄλλος τις

---

① [译按] 中译文参见顾丽玲译，《游叙弗伦》，华东师范大学出版社，2010。下同

φῶ ὅσιον εἶναι, ὃ δ' ἂν μὴ τοιοῦτον, μὴ φῶ. [那么就请你教教我，这个样式究竟是什么，好让我盯住它，把它当作一个标准。这样一来，像你和其他人所做的这类事情，我就可以说虔敬，若不像，我就说不虔敬]。

注意《希前》287c 处与格的用法，塔兰特女士告诉我们"这明显是《斐多》100d, e 的语言"，在《游叙弗伦》中也发现了这一用法。

我们在《希前》中不可能有如此确定的内容，也不可能有如此多的内涵，正如引用的同一部作品的最后一段话所示。

但就算如此，也至多意味着苏格拉底希望找到一个适用于所有情形的定义。苏格拉底与拉克斯交谈时用了如此多的语词，以便从具体中发现普遍，但那是寻找普遍的自然位置，而苏格拉底没有在任何地方与希琵阿斯这样交谈。

塔兰特女士还评论了 292d 处 ἐκεῖνος [那个] 的罕见用法，她指出，这是以特殊取代普遍；但可以肯定，ἐκείνῳ [在那儿] 仅仅是语法上先行的关系代词，并没有什么特别含义。

仅仅出现在《希前》中，却未见于其他早期对话，一个这样的形而上学式表达在《希前》中是不存在的。毫无疑问，《希前》与后期对话有许多词汇上的相似性，但一位不带偏见的读者，当他在读《斐多》和《会饮》时，其他对话不提，必然感觉得出，《会饮》(211d) 中的 αὐτὸ τὸ καλόν......εἰλικρινές, καθαρόν, ἄμεικτον......αὐτὸ τὸ θεῖον καλὸν [美本身......精纯无瑕......是神性的美] 完全存在于另一个思想世界。①

无论是探究定义，还是探究完全对应于谓词表达的性质的共同点 (κοινόν)，在这种探究的简单形式中，理念论 (the theory of ideas) 在所有柏拉图对话中都有所暗示，即便是最早期的对话。理念在哪一个确切时期开始被构想成具有独立的存在，柏拉图不大可能专门交代，因为这必定是一个渐进的过程，因而不会在思想上或语词上

---

① 对勘《高尔吉亚》459d,《王制》475 以下,《斐勒布》15a。

发生突转。

像 εἶδος，ἰδέα 一类词在理念论出现之前就使用过很久，它们的一般含义是"形式"或"种类"。只有在被苏格拉底和柏拉图不断重复使用过后，εἶδος 才会获得柏拉图式"理念"①的抽象内涵，而不可能一开始就是这个意思。所以，我们一定不能使这些词语的早期用法带上其后来才获得的含义。事实上，《希前》中许多费解的部分，尤其是 300-303 那一段，就是由于这一事实，作者不能够利用后来理念化的术语；而我们发现，εἶδος [样式]，οὐσία [存在]，πάϑος [性质] 一类词的用法很模糊，几乎是同义词，用以表达一种整全，因为柏拉图在写作的过程中也在创造他的词汇。我无法想象，柏拉图或其他任何有足够能力写作《希前》的人，他对《斐多》《美诺》和《会饮》烂熟于胸，更不用提《智术师》《斐勒布》和《治邦者》，会写出如此松散的结构。

完全相反，在《希前》中用到的所有逻辑-形而上学式的表达使我们得出结论，这篇对话的写作时间不可能晚于那些明显体现出理念论的对话，正如其他早期对话一般。

两篇"希琵阿斯"对话——我们发现，亚里士多德提到过《希后》，尽管没有说柏拉图是作者；同时，在《论题篇》中有一段同等清晰却非正式的对《希前》的引用。即便如此，《希后》被认为在真实性方面略胜一筹；阿佩尔特主张，两部作品要么同时为真，要么同时为假，试图以此证明《希前》的真实性。

《希后》与《希前》相同，有两个主题。它在一定程度上故意体现希琵阿斯对苏格拉底式的方法一窍不通，因为他的主张——阿基琉斯比奥德修斯更好——遭到令人绝望的驳斥。为了做到这点，苏格拉底采用了一个有趣的论证：聪明人显然是善的、真诚的（ὁ σοφός, ἀγαϑός καὶ ἀληϑής），他同时被证明为是最邪恶的人、最好的撒谎者，因为他既然拥有善的知识，必然也拥有善的对立面——

---

① ἰδέα 在《游叙弗伦》6e 和《卡尔米德》157d 中明显指身体的形态，《吕西斯》220c 的 αὐτὰ καϑ' αὑτά 无非是"凭借它们自己"。

恶的知识。他既可以把一件事干得最好，又可以干得最糟，最好的罪犯总是有意犯罪。有意犯罪的人（ἕκων ἁμαρτάνων）比无意犯罪的人更好（better），因此有意的罪犯与好人是同一类人，至少，如果真有其人的话（εἴπερ τίς ἐστιν οὗτος，376b）。对话的结论是，或看上去是，骗子比傻瓜更好。但我们知道，苏格拉底并不相信这点，①因为他并不相信存在这么一个不诚实的人——即有意作恶的人。我们这里用反证法（per absurdum）证明，作恶不过是无知，因为若想摆脱好人同时是恶人的困境，这是唯一的出路。

柏拉图多次讨论过有意犯罪的问题，这里的论述是，对某一事物的知识暗含着对该事物对立面的知识。②

《希后》给我们留下了这一悖论，好人（同时也是恶人，如果确实有人有意犯罪）就是拥有能力和知识（这两者显然是一回事）去行善作恶的人。但《希后》没在任何地方告诉我们，这种任意的能力就是美。相反，我们清楚地从 376a 得知：τὸ μέν γε ἀδικεῖν κακὰ ποιεῖν ἐστιν, τὸ δὲ μὴ ἀδικεῖν καλά［行不义是做坏事，而不行不义即是做美事］。③但是"善"在其他对话中被等同于"美"，在这篇对话中也相同吗？这正是该立场的荒谬之处。

《希前》（296d）的这段，表明了并非所有能力，而只有 τὸ χρήσιμόν τε καὶ τὸ δυνατὸν ἐπὶ τὸ ἀγαθόν τι ποιῆσαι［向善的用处和能力］才是美，这段话只是对《希后》中另一段话的重述，在《希后》那段话中，形容词καλόν［美的］被限定在能力或智慧的那一种类中。因此，当阿佩尔特说柏拉图会良心不安时，是由于《希后》的结论，他认为写出另一篇对话，并且也将其命名为"希琵阿斯"，

---

① 困惑的关键将在 374c 出现，δέξαιο δ' ἂν πότερον τἀγαθὰ κεκτῆσθαι ［你愿意选择哪一种，拥有好的效果……］，因为苏格拉底会坚持，就像有人会偏好拥有善，所以他也将偏好去行善。他在 376b 说得更清楚：εἴπερ τίς ἐστιν οὗτος ［如果真有其人的话］。

② 《斐多》97d，《伊翁》532b，《卡尔米德》166a，《王制》334a，以及 Adam 对相应段落的注释。

③ 对比 375e。

是可行的，这样可以抚慰柏拉图心中的不安，他这番话没有任何意义，理由有三：第一，不管是柏拉图还是苏格拉底，在进行对话式论证时不会有任何良心上的顾虑，只要论证本身是合理的；第二，即便他们确实良心不安，也不可能被希琵阿斯立场上明显属于归谬法的东西所影响；最后，《希前》只不过重复了《希后》所说过的话。

在两篇对话之间还存在着许多其他联系。希琵阿斯对自己大唱赞歌，在两篇对话中只有很小的区别。对基本原则的一致反对都是由苏格拉底式的方法所引起的（对比《希后》369b-c 和《希前》301b）。尽管《希前》在对智术师漫画式的摹仿中更滑稽，苏格拉底对希琵阿斯的态度在本质上是相同的（对比《希前》304b 和《希后》364a）；但我认为，阿佩尔特的另一个论证——对希琵阿斯的两次描写都是补充性的——并没有多少说服力，因为严格来讲，它是不真实的，既然柏拉图有更改漫画的可能，伪作作者也可以更改。

从这些思虑中，我得出两点结论，一、虽然相互参考可行，但这种参考无论如何都不够确定；二、《希前》凭借自身就可以成立。

《希前》与《高尔吉亚》474d-e——斯塔尔鲍姆第一个发现这两者之间的相似性。在《高尔吉亚》中，我们得知，美不是来自用处，就是来自快乐。引文如下：①

> 苏格拉底：但这个呢？所有美的东西，诸如一个身体啦、一道色彩啦、一个形状啦、一个声音啦、一种习惯啦，你没看出任何东西，就会在任何时候称之为美的吗？譬如，首先，你讲种种美的身体之为美，其实不就是，要么根据每个东西都为之而有用的用途，要么根据某种快乐，如果它使观众高兴观看它？除了这些，关于身体之美，你还有什么要讲？

---

① 原文引文为希腊文，中译文参见李致远编译，《高尔吉亚》，未刊稿。下同。

珀洛斯：我没有。

苏：那么，其他所有东西亦然，你称呼种种形状和颜色为美的，要么由于某种快乐，要么由于益处，要么由于这两者？

珀：至少我这样称呼。

苏：种种声音和所有涉及音乐的东西，不也同样如此么？

珀：是。

苏：甚至，种种涉及诸礼法和操持的东西，即种种美的东西，大概也不外乎这些：它们要么有益，要么愉快，要么两者都有。

珀：不，至少依我看不外乎此。

苏：那么，连学问之美也同样如此？

珀：那当然；你现在还给美下了定义呢，苏格拉底噢，因为你用快乐和好处界定了美。①

只要熟悉《希前》，任何人都会立刻认出这里的许多表达和观点。②

如今，罗林格和霍内弗尔试图证明，《希前》是由一位错误理解《高尔吉亚》的摹仿者所著。我们发现，在那篇对话中列举的所有例子之所以美，不是因为它们有用，就是因为它们让观众感到快乐，但我们不知道哪些理由适用于具体的事例。不过，清楚的是，最后三个例子，$\kappa\alpha\tau\grave{\alpha}$ $\tau o\grave{v}\varsigma$ $\nu\acute{o}\mu o \upsilon\varsigma$［礼法］，$\tau\grave{\alpha}$ $\dot{\epsilon}\pi\iota\tau\eta\delta\epsilon\acute{v}\mu\alpha\tau\alpha$［操持］，$\tau\grave{\alpha}$ $\mu\alpha\vartheta\acute{\eta}\mu\alpha\tau\alpha$［学问］应将它们的美归诸第一个原因。

在《希前》295c，以上引用的所有例子都被当作因为有用而美的。按霍内弗尔的说法，这是个糟糕的摹仿，因为它们中的一部分属于因为快乐而美的类别。正如罗林格所观察到的，没有一个例子属于快乐这一类别。在《高尔吉亚》中，美被还原为两种样式。这段对美的解释并不是一个合理的苏格拉底式定义，因为我们很清楚，

---

① 注意珀洛斯在此处将用处等同于善。
② 尤其是295d，e；296d，e；298a。

在《希前》（300a）中，定义应当给予美唯一的共同基础。这两个概念，用处和快乐，未经深思熟虑就被塞入长篇对话的论证当中，不过是为了证明珀洛斯的错误，而现在，它们将被仔细衡量，是否能够解释所有的美。因此，《高尔吉亚》中的所有例子必须分成两头才解释得通。

用处首先得到处理（295d – 297d），但即便是其更精致的形式——益处——也被驳斥了。于是我们进而检审是否《高尔吉亚》给出的美的第二个原因，或许也不是我们寻求的答案。我们发现，"根据某种快乐，它使观众高兴观看它"；现在这被更清楚地定义为通过视觉和听觉得来的快乐。这一定义必须对所有美的事物都有合理的解释，如果它是一个令人满意的定义。

罗林格现在反对，"美的法律和习俗可放在这下面解释吗"，这个问题被偶然插进 298d：因为这些关于礼法和操持可能会呈现出的事物，显得并非存在于感觉之外，感觉恰好通过听觉和视觉呈现给我们；不过，让我们对上述这一论点耐心些，通过上述感觉得到的快乐就是美，而不要把关于礼法的论点带入讨论的中心。①但这真不是重点。苏格拉底在这最后一个定义中发现了两个难题：

1、法律和操持可以被包括在定义内吗？

2、强调这两种快乐的这一概念是什么，我们有什么理由把谓语 $\varkappa\alpha\lambda\acute{o}\nu$ ［美的］应用到这一概念上？

这两个问题无疑要按照这个顺序来处理。柏拉图或许说过，我们最终得通过视觉和听觉来认识法律和习俗。但他只有真正解决这个问题——法律和习俗这些事物是否应当被包括在"美的快乐"名下，才能得到令人满意的定义——什么是美的快乐。于是他必须首先处理第二个难题，才能实现这个目标。正如他从未克服这一难题，他不需要返回第一个难题，最后的定义无论如何都被证明不会令人满意。倘若他首先处理第一个难题，又没法克服它，那么他不可能

---

① ［译按］原文是希腊文。

处理好第二个难题，也不会给我们这段既有趣又有启发的讨论，这段讨论占据了对话的余下部分。

这非常清楚明白，结构清晰。

请注意《高尔吉亚》499b 以下，①卡利克勒斯至少承认有些快乐是善的，有些是恶的，应当为了善去做那些快乐的事，不应当为了快乐去做那些恶的事，罗林格说，《希前》作者从这里开始推理：

> 美是关于眼睛和耳朵的快乐。
> 存在善的快乐和恶的快乐。
> 如果一个快乐是美的，它必须使自己与善同一，成为有益的快乐。
> 为了被称为美，眼睛和耳朵的快乐必须成为善（有用）的快乐。

即便如此，我也不认为作者不是柏拉图。但我怀疑，《希前》的作者对《高尔吉亚》必定烂熟于胸，丝毫不亚于罗林格。这些想法的任何一条，除了第一条，都是典型的苏格拉底式的。如果，正如我所相信的，作者是柏拉图，那么两篇对话的一致之处就像它们在措辞方面的差异一样自然。柏拉图肯定讨论过快乐和善，并且无数次地深思过二者的关系，所以他才会自然而然地使用相同的例子。

《高尔吉亚》和《希前》无疑属于柏拉图作为作者的早期作品。这从以下三点可以看出：风格、戏剧性兴趣、缺少明确的理念论。不要怀疑这两篇对话可以彼此独立，但只有出于同一位作者之手才

---

① ὡς δὴ σὺ οἴει ἐμὲ ἢ καὶ ἄλλον ὁντινοῦν ἀνθρώπων οὐχ ἡγεῖσθαι τὰς μὲν βελτίους ἡδονάς, τὰς δὲ χείρους [仿佛你竟相信，我本人甚或其他任何人都不觉得，某些快乐，有些更好，而有些更坏]。对比 500a：τῶν ἀγαθῶν ἄρα ἕνεκα δεῖ καὶ τἆλλα καὶ τὰ ἡδέα πράττειν, ἀλλ' οὐ τἀγαθὰ τῶν ἡδέων [因此，必须为了那些好处而实践其他东西和快乐的东西，而非为了那些愉快的东西而实践那些好处]。

可能保持它们的独立性。《希后》成文稍晚,当柏拉图写《希后》时,他心里会想到美的定义,以及《高尔吉亚》中对快乐的区分,并让它们从属于一个更加彻底的检审。但我并不认为柏拉图会在《高尔吉亚》相关段落的选词上费太大功夫,这并不太重要。

《希前》《帕默尼德》和《斐勒布》——把许多重要性任意附加在随便两篇对话偶然的相似之处上,这很容易。于是塔兰特女士认为,《希前》与《帕默尼德》第一部分在术语上的相似表明,《希前》是柏拉图的一位学生所写,是为了批判在《斐多》中得到解释的理念论,它可能会引发柏拉图重新思考他在《帕默尼德》中的立场。当我在考察《希前》中发现的形而上学式的表达时,我希望已经证明,这些表达根本不能从理念论的角度来理解。但除此之外,我认为,像《帕默尼德》这样一篇完全属于后期的对话,可以被像塔兰特女士展现在《希前》上的一类单薄批评所解释,这种情况几乎不太可能。①

《斐勒布》也是一篇后期的作品。我们在这篇对话中发现一个更加尖锐、也更加全面的对快乐的分析,以及一个更加高级的关于美的看法,我们发现,这一看法是对《希前》中审美反思的自然发展。由于这一点和其他许多原因,这两篇对话显然属于柏拉图生命的不同阶段。

结论——总而言之,《希前》算得上被亚里士多德引用过,他显然对其有所借鉴。反对《希前》真实性的内在证据在经过仔细检审后被证明是莫须有的。无论《希前》中的什么思想,都凭借自身经受住了真实性的检验。它所包含的与《高尔吉亚》的某些思想相近的段落也表明《希前》是一篇早期对话。它与《帕默尼德》没有直接的关联,但《希前》中的观点在《斐勒布》和其他对话中得到了更充分的发展。这是一篇典型的柏拉图式对话,没有理由说明这篇

---

① 我相信柏拉图在很大程度上拥有自我批判的能力,我还相信,《帕默尼德》如其所示地展现了理念论的困境和障碍,它并不意味着柏拉图对理念论的态度有何变化。

对话为什么不是柏拉图所著。这令人困惑，有时晦涩的术语证明，《希前》不可能是由一位读过《斐勒布》和《智术师》的聪明人所著。

附：关于《希前》301b 的注释

301b：διὰ ταῦτα οὕτω μεγάλα ὑμᾶς λανθάνει καὶ διανεκῆ σώματα τῆς οὐσίας πεφυκότα［正因为如此，你们才没注意到事物自然生长的伟大和连贯的方面。］

这句话令评论者们相当困惑。理解其结构的关键在于 καί［和］，其位置的重要性迄今仍未得到注意。διὰ ταῦτα οὕτω μεγάλα σώματα τῆς οὐσίας λανθάνει ὑμᾶς καὶ διανεκῆ πεφυκότα——因此，你未能理解事物如此巨大的物体也是由于连续的自然。

这几乎是对前一句论证的重复，它毫无疑问应当如此。σώματα τῆς οὐσίας［物体］与上一句的 τὰ ὅλα τῶν πραγμάτων［诸事行的种种整全］相同；这是个相当奇怪的表达，它的意思不太清楚，但我们应该记得，希琵阿斯可能故意说得如此晦涩。他在伪装他对空洞的大词的无知。我们或许可以在这里发现对某一位智术师作品中一段话的引用（或戏仿）。但我不相信，希琵阿斯在提出一个深思熟虑的自然理论，虽然他肯定认为这已经足够深奥。某些竞争的思想家学派也不会借用他来表达观点，因为在任何情况下他都会以更加清楚，也可能更加冗长的方式表达自己的看法。重点完全在 μεγάλα［大的］和 διανεκῆ［连续的］两个词上，正如它们显著的位置所示，希琵阿斯希望把这两个词灌输给苏格拉底，以反对他琐碎的、永无止境的"划分"。

格罗特说，我们用"逻辑术语上的具体来反对抽象"（《柏拉图及苏格拉底的其他同伴》，卷一，页 384–385）。倘若如此，希琵阿斯便没有也不可能意识到这一事实。但格罗特也没就这个结构给过我们任何提示。史密斯（G. Smith）将 διανεκῆ 译作"连续的和具体的"，但这两个意思很难通过一个词表达出来。他把 σώματα τῆς οὐσίας 译作"自然存在的对象"，但那种译法要求有定冠词。塔兰特女士提议在 $σώματα$ 之后插入 $τά$，并把 $τὰ\ τῆς\ οὐσίας$ 译作"所有存在的总体"。她认可的句法结构是 $τὰ\ τῆς\ οὐσίας\ λανθάνει\ ὑμᾶς\ μεγάλα\ καὶ\ διανεκῆ\ σώματα\ πεφυκότα$，译作"你不理解，是自然组成了如此伟大而连续的物体"，这不大可信，我不认为 $τὰ\ τῆς\ οὐσίας$ 有助于理解这句话。

阿佩尔特用 $σχήματα$ 校订 $σώματα$，① 可如此严重的校订也于事无补，只要我们坚持把 $μεγάλα\ καὶ\ διανεκῆ$ 放在一起理解。

---

① 《柏拉图著作集》，前揭，页 231，注释 2。

柏拉图《希琵阿斯前篇》中苏格拉底的自我交谈*

奥尔森（Halsten Olsen）撰
王江涛 译

第一节 苏格拉底终于棋逢对手

在柏拉图没有结论的对话中，成年苏格拉底从未与跟他棋逢对手的哲人交谈过，这几乎成了一条法则。但这条法则也并非普遍有效：苏格拉底在《希琵阿斯前篇》①（以下简称《希前》）中给我们展示了若干片段，他不断与自己交谈，这便是例外。②从这些片段中，

---

* ［译按］选自 Ancient Philosophy，20，2000，页 265 – 287。

① 我采用的是 Woodruff 的英译本（1982），我还从他的注疏和论文中获益良多。然而，有时我会根据 Burnet 的校勘本（1903）作出修订。在 294e3，我宁愿保留 Burnet 的读法。

② Hyland,《柏拉图对话中的限度与超越》（Finitude and Transcendence in the Platonic Dialogues），Albany，1995，页 5。他提出了一个更笼统的法则："发人深省的是，柏拉图从未写过一篇两位成熟哲人之间的对话，更不要提两位'智慧'人了，对此，别人也有所察觉。"Whitaker,《柏拉图的〈帕默尼德〉》（Plato's 'Parmenides'），Newburyport，1998，页 2。他说："现有的苏格拉底——虽然年少——与另一位哲人的对话，《帕默尼德》是唯一一例。"这样，苏格拉底在《希前》中的自我交谈便成了一个例外，尽管其篇幅非常短

我们了解到,苏格拉底在同他自己谈话的过程中,除了等同于自己,他还时而高于(superior)自己,时而低于(inferior)自己。他一旦驳斥了他的对话者,又会反驳自己。

《希前》的中心对话发生在苏格拉底与希琵阿斯之间,讨论"什么是美"的问题。不过,就在苏格拉底追问希琵阿斯的过程中,他提到一个家伙,而这家伙恰好问过苏格拉底同样的问题。于是苏格拉底便扮演这家伙,一开始,他显得是一个讨厌的提问者,非但不风雅(ou kompsos),甚至粗俗下流(surphetos, 288d4),简直是个讨厌鬼(mermeros, 290e4),要是苏格拉底记不起他本该想得通的问题,那家伙甚至会鞭打苏格拉底一顿;紧接着,他又像是同情苏格拉底,时不时提出一个建议,使讨论顺利进行下去;之后,他又像是苏格拉底最不齿成为的那种人;再然后又成了"索弗戎尼斯库斯的儿子",最后成了"我的近亲",跟我"生活在同一屋檐下"。直到对话快结束时,读者们才明白,原来苏格拉底扮演的讨厌的提问者不是别人,正是苏格拉底自己。

苏格拉底扮作他人间接向希琵阿斯提问,这一笔法在某种意义上避免了苏格拉底对希琵阿斯的不恭。苏格拉底从第三者转述的问题,比起自命不凡的希琵阿斯期待苏格拉底当面提出的问题,可以更加简单、直接。从希琵阿斯这一方来讲,他也可以更加直率地抱怨不在场的第三者没有分寸的提问,比起直接向苏格拉底抱怨,也显得更加礼貌。

苏格拉底在《希前》中转述讨厌的提问者的问题,与他在《克力同》中转述关于雅典律法(the Laws of Athens)的讲辞,可以形成鲜明的对照。在与律法的对话中,苏格拉底想象自己谈论的仅仅

小。Prior 同样注意到了 Hyland 和 Whitaker 所观察到的法则,但他描述得更为精确,基于《希前》中的自我交谈,他说道:"哲学,对苏格拉底而言,在这些早期对话中是一种生活方式。在《帕默尼德》之前的作品中,苏格拉底是这种生活方式的唯一化身。"见《为什么柏拉图写了苏格拉底对话?》("Why Did Plato Write Socratic Dialogues?"), *Apeiron*, 30, 页 109–123。

是与事实相反的情况（50c），仿佛是他提出的越狱；然后他又谈论了律法反对越狱的推理过程。似乎只有讨论的其中一方才能代表苏格拉底的真实看法。①《希前》中的对话稍微有点特别，因为苏格拉底既是叙述者，又是提问者，还是回答者。②比起苏格拉底向他人讲述他的对话，《希前》中的对话可以更好地揭示苏格拉底本人的看法。③

经过慎重选择的模式"可能"也只揭示出一种可能性，而非一种确定性；因为存在一种更大的可能性，即我们会说，苏格拉底的形象是反讽的。有时，苏格拉底的话可以不直接揭示任何东西。但我不会使用"反讽者"这个词。虽然它像是对希腊文 εἴρων 的直译，但其希腊词源并不完全类似于我们的"反讽者"，反讽者与其词源的关系非常复杂，可能会招致误解。那么，既然"反讽者"及其衍生词并未出现在《希前》中，与其大谈反讽，不如只谈论大家一致同意的内容——柏拉图并不总是把苏格拉底描述得说话简单明了，使

---

① 关于苏格拉底的态度这里似乎仍旧存在一些合理的争议。Miller,《〈克力同〉中的论证与反讽》（"The Arguments I Seem to Hear: Argument and Irony in the *Crito*"），*Phronesis*，41，页 121 – 137。这篇论文是专门研究《克力同》中关于法律的讲辞。Miller 提出了两个问题，苏格拉底对法律言辞的履行是否告诉我们苏格拉底自己的看法，或者说苏格拉底自己的看法根本密而未宣。关于《克力同》更多复杂的讨论，参见 Inglessis – Margellos,《苏格拉底及其双重性》（"Socrate et Son Double"），*Revue des Études Grecques*，Cécile，1994。

② 《希前》中的对话同样是一个反例，但却是一个特殊的，不那么负面的反例。关于这一点，参见 Smith《柏拉图早期对话中的知识与技艺》（"Knowledge and Expertise in the Early Platonic Dialogues"），*Archiv für Geschichte der Philosophie*，80，页 129 – 161。这篇论文谈到，苏格拉底的对话者皆称自己有一技之长。苏格拉底当然以自称一无所长闻名。这篇文章将讨论为什么苏格拉底要向自己提问。

③ Tarrant 提到，这两者都不是真实的苏格拉底。参见《〈希琵阿斯前篇〉与苏格拉底的快乐理论》（"The Hippias Major and Socratic Theories of Pleasure"），*Vander Waert*，1994，页 107 – 126。Tarrant 把苏格拉底描述成"既没有寻求真理的迫切愿望，也没勇气对自己提这种棘手的问题，况且另一个自我在提问时显得太不友善"。我对 Tarrant 的反驳将在后文逐渐展开。

我们，即柏拉图的读者们，一看就明白。①

我们中的大多数都对苏格拉底讲述的这类自我交谈感到熟悉，只要我们曾经自言自语，并且尝试反驳自己。例如，在《泰阿泰德》(189e) 中，苏格拉底说，灵魂的自我对话、自问自答，即他所说的"思考"。②

苏格拉底转述了讨厌的提问者曾与他说过的话，如果我们相信这点，那么这一转述就会给我们呈现出一幅生动的画面，即一个作为自问者的苏格拉底。这一转述告诉我们，提问者曾问过苏格拉底什么 (286d)。它告诉我们，提问者总是习惯提问 (287c)。它还预测出提问者准备说什么 (293d、303e-304)。但在这样预测的同时，苏格拉底是在利用预测揭示一个趋势，而不单指向一个未来的孤立事件。所以即便是这些未发生的预测，也会透露出苏格拉底是如何自问的。

这幅画面颇为复杂，对话还向我们呈现出作为回答者的苏格拉底，因为苏格拉底有时会站在希琵阿斯一方，在交谈中作出回答。例如，在289c-d 处，苏格拉底说如果最美的少女与诸神相比（希琵阿斯也同意这点）也是丑的，而且丑得不能再丑了，而讨厌的提

---

① 关于反讽，Vlastos 有一段发人深省的讨论，《苏格拉底：反讽者与道德哲人》(*Socrates: Ironist and Moral Philosopher*)，Ithaca, 1991。Vlastos 说道，今天我们谈论反讽，我们心里清楚反讽的错误对于其观众来说是显而易见的。但是，他强调，古希腊语 εἴρων，正如亚里士多德在《尼各马可伦理学》中所解释的，表达的是一种故意的说谎，旨在欺骗它的观众。我不完全同意 Vlastos 的看法，即如今我们认为，反讽对于其观众而言肯定是明显的假话，因为我认为，他并没有认真考虑以下情形，即有些观众领会了这一反讽，但另一些观众由于反应迟钝，并没有领会。但这一情况过于复杂，无论如何我将对"反讽"这个词避而不谈。Tigerstedt 说："我们很难确信柏拉图是否是在反讽地言说。"（或许他说的"柏拉图"意指"柏拉图对话中的某些人物"。）我意识到识别一篇对话中的一个判断是否为反讽有多困难。但恰当而且必须考虑的是，如果这些判断——比如《希前》中苏格拉底对自己的提问和评价——是严肃的，那将怎么样？参见氏著，《解释柏拉图》(*Interpreting Plato*)，Uppsala, 1977。

② 苏格拉底同自己交谈是在他得知德尔斐神谕关于他的说法之后。

问者会说，苏格拉底只回答了"什么是美的与丑的"，却没有回答提问者的问题。在这段话中，苏格拉底自己并没有发表看法，这个看法是他照搬希琵阿斯的。苏格拉底只是在考虑，如果他坚持希琵阿斯的看法，提问者会如何应对。

因此，我们需要区分两种回答，一种是苏格拉底真正的答案，即他本人对提问者的回答，另一种回答，苏格拉底说，他将作出与事实情况相反的回答，他准备像希琵阿斯一样回答。当我们作出那种区分时，我们发现，苏格拉底回答提问者的画面是残缺不全的。但是，如果我们信任苏格拉底的话，即使残缺不全的画面，也会有巨大的吸引力。

我确实会信任苏格拉底；在他对希琵阿斯的转述中，苏格拉底有所保留，也有所隐瞒，虽然这些保留和隐瞒的东西不多，但这将是我的出发点。我将在本文的剩余部分追问以下问题，从苏格拉底对其自我交谈的描述中，我们可以学到什么？另外有一部分人，他们把以下想法当作出发点，苏格拉底在他的描述中有大量保留，我已说过，这种想法在《希前》中是没有文本依据的。苏格拉底相当准确地记述了他如何同自己交谈，这是我的出发点，由此将得出一个相当有趣的结论：《希前》勾勒出这样一幅柏拉图的画面，如何用最具哲学意味的老练回答对付最具哲学意味的尖锐提问。

第二节 自问者苏格拉底问"什么是美"

我们从苏格拉底的自我交谈中得知，苏格拉底向自己提问的方式，与在其他探究式短篇对话中苏格拉底向别人提问的方式相同。苏格拉底在286c讲道，提问者问苏格拉底："你怎么知道什么样的东西是美的，什么样的东西是丑的？""你有能力说出美是什么吗？"（287d）苏格拉底用讨厌提问者问他的方式问希琵阿斯什么是美。在289c，苏格拉底把问题重述了一番，问："什么是美本身？"虽然苏格拉底在这里没有使用"定义"一词，但我认为，苏格拉底的意思正是在寻求一个定义：问美本身是什么，就是问什么使事物美。

苏格拉底从"你怎么知道什么样的东西才是美的和丑的"的问题转变到"什么是美本身"的问题，这表明后一个问题就是定义问题。回答了这一定义性问题，也就回答了苏格拉底一开始提出的问题："你怎么知道什么样的东西才是美的？"

"什么是美"属于定义性问题，"你怎么知道什么样的东西是美的"属于认知性问题，这两者之间的关联在某些情形中是显而易见的。设想一位初学者在正常的学习环境下问一位公认的专家："你怎么知道那个图形是八边形？"专家可以这样回答："因为八边形本身——八边形之为八边形——就是一个图形有八条边。而这个图形确实有八条边。"在这里，只要这人知道这是八边形，他便可以说出八边形是什么，或什么东西才是八边形。说明什么是八边形，举一个八边形的例子足矣，而为什么认识这个图形是八边形，教师则需要教导别人什么是八边形。

在对话结尾（304d），他们回答"什么是美"的所有尝试均告失败，苏格拉底重新把"什么是美"与"你怎么知道什么是美的"关联起来。苏格拉底说，倘若他不知道何为美本身，并且还妄图谈论美的行为，那么他的提问者会质疑他："如果你不知道什么是美，你怎么会知道哪些言辞和行为是美的呢？"

第三节　当希琵阿斯向青年颂扬美好的行为时，苏格拉底问"什么是美"

我们从苏格拉底的自我交谈，以及他同希琵阿斯的交谈中了解到，到底是什么缘由促使苏格拉底追问美本身。虽然在前面的286c，苏格拉底已经不止一次地用到了"美"及其衍生词，而且希琵阿斯也曾用过一次（282d6），但这些前期用法并没有促使苏格拉底追问一般而言什么是美。对话的转折点发生在希琵阿斯使用"美"来形容一种行为、操持（epitedeumata），以作为生活的指导。这一转变发生在285e10－286b5。

> 苏：拉凯岱蒙人喜欢你，是因为你知道许多事情，他们把你当作给小孩们讲故事的老妈子，以此取乐。
> 希：关于美好的行为确是如此，苏格拉底，以宙斯之名。不久前我在那儿讲述了年轻人应当如何行事，因此赢得了巨大的声誉。关于那件事我还有一篇讲辞，而且是一篇结构精妙的讲辞……这篇讲辞的情节和开头大致是这样。特洛伊陷落后，涅奥普托勒摩斯请教涅斯托尔何种操持才是美的——这种行为可以使这样行事的年轻人获得极高的赞誉。之后讲述人涅斯托尔又讲了许多美好的律法。

希琵阿斯的讲辞展现了一位希腊老者涅斯托尔对年轻人涅奥普托勒摩斯，阿基琉斯之子的教导。这教导暗含了一套关于美好事物的说法，即"美好的操持"，或者"这种类型的行为可以使人出人头地，只要他在年轻时这样行事"。希琵阿斯讲这个故事，其实就是在对年轻人施行教导，这促使苏格拉底在286c提出了这个一般性的探究。苏格拉底回忆道，每当他在言辞上有所褒贬时，提问者便会不失时机地质问苏格拉底。在苏格拉底心中，这些言辞是政治建议的工具，正如他在对话结尾时提到，在"法庭或其他什么集会上"（304c8－d1）发表言辞和解决问题。

> 你恰好提醒了我。不久前有个人粗鲁地打了我一顿，当时我吹毛求疵地把一些言辞当作可耻的，正批评一些事物为丑，赞扬另一些事物为美。他质问我……"苏格拉底，你怎么知道什么样的东西才是美的和丑的？看，你能说出什么是美吗？"所以请教会我什么是美本身……这样我就不会被嘲笑。当然你是明白的。（286c4－e3）

苏格拉底在287b5－8强调，正是希琵阿斯对美好行为的颂扬引发提问者问美是什么的问题。

假如你向他展示那篇关于美好操持的讲辞,他会听你讲完,然后专挑关于美的问题问你。

当希琵阿斯说追求出人头地就是美的操持时,希琵阿斯是在向他的听众推荐一种生活方式。假如你是一名听者,而且你相信希琵阿斯所说的美就是美的,那么你就有理由照此去行事。但是,关于值得过的生活,需要托付终身,事关重大,在这个重要的话题上,轻信这么一套建议,而这套建议对于为何美的事物是美的却不予解释,这似乎是个坏主意。对于指导生活的建议,特别是出自那些自称为专业人士的口中,需要想个办法理解他举的例子。你不愿意把他的话仅仅当作一个例子而已,这就是苏格拉底为什么会问希琵阿斯他是怎么知道的。

第四节 苏格拉底希望具体解释"什么是美本身"

我们从苏格拉底的自我交谈中得知,他想从他自己和希琵阿斯那里得到某一种答案,以便回答什么是美的问题。在293d – 294,苏格拉底为希琵阿斯举了一个例子,完整地回答另一个定义性问题,"什么是大"。大,或者使某物大的东西,就是超过(going – beyond)。如果某物超过(其他东西),那么它必然(比其他东西)大。

就像使所有大的事物大的东西,即超过,因为凭借此,所有大的事物都是大的……如果它们超过……必然为大。(294b2 – 4)

苏格拉底问自己:"美本身是什么,可以使所有称之为美的东西都美?"(288a6 – 10)他想知道的是凭借什么,或因为什么东西的缘故所有美的东西才是美的。"什么是美"的答案将告诉我们必然为美的事物。苏格拉底所期待的答案，是我们称之为必然真理的东西，它具有某种说服力。

苏格拉底举的例子，是在说凭借什么东西，或因为什么东西的缘故，事物是大的，苏格拉底在这里的例子并不是在解释为什么有些东西是大的。苏格拉底在其他对话中所举的一些例子被认可为充分的定义，这些例子表明，解释性分析比起它们所分析的对象更清楚、更完整。《泰阿泰德》147c 告诉我们，泥是由土与湿混合而成。《拉克斯》192b 告诉我们，快是一种在短时间内做得多的能力。然而，《希前》把"大"解释成超过，这似乎不那么通俗或管用，尽管它是必然真理。"大"是我们语言中最基础的词语，自咿呀学语时便识得它。很难找出比大还要简单明了的词语（这样便可以理解《斐多》102 另辟蹊径的分析，用大来解释超过）。①

因此，某些问题仍有待解释。尽管如此，我们还是可以发现，分析性地回答"什么是美"的问题，如何有助于回答"你怎么知道什么是美"的问题。回答"什么是美"之所以有帮助，是因为它能回答两个更深层次的问题，而这两个问题反过来有助于回答"你怎么知道"的问题。

首先，"什么是美"的答案将回答"为何你相信某物，而且它还是美的，理由何在"。其次，它将回答"为何某物为真，而且某物是美的也是一个真命题，理由何在"的问题。对比我们回答"什么是八边形"，我们给出了理由，为何有人会相信某物是八边形，这也解释了那个事物是八边形为何是一个真命题。

---

① Woodruff 提到了《斐多》的相关段落。参见氏著，《柏拉图的〈希琵阿斯前篇〉》(*Plato's Hippias Major: Translated with Commentary and Essay*)，Indianapolis，1982，页 65 注释 119。与此相反，Sedley 发现，《斐多》的段落与《希前》一致，还是通过超过来定义大，《帕默尼德》150c – d 亦有相似说法。参见氏著，《柏拉图式的起因》("Platonic Causes")，*Phronesis*，43，1998，页 114 – 132。

并不是所有回答"为何你相信那是美的,理由何在"的答案都可以回答"那是美的为何是一个真命题,理由何在"。诸如"我所信任的一个人告诉我的"或"关于美的专家这样说的"也可以解释为什么你相信某物是美的,但这些理由不足以解释"那是美的为何是一个真命题,理由何在"的问题。苏格拉底的例子揭示出他想要的是相信的理由,同时也是被认为是真命题的理由。

第五节　苏格拉底只关心"真理",却谈论谎言

我们从苏格拉底与他自己的交谈中得知,他在目前这个话题上追求真理。在288d5,苏格拉底说提问者"只关心真理,其余一概不管"。

但这就显得奇怪了。苏格拉底在向希琵阿斯提问时似乎确实说过谎。既然苏格拉底向希琵阿斯提问等同于讨厌的提问者向苏格拉底提问,如果提问者只关心真理,那苏格拉底也应该只关心真理。因此,苏格拉底怎么可能一直向希琵阿斯说谎呢?

苏格拉底对自己说谎有例可寻,在286c7-8,苏格拉底讲道,提问者以"相当冒犯"的方式向苏格拉底提问(286c7-8,mala hubristikōs)。然而苏格拉底讲到提问者的问题时却语焉不详,无法证明诸如"你怎么知道"和"你能够说出"这一类问题如何会问得很冒犯。反倒是后来,苏格拉底对提问者出语冒犯(292d),"你像个石磨,既没有耳朵又没有脑子"。若是苏格拉底作出回答,提问者非得给他一顿鞭子不可(292a-b)。所以提问者确实冒犯了苏格拉底。但苏格拉底在与希琵阿斯的讨论中所呈现给我们的却仅仅是这些问题。显然,问题本身并不冒犯人。苏格拉底"冒犯地"提出限定条件却不予解释,因为他知道希琵阿斯会接受。这些问题会让希琵阿斯觉得受到冒犯。希琵阿斯无疑会这样考虑,问他"你怎么知道你说的美就是美的",是以一种没有分寸的方式挑战他所谓的专业权威(282d,286a-c)。但苏格拉底认为这些问题重要而且合宜。苏格拉底认为这些问题是合适自己的(291a:"对我来说没什么大不

了")。希琵阿斯遭到这些问题的挑衅,却不能暴打苏格拉底一顿,以对他的无礼举动表示不满。与其拿这些问题来冒犯希琵阿斯,苏格拉底不如责备自己没能力回答这些问题(286d - e)。"你怎么知道"和"说说它是什么"都是挑战,要是苏格拉底打算称赞并向他人推荐,作为美好的行为是值得做的,那么他将预料到他自己能够回答这些问题。

因此当苏格拉底说提问者问得冒犯时他是在对自己说谎。不仅如此,他还对希琵阿斯说谎;例如在286e,苏格拉底对希琵阿斯说,"你很清楚",于是他示意希琵阿斯教他如何才能避免被驳倒。苏格拉底的这番谎话与苏格拉底对真理的兴趣相吻合吗?如果苏格拉底感兴趣的是追求真理,那他不应该说真话吗?

没必要说真话。理由之一是,在与希琵阿斯讨论的情形下,说真话并不会引起对真理的兴趣。如果苏格拉底就自己说出真相,比如"我问的是有用的问题",或者如果苏格拉底就希琵阿斯说出真相,比如"你若卑微,则会取得更大的进步",说出诸如此类的真相并不会使苏格拉底或希琵阿斯更加接近真理。希琵阿斯被刻画得自负而又自满,这使得他对这类准确的描述无动于衷。①因此苏格拉底

---

① 希琵阿斯在对话中被刻画成骄傲自满的样子,据我所知,这一形象得到了广泛的认同。Tarrant 评论道,"他一开口便显得洋洋自得,还不知羞耻地吹捧自己",此外她谈到了希琵阿斯的"骄傲自满"。参见 Tarrant,《希琵阿斯前篇(托名柏拉图)》(*The 'Hippias Major' Attributed to Plato*),New York,1976,页 xxix。Guthrie 说:"这篇对话是对希琵阿斯的滑稽摹仿,把他塑造得迟钝而又愚蠢,不可理喻的自满,以及对奉承的强烈渴望。"参见 Guthrie,《古希腊哲学史》(*A History of Greek Philosophy*),vol IV.,Cambridge,1986,页 176。我认为希琵阿斯并不愚蠢,尽管他经常犯错;不过我不打算在本文讨论这点。Teloh 说:"希琵阿斯的无知倒与他的傲慢自负相匹配。"参见 Teloh,《柏拉图早期对话中的苏格拉底式教育》(*Socratic Education in Plato's Early Dialogues*),Notre Dame,1986,页 179。亦可参见 Freeman,《前苏格拉底哲人指南》(*Companion to the Presocratic Philosophers*),Oxford,1959,页 389 - 390。在两天后的对话《希后》中,希琵阿斯的形象依旧未改变。对此,本文的一些读者非常同情历史真实的希琵阿斯,但我明显不关心真实的希琵阿斯是什么样。

并不需要这样做。

不过虚假的描述鼓动了希琵阿斯，因而推动了对话情节的发展。所以我们可以这样回答苏格拉底言行不一的问题，苏格拉底说谎话事实上有助于苏格拉底关注美本身的真理，因为美本身会影响到生活的指导准则，因为它推动了探寻真理的交谈继续下去。

但这会导致另一个问题：与希琵阿斯的交谈到底有什么作用？与像希琵阿斯这样一类人的交谈如何可能在最关键处成为对真理的兴趣？

第六节　与希琵阿斯交谈是对苏格拉底的训练

通过对上述问题的思考，我们了解到更多关于自问者苏格拉底和自答者苏格拉底的情况。在287a2-5，苏格拉底希望向希琵阿斯学习，以提问的方式，这样希琵阿斯便可给他尽可能多的练习（me ekmeletēsēs）：苏格拉底说他已经有了回答的经验。①而我们读者则对回答者苏格拉底不太熟悉。其他对话向我们展现的都是提问者苏格拉底。在这里，苏格拉底说他是一位有经验的回答者，这似乎暗示我们在《希前》中，我们将对自问自答者苏格拉底的行为略窥一二。

我认为苏格拉底希望得到练习是部分真实的描述；它并不只是为了迎合希琵阿斯的观点。若将这一描述当真，它告诉我们苏格拉底期望从对希琵阿斯的提问中获得某些好处。在对话结尾，苏格拉底说他从与希琵阿斯的对话和与他的提问者的对话中有所收获。

如果希琵阿斯真像所刻画的那样，十分自满而且完全不能思考

---

①　这里带人称宾语的 ekmeletēsēs 意思是"训练"。Woodruff 把它翻译成"实践（practice）"，是词典中给出的非人称宾语的动词含义（实践、研究某物），在286d6，Woodruff 译作"研究（study）"。

任何有挑战性的新思想，那么他带入对话中的关于如何生活的看法便不会有任何洞见。基于同样的原因，苏格拉底也不可能期望以激发希琵阿斯思想的方式从他那里获益。何况，苏格拉底也不打算从对话的旁观者身上获益，因为《希前》的戏剧场景中没有提到任何旁观者。所以，我们的问题看上去没有答案，苏格拉底期望从何处获益。

这是一个严肃的问题。或许有人认为，苏格拉底喜欢观察傲慢者们捉弄他们自己，从中寻开心。我不这样认为。因为一个最关心自己生活的人很少以那种方式浪费时间。①

我们本人在观察对话中的苏格拉底时，当然可以使作为读者的我们获益。但这只解释了为什么柏拉图会写一篇与希琵阿斯的对话供读者观看，而没有解释为什么苏格拉底，像对话描述的那样，参与了一场没旁人在场的、与希琵阿斯的私人谈话。看起来苏格拉底在同自己交谈时收获更大，就像他向我们讲述的他与讨厌的提问者的对话。这难道还不足以回答我们刚才的问题吗？

答案或许是这样。我再次强调这只是一种可能，不是定论。但我从未听到过更令人满意的回答，而上述提议简直更糟。假设苏格拉底对发现自满的作用感兴趣。那么，苏格拉底要么自满，要么不自满。如果他不自满，那么苏格拉底与自己的对话将不会给他展示自满的负面效应，因为这些效应不会随之而产生。如果苏格拉底自满，那么他同自己对话同样无法展现自满的负面效应：因为一个人很难发现他自己的自满，因为自满会对其负面效应视而不见。这要求一个人批评自己（爱是盲目的，自爱最盲目）。因此无论哪种情形，对于评价自满的作用而言，苏格拉底的自我交谈都不起作用。

---

① 关于柏拉图为什么要写作与希琵阿斯一类人的对话，Prior 表达过类似的观点："对话者们并不因为他们的愚蠢而失败，尽管评论家们非要这样说。若写作仅仅是为了取笑愚蠢的观点和持有愚蠢观点的人，那柏拉图对此不感兴趣。"参见《为什么柏拉图写了苏格拉底对话？》（前揭），页117。

但苏格拉底同另一个自满的家伙交谈或许有用。他可以从另一个人身上更清楚地观察到自满的负面效应。因此，我们才明白，苏格拉底有理由与希琵阿斯交谈。①

第七节　苏格拉底总想给出一个确定答案

关于自答者苏格拉底，我们得知他总是想给出一个确定答案来回答"什么是美"的问题。在293e，苏格拉底讲道，讨厌的提问者提供了几个备选的定义性答案给苏格拉底。提问者明显是出于对苏格拉底的同情，因为苏格拉底想不出答案，提问者建议道，美可能是合适。苏格拉底没有说提问者是否提供了一个准确的建议——美是合适，或者提问者的建议是否与之不同，而只是在某些方面与美相似罢了。无论提问者的建议多么准确，苏格拉底说："他每次都习惯于同意这些事情，因为他不知道该说些什么。"显然，苏格拉底总是轻信提问者的那套说辞，希望有所助益。

"美是合适"这一建议有一个不可忽略的特征，苏格拉底想要同意的"那些事情"全有这些特征，即"合适"有一次非常好的机会成为"美"的充分必要条件。"合适"是一个非常泛泛的褒义词，正如"美"一样。因此我们便可以说，当且仅当某物是合适的，它才是美的，这一绝对真理非常合理。或许对如此命题苏格拉底才会"每次"都同意，那些命题不仅是充分必要条件，而且还是绝对真理。

但是，提问者在接下来又反驳了苏格拉底同意的所有这类有益

---

① 比较亚里士多德在《尼各马可伦理学》中的说法（1169b33 - 34）："我们更能够沉思邻人而不是我们自己，更能沉思邻人的而不是我们自身的实践。"亦可对比苏格拉底在《阿尔喀比亚德前篇》中的观察（133a）："眼睛在另一只眼睛中将看见自己。"借此苏格拉底推进了他的观点，如果灵魂想要观看自己，它应当看另一个灵魂（133b）。

的建议。

第八节 曾经，苏格拉底总是反驳自己

关于自答者苏格拉底，我们知道他经常遭到其提问者的驳斥。苏格拉底已经遭了"一顿暴打"（286c：eis aporian；286d：ēporoumēn）；他认为，他遭打的原因是因为他一无是处（dia tên emên phaulotêta）。苏格拉底不想再次被另一个人驳倒（（286e：ex-elegtheis）。学习"什么是美本身"的关键在于，"再也没有人能驳倒我了"（286e）。他的批评者就是"那个总是驳斥我的家伙"（304d）。这点值得详述。作为提问者苏格拉底常常反驳他自己；他已经陷入了窘境；他把自己带入矛盾之中。

我认为我们面前有一条线索指向这一类论证，这类论证曾经驳倒过苏格拉底。这条线索就是苏格拉底自己的论证，如今苏格拉底扮演起提问者的角色，把这一线索留给了希琵阿斯。这里苏格拉底并没有引用讨厌的提问者，因为苏格拉底反对提问者自以为有益的建议——合适是美。虽然苏格拉底没用援引提问者，但完全可以这样假设，苏格拉底反对有益建议的论证过程就是他从讨厌的提问者那里学来的，这太合情理了。

从苏格拉底提到"有个人总是反驳我"一直到对话结束，虽然出现了不少反对备选定义的论证，但我认为所有这些定义都是精妙而重要的，我选择只探寻两个反对"美是合适"这一提议的论证，以此作为我探求苏格拉底如何同自己交谈的一部分。这些论证不只是反对提出的定义。毋宁说，基于另一些希琵阿斯同意的假设，这些论证表明，合适不是美。

第一个论证是来自 293e11 - 294e9 的一个简单三段论。

大前提：当事物不美的时候，合适使事物看起来美。
小前提：使不美的事物看起来美的东西不是美。
结论：美不是合适（294a7 - 8："它不是我们寻求的东西"

和294e6:"它不会是合适")。

大前提是在苏格拉底说合适使事物看起来更美,而不是让事物看起来像它们本身。①苏格拉底记叙的是希琵阿斯在294a4 – 5处的论断,合适使事物看起来美;一个人只要穿上漂亮的衣服和鞋子,他看上去就更美,虽然也很可笑。我认为这有一个更简短的表述,即合适并不使事物更美——它们甚至可能显得滑稽——而是使事物显得美。于是事物当然显得比它们实际要美。我在这里使用"使"(make)这个词所表达的含义,跟我们说八条边使一个图形变成八边形是一个意思。

希琵阿斯的举例体现出他对合适概念的看法很浅薄。他的概念相当于某种流行的抑或具有表面吸引力的东西。但从他的概念出发,我们可以理解苏格拉底从中得出大前提的例子。

小前提来自294b6 – 8,苏格拉底再次运用到比较级"更美",希琵阿斯在其论述中也用到了。合适不可能是美,美的事物之所以是美的,是因为合适"使事物比它们本身更美……合适不会使事物看起来像它们所是的那样"。我依然认为这一结论可能过于简单,没有了比较级。第一论证绝对足以推翻"合适就是美"的提议,只要那一提议与希琵阿斯的想法——合适可以使事物比它们本身看上去更美——相结合。

第一论证当然会推翻这些关于美的备选定义,这些定义可能被引用来解释为什么有些东西,比如滑稽的角色穿上衣服之后也会显得美,即使他原本不美。也就是说,第一论证将推翻这些备选定义,这些备选定义找不出与美真正共同的外延,但却可能被人误认为成

---

① 我认为动词"看起来"(phainesthai)在"本来是"和"表面上是"之间有一种重要的含混性,参见Woodruff,《柏拉图的〈希琵阿斯前篇〉》(前揭),页54,注释80。Woodruff认为"看上去是"也是为了保持这种含混性。我在这里使用"看起来"大多数乃是在强调它是论证中重要的一环。这一论证指出,合适只能提供美的表面。

为美的特征。

考虑为什么上述模式的论证不会违背一个好的定义,将大有裨益。比如说,这一论证不会违背八边形是一个有八条边的图形的解释。一个图形有八条边并不能解释为什么一个不是八边形的图形看起来是八边形,虽然这或许是解释为什么那东西看起来是八边形的重要条件。

所以,到目前为止,苏格拉底在这里给出的第一个论证反对"美是合适"的提议,这个论证似乎在用一种冗长的方式证明,合适是被构建起来的,就像希琵阿斯在这里对它不充分地构建,它与美的外延不尽相同。①

这时希琵阿斯改变了想法,他提出,合适既使事物美又使事物看起来美,只要合适在场。于是,希琵阿斯不再坚持他的例子,即一个滑稽的角色衣着合适的话看起来更美,他转向另一个假设,可他又不可能把这一假设与被定义作合适的美结合起来。苏格拉底的第二个论证,正是反对希琵阿斯假设的这一新构想,而且也非常简短。

> 大前提:只要合适在场,它使事物既美又看起来美(希琵阿斯在294c3-4的提议);
> 小前提:美本身不能既使事物美又使事物看起来美(294e2-4);

---

① 在这一点上,我十分感激 Gale Justin。我于1999年4月在美国哲学协会太平洋分会的会议上提交了这篇论文的缩写版,Justin 对此进行了评价。她使我清楚地认识到真正的合适完全不同于希琵阿斯意义上的理解,那个意义上的合适是个笼统意义上的绝对褒义词。苏格拉底的论证只反对希琵阿斯过于肤浅的合适概念。Henry Teloh,《柏拉图早期对话中的苏格拉底式教育》,前揭,页178。他表示:"希琵阿斯只是在相当表层和公众意见层面探讨。"希琵阿斯用鞋子与衣服证明合适的例子表明,对他来说,合适仅仅是流行而已。

结论：合适被看作是某种不是美的东西（294e8－9）。①

苏格拉底这样为第二论证辩护。首先，苏格拉底征得希琵阿斯同意，在美的诸事物之间，存在着不一致，比如美的律法和美的操持（294c8－9），即便二者都是真正的美。希琵阿斯赞同在美的事物中美的在场并非总是使事物看起来美。美的事物常常变得无法认识："它们不为人所了解。"（294d4）

格思里（Guthrie）这样评价第二个论证。

[美是合适的建议] 最终被区分实在与表象的论证否定。这是一个十分奇怪的论证，因为它不仅适用于关于合适的定义，而且对其他所谓关于美的定义或描述都奏效。合适是使事物成为美的还是仅仅显得美？它不可能两者兼顾，否则所有具有那一性质的事物（例如，如果合适＝美，那么所有事物都是美的）都既是美的又显得美，那么所有关于什么是美的意见将不再有区别。②

格思里还进一步谈到柏拉图："或许……柏拉图已经意识到第二论证不仅证明不了'合适'，也证明不了可以想象为美的定义的任何物。"③

格思里的论述虽有瑕疵，却也不无启发：与之相反，第二个论证并没有证明每一个可能的定义都是假的。确切地说，第二个论证所否定的是所提出定义与诸如希琵阿斯新的大前提一类假设的联系。新的大前提声称这种联系是错误的，一方面具有的性质属于分析主

---

① 也许有人会得出这一结论："合适本来就不是美。""本来就是"译自动词 *ephanē*，其原型跟 *phainesthai*，后面必须跟冠词 *on*。

② 格思里，《希腊哲学史》卷四（*A History of Greek Philosophy*, vol. IV），Cambridge, 1986, 页 185。

③ 格思里，《希腊哲学史》（前揭），页 185。

体（analysans），另一方面似乎或看上去属于分析对象（analysandum）。希琵阿斯称具有分析主体的属性总会显得具有分析对象的属性。希琵阿斯的建议令人无法接受，对美的分析主体的描述一旦得以呈现，就应当准确无误地表明，凡是属于分析主体的，也属于分析对象。

再回到八边形的例子。尽管"具有八条边"就是使一个平面图形成为八边形的条件，但具有八条边并非总使一个图形显得或看上去是一个八边形。有一些八边形是完全不可见的。而且某些观察者也不会留心。有些人就算看到一个平面图形，也注意不到面前的八条边，也就根本认不出那个图形是八边形，即便他心里坚信这一解释，有八条边的图形就是八边形。就算拥有一种分析的方法也不能确保我们因粗心而犯错。这个简单的例子生动地表明，苏格拉底用一个决定性的论证反驳了当前的备选定义以及希琵阿斯额外的假设。这一最简单的情况提醒我们，一个出现在分析主体的属性中，另一个被视为属于分析对象的属性，在这两者之间是进行分析的人，表面现象（seeming）起不起作用，端赖分析的人。①

此外，还有一些不那么简单的例子，在这种例子中，分析主体的属性即便被认识到了，也无法保证可以认识到分析对象属性。想象这么一位训练有素的几何学家，他预先认定八条边的图形就不是八边形。即便把他的注意力转移到他所看见的一个八条边的图形上，他也认为那不是一个八边形。显然，他会感到非常困惑。不过，对

---

① 参见 Woodruff，《柏拉图的〈希琵阿斯前篇〉》（前揭），页64。正好与格思里相反，Woodruff 也认为苏格拉底的论证是好的论证，但他指出了论证中的不足，论证别出心裁地展现在希琵阿斯的提议中。Woodruff 说："论证怀疑一切关于美的定义，这些定义同样符合其他被定义的对象。两件不同的事物不可能有相同的逻辑起因……除非两件事物同时发生……所以这论证并不是诡计；它表明正是希琵阿斯本人在概念上把合适从美中分离出来。"Woodruff 关于逻辑起因的观点看似无可反驳，但我认为，更应该注意的是，论证旨在引导我们注意存在与表象之间的联系。

于区分对分析主体属性的认识和对分析对象属性的认识来说，这种困惑是一个可能的源头。我们的错误阻碍我们把分析主体属性与这一方法所分析的内容匹配起来。

还有另一种方式，就算认识到分析主体属性的出现，也不能引起对其分析对象属性的认识。想象这么一个人，他正在探究正义的定义，他预先就坚定两个信念，正义的事物不会对他造成巨大的困扰，或者说正义的事物不会阻碍传统熟悉的社会结构（arrangement）。设想一下，就算他考虑正确了，但他也意识不到这一点，不管他用的是哪一种分析正义的方法。假设他注意到如果那就是正义，必然符合下述情形，即释放他的奴隶是正义的。他坚信释放他的奴隶不可能是正义的，因为这明显对他造成了困扰。所以他得出结论，他详细表述的分析主体的属性不可能是正义。

苏格拉底的论证反对希琵阿斯的方法，希琵阿斯的方法把分析美的方法同使事物看起来美的东西联系起来，苏格拉底的论证促使人们反思这些方法，我们不可能通过这些方法把分析主体和分析对象联系起来。我们之所以做不到是因为有一些信念阻碍着我们。最美妙的分析也意识不到不可接受的事物。

第九节　苏格拉底忽略的一种可能性

美是合适的定义遭到苏格拉底论证的反驳，倘若这一论证在苏格拉底的自我提问中有其来源，如我所说，那么思考这一论证将告诉我们更多关于自问者苏格拉底的细节：苏格拉底认为，重要的是，探究一个人对于如何被看待的假设——包括表面在内——以此作为他验证的一个定义，但他忘了还有一种可能性。

正是苏格拉底首次把表面话题引入到讨论之中，在那个时候，他给希琵阿斯提供了几个选择：合适使事物"看起来美，美抑或两者皆不是"（293e11 – 294a2）。

苏格拉底和希琵阿斯没有进一步考虑"两者皆不是"的选项，这是因为他俩先前就一致同意，美本身是使事物成为美的东西（287c8 – d3），而且他们还一致同意：美就是所有事物凭借它成为美的东西（294b4 – 6），这都不奇怪。可奇怪的是，苏格拉底和希琵阿斯只验证了两个选项：第一个是合适使事物看起来（且仅仅看起来）是美的；第二，合适不但总是使事物看起来美，还使它们是美的。还有一点令人感到奇怪，正如他俩讨论的这段话的结论所示，苏格拉底再次提供给希琵阿斯有限的选择，说合适是使事物看起来是美的，还是说合适使事物成为美的。希琵阿斯选择了前者，于是合适的话题从此被扬弃了。

可为什么苏格拉底不给希琵阿斯第三个选择呢？为什么苏格拉底不让希琵阿斯再三考虑一下"使…成为美"和"使…看起来像美"之间错综复杂的关系呢？在分析主体属性和对分析对象属性的认识之间，苏格拉底至少忽略了一种可能性。合适，通常被理解为真正的合适，而不仅仅是表面的合适（尽管这也许超出了希琵阿斯的理解），可以总是而且只能使事物成为美，但也不时地，但不是一直，使事物对我们显得美（我们认识事物的接受性当然也将考虑在内）。若是如此，苏格拉底还会立论反驳这一更复杂的建议吗？

这更复杂的建议乍一看似乎更令人信服。某人在某地理解了某物是善的或有价值的，对于"美的""善的""有价值的"一类非常笼统的评价性谓词而言，似乎是一个关于善的、美的或有价值的异常重要的真理。无论对于善或美的正确分析是什么，那一分析都得说出什么使事物善或美，那一分析应当体现出这一异常重要的真理。无论正确的分析可能是什么，它都应当以某种方式体现出善的吸引力，即向我们体现出它表面的善或美。无论使事物变善的东西是什么，都应当使变善的事物在某时某地对我们来说显得是善的。于是，成为善的或美的完全不同于成为石头、银河系或八边形；石头、银河和八边形即使在宇宙的历史中不被注意到也可能存在。但如果人什么都感觉不到，那就不会有美的东西

(任何具体的美的东西,即便不是全部,依旧无法永远脱离我们所有人的注意)。希琵阿斯倾向于把他对美的尝试性分析与使事物看起来美的东西联系起来,这很正常,甚至可以增强对话描述的希琵阿斯的可信度。①

我认为,就合适与使事物看起来美的东西这两者之间的关联而言,苏格拉底忽略更复杂的建议,他肯定有其意图。也许它仅仅意味着,让希琵阿斯理解一个更复杂的建议太强人所难。或许这忽略意味着,苏格拉底在其自我提问中并没有彻底地推翻那一提议。或许这忽略意味着苏格拉底,甚至柏拉图对于谈论这一提议并没有做好准备。或许这一关联太过困难,即使是一位敏锐的哲人也难以表述清楚。②

第十节 苏格拉底自我提问的主要教训

从苏格拉底对他当前自我交谈的描述中,我们了解到一件对苏格拉底来说特别重要的事。苏格拉底把他的自我交谈展现为一场有如下特点的对话:谈话者们绝对专注于话题,他们绝对是在严肃而

---

① Saunders 编,《柏拉图早期对话》(*Plato: Early Dialogues*), New York, 1987, 页 249。Robin Waterfield 是这样评价苏格拉底推翻希琵阿斯的第二次提议的,他的方法使表面上的美与实际的美之间的联系非常重要,在我看来却略显简单。"论证尽管简洁却有瑕疵,因为在我看来,我们会说美是一种审美的性质;它呈现在观看者的眼睛之中。在概念上讨论某物是美的似乎没有什么意义,如果没有人在实际情况中认识到某物是美的——那普遍的认识又与美的事物有什么干系呢?无论如何,多数人把 X 看作美的,那 X 对他们而言就是美的;如果没有人把 X 看作美,那么 X 对他们来说也就不是美的。"因为苏格拉底特别关注美的行为,所以我认为苏格拉底不会在意美对某个个体意味着什么。与 Waterfield 不同,苏格拉底会说,一个具体的美的事物可能得不到普遍的认识。

② 表述这一关联的若干方式最终都被抛弃了,参见 McGinn,《主体性看法》(*The Subjective View*), Oxford, 页 145–155。

坦诚地讨论，他们绝对愿意倾听认真的批评，但他们却从未下过哪怕一个肯定的结论。

毫无疑问，柏拉图描述苏格拉底就像在描述他自己。我之前就说过，在苏格拉底的自我交谈中，柏拉图呈现给我们的是，最具哲学思辨的刁钻提问者与最具哲学思辨的老练回答者之间的切磋较量。我愿意再三强调柏拉图描绘的这幅图像，以及这幅图像的重要性，我认为柏拉图肯定把关键夹带在这幅图景中。我还尝试将这幅图景与其他传奇性的竞赛相比较；我想到的是拳击史上和国际象棋史上那些杰出的比赛。我试图寻找两者之间的共同点，以表达这幅图像的重要性，我相信柏拉图在苏格拉底的自我交谈中发现了这一点，我还认为，传奇的斗士正是在这种斗争中被定格下来。或许我想到的是巨龙大战哥斯拉。①可尽管那一想象能达到其应有的高度，但是那一想象在其他方面并不合适。理由之一便是苏格拉底的自我交谈不是决斗。这只不过是苏格拉底探究应当如何生活的真理的惯用方法罢了。毕竟，最明白的陈述才是最好的。对话呈现给我们的是苏格拉底与苏格拉底之间的照面。柏拉图在这一对话中向我们透露了片段，他发现了其中的重要之处，关于这点我们已经谈得足够多了。其实就是说，柏拉图呈现给我们的画面正是我们称之为柏拉图式的完美哲学审察。②

因此，我们从苏格拉底的对话中了解到柏拉图的某些情况。我们了解到当柏拉图想象出一场关于最好的潜在哲人之间的审察式对

---

① ［译按］巨龙（Fafner）出自北欧神话，哥斯拉（Godzilla）乃日本电影中的经典怪兽。

② Palmer 提出一种可能性，提问者苏格拉底和回答者苏格拉底"最关键的区别在于假设了不同的定义方式（project）"。参见氏著，《帕默尼德对柏拉图的影响》（*Plato's Reception of Parmenides*），Oxford，1999，页63。很明显我不会同意这种看法，因为我把苏格拉底转述的片段当作苏格拉底同自己的严肃对话。

话时，他想象对话的参与者不是在罗列知识。①到目前为止，这一对话可能只是令人感到谦卑。②

---

① 在这一点上，我强烈反对 Szlezák 的看法。参见氏著，《柏拉图及其哲学写作》(*Platon und die Schriftlichkeit der Philosophie*)，Berlin，1985，第 7 章，《〈希琵阿斯前篇〉：苏格拉底与另一个自己》。根据 Szlezák，当苏格拉底"一分为二"时，分裂后的一方，即提问者，他的言辞"背叛了种种理念的知识"；而另一方则是一无所知的回答者。但是在《希前》中，关于美本身的知识首先是一种对美的分析。我找不到任何迹象表明提问者苏格拉底进行过那种分析。谈论美本身这件事表明对定义性问题感兴趣，却不能表明掌握了问题的答案。再者，回答者苏格拉底提到了"种种理念"，这些理念只有在超验的领域才能被少数有天分的人所理解，若回答者苏格拉底以此回答提问者苏格拉底的问题，那么我认为提问者苏格拉底保证会逃过回答者苏格拉底的一顿棒打。希琵阿斯的建议是通过演说使你出名，苏格拉底反对希琵阿斯的建议，不是因为希琵阿斯不能够通过谈论后者意义上的种种理念增强他的建议。毋宁说，苏格拉底反对的是希琵阿斯没有直接给出理由，使那一建议被认为是好的建议。柏拉图把希琵阿斯同涅斯托尔联系起来，暗示希琵阿斯的建议并非好的建议，因为涅斯托尔显著的缺点便是不值得信赖（《牛津学术词典》认为涅斯托尔老是说些陈词滥调）。说提问者以某种方式暗示了理念论，关于这一点，我也不同意 Moreau 的文章，这篇文章虽然有帮助，但却是一篇证明对话是伪作的文章。《〈希琵阿斯前篇〉中的柏拉图哲学》("Le Platonisme de L'Hippias Majeur")，*Revue des Études Grecques*，1941，页 19–42。Moreau 发现，提问者苏格拉底提问的方式只有"柏拉图主义的门内人"才能看出中间的门道。如果对于分析来说，"柏拉图主义的门内人"需要的不只是理解所问的是什么，那我不敢苟同。柏拉图是否在其他对话中涉及这场关于哲学的理念式对话，尚待争论。我不打算在这里处理这个问题。

② 《希前》的这段对话纠正了 Prior 的陈述，这一点值得详述。参见《为什么柏拉图写了苏格拉底对话？》（前揭），页 117。Prior 说道："［柏拉图的］对话是哲人与非哲人们之间不开心的相遇，这些相遇的要点在于，表明哲人生活与非哲人生活之间的不可调和。"《希前》中苏格拉底的自我对话依旧属于某种不开心的相遇——因为主要问题并没有得到肯定的回答。不过，这是一次哲人与哲人的相遇。那么《希前》或许有另一个目的：表明哲学式的生活与经常性的自我提问相伴，并且在定义最重要的事物时常常失败。Waterfield，《柏拉

第十一节　反驳苏格拉底的一种情形

最后，也是最重要的一点，我们从苏格拉底的自我交谈中了解到，他对美的讨论是多么认真。他认为在某些情形下讨论美是可耻的。

苏格拉底在《希前》304d 告诉我们，作为自问者，苏格拉底是如何责备自己的。

> 只要我回家一说到这些事情，他就诘问我晓不晓得羞耻，尽管在美的方面被驳得体无完肤，居然还胆敢谈论美的操持，因为我连什么是美都不知道。"瞧，"他说，"如果你无法认识美，你怎么知道一篇讲演做得漂亮还是不漂亮？"

苏格拉底转述提问者的最后一个问题是（304e1-2），

> 当你处在这种情形中时，你还指望你活着比死去更好吗？

这明显是反问。我猜想苏格拉底会这样回答："不，当我处在这种情形中时，我认为那是生不如死。"与其他柏拉图对话相反，在那些对话中，作为提问者的苏格拉底并没有透露出他自己的信念，而在《希前》这里，我们可以放心地把答案归诸对话中的苏格拉底，

图早期对话》（前揭），页 226，他问道，"如果对话几乎不涉及美的本质，那柏拉图为什么还要写它？"在页 226-228，Waterfield 给出了一些解释，说明对话还是有益的。Prior 的观点是对这个问题的另一种回答：苏格拉底和希琵阿斯的相遇表明他们两种生活方式之间的不可兼容性。除了 Prior 的观点之外，这篇对话展现了苏格拉底与他自己的相遇，这一思想也可算作是对 Waterfield 问题的另一种回答。

因为他不仅是提问者，还是回答者。①

推定的答案有待仔细审察。我认为答案绝非转述苏格拉底的内心状态那么简单。答案所表达的东西可能与一种特定生活方式的价值有关：当苏格拉底处于那种情形时，对他来说真的是生不如死。于是我们可以从苏格拉底的陈述中直接得出结论，

> 无论何时，一旦我处于那种情形中时，对我来说活着并不比死去更好。

这一陈述令人着迷、令人绝望，也令人不解。一个人严肃地对另一个人说"活着并不比死去更好"，这种情况极其罕见。但这种情况——比如说极其严重的创伤或极其严重的罪孽——似乎不太符合对话当时的情形。②

---

① 在大多数对话中，对话的形式都会阻碍我们找到直接的证据，把任何看法归诸提问者苏格拉底，更不要说柏拉图了。Frede 即持有这种观点，参见氏著，《柏拉图的论证与对话的形式》（"Plato's Arguments and the Dialogue Form"），*Oxford Studies in Ancient Philosophy*，Supplementary volume IX，页 201 - 219。我们所知道的，仅仅是在问答式的讨论中回答者相信什么。在《阿尔喀比亚德前篇》中，阿尔喀比亚德表述过这一点。苏格拉底问（112e - 113a）："你又发现了，阿尔喀比亚德，难道你不觉得你说得很不好吗……那么是我说的喽？……关于这些是我这个提问者还是你这个回答者说出来的呢？"阿尔喀比亚德回答："我该说是回答者，苏格拉底。"［译按］中译文参见梁中和译，《阿尔喀比亚德》，北京，2009。但在《希前》这里，如果苏格拉底用"不"来回答这个问题，我们发现回答者苏格拉底恰好也是提问者。

② 关于苏格拉底提到在某些情形下生不如死的言论，可参考的段落有 Brickhouse 和 Smith，《柏拉图的苏格拉底》（*Plato's Socrates*）Oxford，1994，页 201 - 212。一位匿名学者提出了这一发人深省并且矫正性的评论，苏格拉底的回答到底是哪一点存在着争议。有这么一种可能，假设苏格拉底这样回答："不，当我处于那种情形下，我不认为活着比死去对我来说更好。"回答"我不认为…"在逻辑上不同于回答"我认为不…"，而且也更加温和。"我不

弗拉斯托斯（Gregory Vlastos）谈起过这一陈述："结局的沉重在一部学术作品中从未被如此恰如其分地领会。"①之后，他评论并复述了这段话：

> [对话]在最后一刻由喜剧变成了悲剧。苏格拉底把他探究定义的失败看作是他个人的灾难：如果他无法回答"什么是美"的问题——之前的讨论表明他确实不能——他的生活就失去了价值，他宁愿去死。（页71）
>
> 苏格拉底看到了一场大灾难。他说，如果他处于这种情形——不知道什么是美，因而也不知道某个具体行为是否是美的——他宁愿去死：他的生活已经一文不值。我们知道是什么使得苏格拉底的生活一文不值：德性的丧失。所以苏格拉底在暗示，只要他还没有定义"美"，他就不知道某个具体的行为是否是美的，他也就无法谈论任何行为，不管它是最高贵的行为还是最丑陋的行为，无论美丑：他所有的实践道德判断全弄错了；所以苏格拉底无法在他的日常生活中作出正确的道德选择，并且高尚地践履。他在道德上崩溃了（页72）。

弗拉斯托斯说，"苏格拉底从他的批评者那里得知，不知道"某个具体行为是否是美的"将导致道德灾难"（页73）。

不过，我认为那一点并不是从苏格拉底的批评者那里得知的。

认为……"的回答将仅仅是对苏格拉底思想内容的转述。它不构成对某种特定生活方式的价值评判。它只是对苏格拉底式无知的进一步转述。那么，苏格拉底推论式的回答将不再那么吸引人，我在本文后面将谈到。我没有发现一种方式可以彻底解决这场争论。目前来说，我更倾向于相信苏格拉底的回答是打算评判一种生活方式的价值，而不仅仅是对他思想内容的评价。

① 参见弗拉斯托斯，《苏格拉底研究》（*Socratic Studies*），Cambridge，1994，页72。

尽管苏格拉底的陈述如弗拉斯托斯声称一般沉重，但这种沉重在种类上不同于弗拉斯托斯发现的那种沉重。

为了解释那一沉重，我将首先追问：在什么情形下苏格拉底会感到生不如死？于是我重读了这段对话，提问者问苏格拉底是否感到羞耻：

> 一旦我听从了你的劝告，并像你说的那样，最优秀的事莫过于在法庭或其他什么集会上作一篇既好又漂亮的演说，但那个人又把各种坏的骂名安到我头上。……当他听我说到这些事情时，他就是诘问我晓不晓得羞耻，尽管在美的方面被驳得体无完肤，居然还胆敢谈论美的操持，因为我连什么是美都不知道。"瞧，"他说，"如果你无法认识美，你怎么知道一篇讲演作得漂亮还是不漂亮？"当你处在这种状态中时，你还指望你活着比死了更好吗？"（304c－e）

我认为，这里对苏格拉底而言，说一次讲演展现得漂亮意味着说展现讲演的这个行为是一件值得做的美事。通常，说"那是一篇漂亮的讲演"不同于说"你作讲演是一件美好的行为"。但在我看来，苏格拉底不打算在这里作出那一区分，因为他同样在这段话里因为讨论"美的操持"而责备自己。也就是说，讨厌提问者把这当作一种耻辱，苏格拉底"胆敢"说在法庭上的行为是美的，虽然苏格拉底还回答不了"你怎么知道什么是美"；苏格拉底回答不了"什么是美"的问题，他也不能把答案给其他人。

我不确定苏格拉底是否表达过这一看法，他确实说过，发表一篇讲演或在法庭上把事情摆平是一件值得做的美事。然而在我看来，苏格拉底在这里不大可能承认他愿意得出这一观察。在我看来更有可能的是，苏格拉底向希琵阿斯表达出限定性的想法，如果苏格拉底这样说的话，讨厌的提问者将告诉苏格拉底那是可耻的。①

我们的问题是，这里的沉重指的是什么？不回答"美是什么"的问题就"敢于"讨论美的行为或操持，这为什么会被认为是可耻的以至于被认为是生不如死？

回头去看到底是什么促使苏格拉底第一次问"什么是美"会有所帮助。促使苏格拉底的是希琵阿斯，他提到他关于美的操持的讲演。希琵阿斯实际上是在向青年推荐一种生活方式。苏格拉底对希琵阿斯的挑战表明，苏格拉底反对这种生活方式：如果苏格拉底打算向他人推荐某种生活操持，比如说美的操持，却不能够回答"什么是美"，那苏格拉底将是可耻的。这种对美好的生活方式的建议缺乏一个支持性的定义，这种建议就不能帮助听者拿出自己的理由去相信——同时也是解释为什么这种建议为真的理由——所建议的生活方式是美好的。既然一种生活方式是最为重要的事，听者都称赞这件事是美的，那么如此建议实际可能会败坏听者，假如这种推荐激发他遵照一种操持，却不帮他弄明白他这样做的原因。

相反，苏格拉底表明他并没有陷入麻烦，他把罐子或汤勺当作美，而没有给予美一个一般性的解释。苏格拉底还是能够给出足够好的理由，比如说罐子，为什么是一个美的罐子，他在 288e 提到：

> 设想这罐子是由一位好陶匠铸成，光滑圆润又烧得漂亮，就像那些美的双柄罐子，那些能装六克尼、非常美的罐子。如

---

① 苏格拉底在其他对话中也说到（并非反讽地说）有人说过有些东西是美的。察看这些对话的段落将是切题的。例如，《申辩》19e，苏格拉底说，他认为如果有人能够教育民众，就像高尔吉亚、普罗狄科和希琵阿斯擅长做的那样，将是一件美事。这一陈述是建议《希前》中的苏格拉底因说不出美而感到羞耻吗？我认为不是，但我不打算在这里继续深究这个问题。Gale Justin 提出，既然苏格拉底提到了"法庭或其他任何集会"，那么苏格拉底就会暗自想到这种建议，他将把自己置于这种情势下做出这种建议，如果他打算参与政治的话。

果他问的是这种罐子,我们不得不同意它是美的。我们怎么可能称一个美的东西是不美的呢?

苏格拉底在这里并没有问,一般来说,美是谈论美的罐子的前提。对生活来说,美的罐子没有美的操持那么重要,或者说无法与美的操持相提并论(有一些制陶专家,比如苏格拉底提到的优秀的陶匠。这位陶匠显然不具有对美的一般性定义,但苏格拉底却毫不困难地从优秀的陶匠那里得到了他的美的陶罐,以及他的美的陶罐的标准)。

苏格拉底会感到羞耻,我对这一情形的理解得到了 298b7 - c1 的确证。希琵阿斯已经表明,苏格拉底发现的某些错误答案可以"逃过"提问者的法眼,也就是说,这些答案不会被证实。但是苏格拉底强调说,在他不知道的情况下假装知道是一件坏事情,

> 他不是那种我特别羞于多嘴并且在没话说的时候假装有要事要讲的人……他不允许我轻易谈论那些未经检验的事情,他只会说我所知道的是我什么都不知道。①

---

① Benson 也反对弗拉斯托斯对 304d5 - e3 的解释,参见氏著,《美诺、小奴隶与诡辩者》(Meno, the Slave Boy, and the Elenchus),*Phronesis*,35,页 128 - 158。不过,Benson 反对的方式与我所反对的方式有所不同。"把《希前》的这段话当作一段对于探求知识来说的废话,我认为是一种严重的误解。有一些对话,苏格拉底在其中的作用就是为了消除某些人的自负,这段话便是其中之一。至于苏格拉底鼓励其他人热爱智慧,则在另一段话中。一个人一旦意识到自己的无知,他必然会意识到这样一种生活状态是不值得过的。"Benson 把《希前》的这段话同《申辩》中的说法"未经审视的生活是不值得过的"联系起来。我认为 Benson 的说法与我的说法可以兼容。我已经解释过《希前》的这段话了,它所表达的仅仅是自负而虚伪的生活不值得过。这种生活同未经审视的生活之间的联系恐怕在于,未经审视的生活会导向自满;而自我满足则可能导向自负与虚伪。自我审视可以帮助苏格拉底避免自满。但这一联系值得进一步研究。

如果苏格拉底在与希琵阿斯交谈时,他没有做他称之为可耻的事情,那么问题就出现了。难道苏格拉底没有向希琵阿斯建议,在定义美之前,不能把种种操持称之为美好的或可耻的吗?我认为苏格拉底没有这样做。苏格拉底明显没有敦促希琵阿斯避免干那些苏格拉底深以为耻的事情。实际上,苏格拉底在对话中最后一次回答希琵阿斯时,他狡黠地恭喜希琵阿斯,恭喜希琵阿斯懂得一个男人所应当追求的事情(304b8)。但苏格拉底说,当他自己复述希琵阿斯的话时,并向其他人这样建议时,自问者苏格拉底便会问他是否感到羞耻。苏格拉底的谴责似乎仅限于他自己。

关于苏格拉底的自我谴责,我还注意到一件令人惊异的事。提问者问苏格拉底,当苏格拉底在关于美的问题上直接遭到反驳时(304d5-8),他是否会因为谈论(dialegesthai)美的操持而感到羞耻。动词 dialegesthai 可以作宽泛的理解,即各种交谈。它也可以作狭义的理解,即简短的你问我答,即苏格拉底习惯参与的检审性的讨论。对于苏格拉底来说有一点比较奇怪,他反对自己在没有定义的情况下参与到这些问答式的讨论中去,因为正是由于缺乏定义,对话才会进行;而对话的要点又经常是下定义。当苏格拉底没有定义时,他很难反对自己去寻找定义。因此,也许"交谈"在其更宽泛的意义上是对 dialegesthai 最合适的翻译。或者也许我们可以推测,苏格拉底确实,而且并不令人惊讶地,至少提出了这个反思性的自我批判的问题,他是否应当进行审视性的对话,如果这些对话预设了某种把事物分成美好的和可耻的能力。苏格拉底认为他应当感到可耻,这个问题值得深思。

无论如何,我的结论是,苏格拉底并不认为,无法界定美就是道德上的灾难。他甚至可能会认为,这样的无知在道德领域是常见的。他在对话结尾之所以如此回应,不单是因为他不知道什么是美,还因为这种无知让他痛不欲生。相对地,苏格拉底实际上并不太关切他自己,他更关切在无法界定美这件事上,他本人是如何行动的。

他在观察,在他痛不欲生的情况下,揭示他自我交谈时最严肃的自我洞见,这一无知的建议,对无知之人来说会有什么效果。这种使苏格拉底显得无知的情况绝非真正的无知。如果无知还自以为是,那才是虚伪。①

---

① 我非常感谢两位匿名评审和编辑做出的发人深省的评论。我要感谢我的同事 Elizabeth Belfiore,感谢她告诉我关于涅斯托尔的知识,以及使我相信苏格拉底真的是在冒犯自己。感谢我的同事 Norman Dahl,他提醒我在当前的哲学项目(project)中反对自己是一件非常正常的事情。感谢 Constance Meinwald 和 Marie Pannier 回应和评论,它们都非常管用。我尤其要感谢 Hugh Benson 和 Gale Justin 二位的反对意见。我还要感谢 John Wallace 和我的儿子 John 和 Peter,他们对本文的初稿报以了极大的关注。

哲人与智术师：
柏拉图《希琵阿斯后篇》义疏^{*}

波廷杰（John Pottenger）撰
王江涛 译

对《希琵阿斯后篇》的一般性解读

问题的导论

柏拉图的《希琵阿斯后篇》（以下简称《希后》）自古以来就引起了学者们的兴趣。如今，学者们的兴趣则呈现出多种形态，包括怀疑柏拉图作者身份的真实性。例如，施莱尔马赫（F. E. D Schleiermacher）就认为这篇对话是由一位佚名作者所撰。①他写道，《希后》中的思想乍一看与其他的柏拉图对话，比如《普罗塔戈拉》和《伊翁》中的思想似乎没什么关联。基于此，他建议把对话的写作时间排在《普罗塔戈拉》之前，但进一步审视过后，施莱尔马赫发现，《希后》中的大部分段落并不符合柏拉图的写

---

* ［译按］选自 *Interpretation*, Fall, 1995, Vol. 23, No. 1。
① 施莱尔马赫，《施莱尔马赫的柏拉图对话集导论》（*Schleimacher's Introduction to the Dialogues of Plato*），William Dobson 译，New York，1973，页152 – 157。

作风格,有些地方又与《普罗塔戈拉》中的段落太过雷同。最后他得出结论,《希后》是抄袭的,故只能算作近似于真正的柏拉图对话。

然而,尽管存在像施莱尔马赫一类的权威怀疑其真实性,但近年来,还是有越来越多的学者逐步认可《希后》的真实性。许多学者指出,虽然亚里士多德没有提到柏拉图的名字,但他确实在其著作中引用过这篇对话(《形而上学》1025a6)。格罗特(George Grote)认为,这一引用虽不完整,但对于论证对话的真实性来说意义重大,因为亚里士多德肯定会写出作者的名字,如果作者是其他人而不是柏拉图的话。① 实际上,泰勒(A. E. Taylor)强调,就算亚里士多德肯定读过其他"苏格拉底文学",例如埃斯基涅斯(Aeschines)和安提斯提尼(Antisthines)的作品,他也绝对不会明确提到不是出自柏拉图之笔的对话。② 肖里(Paul Shorey)同样也注意到了亚里士多德对《希后》的引用,他称这篇对话为亚里士多德区分能力(dunagis)和习惯(exis)提供了来源,这一区分反过来又为亚里士多德定义德性奠定了基础。③ 其他古典文学方面的学者,格鲁布(Grube)、古尔德(John Gould)、施普拉格(Rosamond Kent Sprague)、赫耳贝(Robert C. Hoerber)、奥布赖恩(Michael J. O'Brien)、克劳特(Kraut)、利克(Leake)以及桑德斯(Saunders)也陆续认可《希后》为柏拉图的真作,并把它同其他柏拉图对话放在一起讨论、解释。尽管如此,他们对《希后》的阐释却各不相同,义疏则更是简陋甚至不全。

比如说,奥布赖恩仅仅罗列、总结了对话双方,即希琵阿斯和

---

① 格罗特,《柏拉图与苏格拉底的其他同伴》(*Plato and the Other Companions of Sokrates*), London, 1875, 页 387 – 388。

② 泰勒,《柏拉图:生平及其著作》(*Plato:The Man and His Work*), London, 1960, 页 35。[译按]中译参见泰勒,《柏拉图——生平及其著作》,谢随知等译,济南:山东人民出版社,1991,页 57 – 62。

③ 肖里,《柏拉图说过什么》(*What Plato Said*), Chicago, 1933, 页 89。

苏格拉底关于以下问题的论证：谁是更好的人，有意犯错的人还是无意犯错的人？①在提出这一问题时，奥布赖恩指出，柏拉图以一种全新的方式综合了两个重要的话题，这两个话题在别处通常都是分别处理的，"德性是否即知识和能力，以及犯错是否是无意的"。根据奥布赖恩，这篇对话由两个部分和两个悖论组成。第一部分中的第一个悖论推导出"最聪明的人是最大的说谎者"；第二部分中的第二个悖论推导出"好人是有意犯错的人"。奥布赖恩注意到，表面上阿基琉斯与奥德修斯的比较贯穿了整篇对话，实际上柏拉图比较的是希琵阿斯和苏格拉底。奥布赖恩说，这一对比突出了智术师立场的弱点，却只暗示了公认的柏拉图式学说，因为在对话结尾，苏格拉底得出结论，有意犯错的人是更好的人，如果真有其人的话（if such a man exists）。正如奥布赖恩所注意到的，《希后》中的这一限定条件间接提到了一条在别处公开讨论过的柏拉图的主要学说：没有人会有意犯错。尽管奥布赖恩对这篇对话作了这些论述，可他几乎没有花时间去分析《希后》是如何得出这一矛盾结论的。此外，奥布赖恩还坚持认为，苏格拉底"摧毁了傲慢智术师的自负"，但他却没说明，在此期间，苏格拉底发生了什么样的变化。

　　施普拉格所代表的另一种路向，则关注"歧义性与含混性"的主题。②在她对柏拉图谬误的研究中，施普拉格花了四分之一的篇幅谈《希后》。根据施普拉格，这篇对话中的种种谬误出自苏格拉底对"好"和"有意"的含混用法。苏格拉底用不正当手段打败了希琵阿斯，借此把注意力转向对"好"和"有意"的意义的关注，这表明术语不应当有歧义。施普拉格得出结论："因此，含混性的作用体现出整个谬误问题是与知识问题联系在一起的，因而也与德性问题

---

① 奥布赖恩，《苏格拉底式悖论与希腊人的心智》（*The Socratic Paradoxes and the Greek Mind*），Chapel Hill，1967，页96-99。

② 施普拉格，《柏拉图对谬误的运用》（*Plato's Use of Fallacy: A Study of the Euthydemus and Some Other Dialogues*），London，1962，页65-79。

联系在一起。"在苏格拉底和希琵阿斯的讨论中,施普拉格说道,柏拉图仅仅是想让他与众不同的伦理学说引起注意。

肖里同样也讨论了对谬误的运用,并认为这些运用是有意而为之。①肖里说道,柏拉图试图指出德性与各种科学技术之间的必然差异。因此,只要这一差异尚未被认识,那么通过引导,有意犯错的人实际上就比无意犯错的人更好。古尔德延续了歧义性与含混性这一主题,他从传统上可以互换的两个术语知识(episteme)和技艺(techne)出发,去观察《希后》。②他分析,柏拉图为了发展一套专业技艺,是如何处理这些术语的。古尔德注意到,苏格拉底把对话中所得出的讨厌的悖论归诸论证(logos)本身,而不是归诸道德的歧义。但古尔德声称,如果柏拉图想要建立一门道德的技艺,那么《希后》中的种种歧义必然包括道德方面。

格罗特在《希后》中注意到了苏格拉底态度的转换。③虽然苏格拉底在别的对话中也常常挑战智术师们的逻辑,但在这篇对话中,苏格拉底运用智术师的逻辑反对雅典最有声望的智术师希琵阿斯。格罗特不仅把这一路向理解为间接支持柏拉图学说的策略,更重要的是强调了典型的智术师立场的不足。同样,利克通过观察《希后》中对荷马的引用,试图揭示出隐藏在苏格拉底路向背后的灵魂学说。④利克论证道,每一条引用都有它自己独特的含义,只有在与其他引用的联系之间领会这些含义,才能认识苏格拉底背后的意图,这样才能揭晓其论证背后的逻辑。

到底是悖论还是隐藏的意图才是苏格拉底与希琵阿斯讨论的真正结果?泰勒并无明确答案,他更倾向于按照苏格拉底的言辞来把

---

① 肖里,《柏拉图说过什么》(前揭),页 89-90。

② 古尔德,《柏拉图伦理学的发展》(*The Development of Plato's Ethics*),Cambridge,1955,页 42-44。

③ 格罗特,《柏拉图与苏格拉底的其他同伴们》(前揭),页 387-395。

④ 利克,"Introduction to the Lesser Hippias",载于《政治哲学之根:十篇被遗忘的苏格拉底对话》(*The Roots of Political Philosophy: Ten Forgotten Socratic Dialogues*),Ithaca,1987,页 300-306。

握苏格拉底。①这样做便可以发现，苏格拉底是从智术师的立场出发来论证的，就像格罗特所表达的一样。可是如果事情真是这样，那么苏格拉底就是在反对一条基本的柏拉图学说，这一学说是在其他对话中提出的，特别是《王制》：德性即知识。若是如此，泰勒说，那么为什么苏格拉底要用另一种柏拉图式要素，一个来自技艺的类比，来反驳这一学说？从表面上看，苏格拉底是在用柏拉图式的和智术师式的方法反驳柏拉图式的和智术师式的学说。因此这篇对话不仅深陷歧义性与含混性之中，同样还深陷困惑之中。理解苏格拉底困惑的关键段落，据泰勒称，位于对话的结尾处："有意犯错的人，如果真有其人的话，才是好人。"②如上所述，短语"如果真有其人的话"暗示了柏拉图的观点，没人会有意犯错，所以也就没有这种人存在。于是泰勒得出结论，这一明显的悖论虽然使希琵阿斯和苏格拉底深陷其中，但其实从未真正存在过。

然而，尽管上述这些分析都很严肃认真，但悖论、歧义和含混就是《希后》唯一值得思考的哲学方面吗？大多数对《希后》的解释性讨论都包含了两个甚至多个主题，相比之下现在还没有像克莱因（Jacob Klein）释《美诺》或韦斯特（Thomas G. West）释《申辩》风格的义疏。只有赫耳贝在其讨论对话的结构特质的论文中有近似于义疏的部分。赫耳贝解释了贯穿《希后》全篇的双重性（doublet）的运用，比如讨论了柏拉图的两大著名见解，以及欧狄库斯（Eudicus）在对话开场和对话中间的两次出场，中间那次出场正好把对话分成两部分。

上述所有的解读方式都关注《希后》中的特定主题或特定方面。他们缺少一种更加全面的方法，因而就无法揭示出之前忽略掉的或未认识到的某些主题。希琵阿斯与苏格拉底讨论的许多方面看似都不相关——比如希琵阿斯拒绝在强有力的反驳面前投降；苏格拉底重复其立场时每次都不同；道德的论说中时不时会插入非道德的论

---

① 泰勒，《柏拉图：生平及其著作》，前揭，页35–38。
② 泰勒，《柏拉图：生平及其著作》，前揭，页37。

说。倘若有一种更全面的解释出现,那么这篇对话将从其整体性上得到思考。下述义疏力图满足这一需要,以更加全面的方式研究柏拉图的《希后》,为进一步的思考奠定基础。

义疏导论

这篇文章揭示了解释《希后》的三个彼此不同却又相互关联的层面。首先,是关于对话本身概要的结构层面,柏拉图把《希后》分成三部分,每一部分又分为两小节。第一部分:第一节(363a1 – 367d4),提出了最初的争论,苏格拉底想迅速解决争论,希琵阿斯表示反对;第二节(367d5 – 369b7),苏格拉底用具体的事例来证明他的一般性观点,希琵阿斯还是拒绝投降。第二部分:第一节(369b8 – 372a7),希琵阿斯转而重建了争论的本质以及讨论者各自的观点,苏格拉底巧妙地避开了希琵阿斯的反击;第二节(372b1 – 373c4),苏格拉底更加强调原来讨论的问题,并要求希琵阿斯与他达成一致。第三部分:第一节(373c5 – 375d8),二人进行了一场更加充分的争论,依旧未达成一致;第二节(375d9 – 376c6),苏格拉底原来的问题没有得到满意的解答,这些道德解答使两位对话者大失所望。

其次,紧接着对话结构层面的是人物层面,二人的态度均经历了一次转变。一开始,希琵阿斯表现得傲慢而自以为是,这位智术师完全有信心他能够应付任何挑战。相反,苏格拉底则显得像个谦虚而沉默的旁观者,这位哲人因为无法彻底理解希琵阿斯的讲演而感到苦恼。哲人的好奇心会使他追问这些直截了当的问题,就像智术师会尽力维持并恢复其优越的社会地位。这一冲突关系贯穿了整篇对话。可有趣的是,冲突虽然存在,但他们的态度却彼此颠倒了过来。到对话的结尾处,希琵阿斯面对苏格拉底时不再流露出傲慢自信的神情,他蔫了气,显得唯唯诺诺。相反,通过对话,苏格拉底使希琵阿斯越来越被动。他的谦虚不见了,取而代之的是对希琵阿斯的立场诸多苛刻、不耐烦的要求,并在对智术师的讽刺、嘲笑中结束了对话。

最后，除了结构层面和人物层面，《希后》必须从道德层面思考。在苏格拉底与希琵阿斯争论如何正确解释荷马的原初意图——阿基琉斯和奥德修斯在道德上孰优孰劣——的过程中，两位讨论者主要关心的是普遍的道德性。整篇对话都是从具体论证到关于普遍说法的论断的运动。而在对话进行的过程中，从一开始关心荷马的只言片语进入到关于道德普遍本质的不确定的结论这一过程中，思想逐步发展成形。

至少，接下来的疏解会尝试用这三种解释路向去理解《希后》。但实际上，这篇文章真正的价值乃在于成功证明这三种路向并非是不相关的，而是以反映出这篇对话本身的统一性和真实性的方式相互补充。

义疏①

第一部分：最初的争论

第一节：快速解决之道（363a1 – 367d4）。

苏格拉底参加了希琵阿斯关于《伊利亚特》和《奥德赛》中一个重大主题的讲演，在讲演圆满结束后，苏格拉底却一言不发。那些更精明的观众留了下来，热情地参与到与希琵阿斯的哲学讨论中。欧狄库斯（Eudicus）来到独处的苏格拉底身旁，询问哲人为何一反常态，不去争辩。"为何你不一齐来称赞他所说的，或者要是你觉得他讲得不好，为何不反驳点什么？"欧狄库斯问道（363a2 – 4）。

苏格拉底向欧狄库斯承认，他对希琵阿斯关于荷马的讨论有所不满。他回想起欧狄库斯的父亲阿佩曼托斯（Apemantus）的话，阿佩曼托斯认为，《伊利亚特》的诗歌要优于《奥德赛》的诗歌，阿

---

① 新近《希琵阿斯后篇》的译文由利克提供。参见利克译，《希琵阿斯后篇：或论说谎》（"Lesser Hippias：or，On the Lie"），载于《政治哲学之根：十篇被遗忘的苏格拉底对话》（前揭），页 281 – 299。感谢 Charles E. Butterworth 中肯的批评与建议。

基琉斯在道德上同样也胜过奥德修斯。在这两位英雄中，苏格拉底想知道，希琵阿斯认为谁在道德上更好？而希琵阿斯在他对荷马以及其他诗人的反思性观察中似乎忽略了这一问题。

于是欧狄库斯问希琵阿斯是否愿意回答苏格拉底的问题。智术师①带着他那特有的傲慢回答道，在前不久的奥林匹亚赛会上，他在奥林匹亚神庙中舌战群雄，尚能对答如流，倘若不接受单个人——比如苏格拉底——的提问，他岂不显得自相矛盾。苏格拉底注意到他语气傲慢，便说智术师的心智自当无人能及，这更助长了希琵阿斯的气焰。希琵阿斯得寸进尺，称"自从我参加奥林匹亚的赛会以来，在任何事行上都未逢敌手"（364a7-8）。苏格拉底仿佛意识到希琵阿斯的虚荣心使他有机可乘，他立马赞希琵阿斯为了荣誉，必须把他的名声带给他的家庭和国家，那么便要回答他的问题。

讲演期间，由于观众人数众多，苏格拉底没弄明白希琵阿斯如何看待阿基琉斯和奥德修斯。由于他不愿打断伟大的智术师，所以谦逊的苏格拉底，在欧狄库斯的催促下，才请求希琵阿斯重述他对这二位英雄的评价。希琵阿斯提供了一个比公开讲演更清楚的解释，借机证明他在任何以及所有知识方面都高人一等。智术师说："在远赴特洛伊的人当中，荷马把阿基琉斯当作最优秀的，把涅斯托尔当作最智慧的，把奥德修斯当作最诡计多端（versatile）的。"（364c5-7）但这个说法使哲人感到不解。也许之前苏格拉底跟不上希琵阿斯的问题不仅仅是因为人数众多。苏格拉底承认他还是不确定智术师在说什么，为了不惹希琵阿斯生气，他谦卑地恳求希琵阿斯耐心一点。不出所料，希琵阿斯作出让步，表示他会"宽容并温和地回答问题"（364d5）。

接下来哲人就智术师对奥德修斯的评价发出挑战。苏格拉底同意希琵阿斯对荷马描述阿基琉斯和涅斯托尔的评价，但他对希琵阿斯归之于荷马的对奥德修斯的解释却不大理解。"荷马没有把阿基琉

---

① ［译按］作者在这篇文章中有意不加区分地使用"智术师"与"希琵阿斯"，"哲人"与"苏格拉底"，特此说明。

斯表现得诡计多端吗?"(364e5-6)阿基琉斯不也拥有希琵阿斯留给奥德修斯的"诡计多端"的特征吗?希琵阿斯引用了《伊利亚特》中的一段话,证明阿基琉斯诚实地对待了奥德修斯,因而证明阿基琉斯不可能也"诡计多端"。

最博学的教师与最智慧的探究者随即转向讨论"诡计多端"的意义,以及具有如此特性的人的品性。哲人问希琵阿斯:"你说诡计多端的人是说谎者,至少看上去是。"(365b7-8)智术师确认了这一说法,他提醒苏格拉底注意荷马所提供的许多这类描述。但苏格拉底指出,荷马肯定区分过说真话者与说谎话者。希琵阿斯同意苏格拉底,他说哲人关于荷马得出的结论是正确的,而且对人们作出这种区分也很合适,就他个人而言可以接受。然而哲人提到,既然不能询问荷马区分说真话者与诡计多端的说谎话者的用意,那希琵阿斯必须替荷马辩护,进一步回答苏格拉底的提问。希琵阿斯欣然同意。

接下来苏格拉底问道,说谎者是不是"能够做某些事"(365d8)。希琵阿斯同意并回答道,说谎者具有许多种能力,其中之一就是欺骗。苏格拉底由此推论,骗子们既有能力又诡计多端,希琵阿斯表示同意。可是如果骗子们既有能力又诡计多端,那么他们行骗凭借的是"愚蠢和不审慎"还是"不择手段的邪恶和某种审慎"(365e4-5)?希琵阿斯强调是后者。但是,苏格拉底注意到,如果犯错的人是审慎的,那么他们就知道自己在做什么;如果他们知道自己的所作所为,他们就不可能无知,肯定有智慧。希琵阿斯迅速赞成了这一推理。

在这一点上,苏格拉底希望希琵阿斯停下来,好好想想博学的教师已同意的立场,并希望希琵阿斯从他们的对话中仔细观察其论证的本质。首先,苏格拉底问道:"你称说谎者在他们行骗的那些事上有能力、审慎、有知识,并且还有智慧"(366a1-3),然而"说真话者与说谎话者彼此不同,甚至完全相反?"(366a5-6)希琵阿斯同意这两点。哲人通过问说谎者是否属于"有能力且智慧的人",重述了一遍这些说法,仿佛是要智术师打包票;希琵阿斯再次表示同意。

希琵阿斯没有意识到自己论证中的矛盾——也就是，称说谎话者和说真话者一样聪明否认了之前二分法的假设，即说谎话者与说真话者有所不同的假设——苏格拉底进一步追问说谎者的特征。希琵阿斯同意，既然说谎者既有能力又有智慧，那么他就能够随意地说谎。反过来，苏格拉底指出，所以一个既不能说谎又无知的人就不可能是说谎者。希琵阿斯表示同意。

苏格拉底进一步推论，称一个人"有能力"，即意味着他可以做他想做的任何事情。比如，希琵阿斯在"数学和算学的技艺"方面的能力就是个例子（366c8 - 9）。由于智术师有算学的能力，所以当有人向他提出一道乘法题时，他有能力给出正确的答案。希琵阿斯同意这点，因为他在"这些事情上最有能力也最聪明"（366d2 - 3）。而且，正如苏格拉底所指出的，既然他最有能力也最聪明，那他也就最优秀。身为最优秀的人，希琵阿斯在计算方面讲真话最合适不过了。到目前为止，智术师仍未提出异议。

现在苏格拉底迅速提出一个关键性问题去削弱希琵阿斯最初的论点。与此同时——"可是关于同样这些事情的谎言呢，比如关于数学？"（366e4）——哲人显得很担心，他怕傲慢自负的教师，所有智术师中最有知识、最博学的希琵阿斯会说谎，不承认他观点中的错误。因为苏格拉底问完这个问题之后，他立刻请求希琵阿斯"以高贵得体的方式"回答（366e5）。而在希琵阿斯开口回答这个问题之前，苏格拉底又用一个简单的例子重新阐述、深化了这个问题，使得问题不那么直言不讳。他假设有人要希琵阿斯解答 700 乘以 3 等于多少。以希琵阿斯的观点，他最有能力解答算学问题，难道他不是既能够回答错误又能够回答正确吗？其实，苏格拉底继续说道，希琵阿斯最有能力把这类问题回答错误，因为他比一个不懂算学的人更有算学知识，而不懂算学的人在试着回答错误时有可能会不小心撞上正确的答案。

当与在算学方面无知的人作比较时，被奉承的智术师同意，他更有能力以错误的方式回答这样的问题，因为他的智识胜过那些对这门学问无知的人。于是,苏格拉底想知道,如果一个人可以以错误的方式回答算学问题,他不也能够以错误的方式回答其他领域的问题吗?希琵阿斯欣然同意。

苏格拉底提到希琵阿斯在解答算学问题方面——他擅长的领域之———可以说谎,以此怀疑他的品格,但苏格拉底又不希望情绪化的希琵阿斯感到沮丧,于是他巧妙地问道,一个人是否有可能成为"在数学与算学方面的说谎者"(367a12)。希琵阿斯简单回答"是"。在这点上,希琵阿斯承认得颇为草率,缺乏先前回答时过于自信的炫耀,这表明智术师可能意识到他正在钻进一个圈套。也许希琵阿斯不再考虑苏格拉底这一连串明显有明确答案的问题,它们肯定会导致一个具体的结论(毕竟,那就是哲人交谈的本质)。然而,他们不可能得出一个双方都接受的结论,因为他们各自的出发点不同,但各自都同意随之而来的问题。也许,希琵阿斯意识到,争论已经偏离了正常的轨道,他必须小心谨慎,以避免走弯路或可能的陷阱,这些会使他在自己的立场上作出让步。在苏格拉底一再追问的压力下,希琵阿斯必须在圈套突然出现,快要钻进死胡同之前,找到苏格拉底论证的错误。

既然希琵阿斯同意,个人有可能在算学方面说谎,那么"谁会是这种人呢?"(367b2)苏格拉底问道。因为,正如希琵阿斯先前所承认的,说谎者必须具备能力。苏格拉底马上又说,二人都一致同意,希琵阿斯在算学方面最有能力说谎。希琵阿斯轻率地承认,这两个观点是前面同意过的。

这时苏格拉底再一次向希琵阿斯提出这一刺耳的致命问题:"因此,在算学方面你也最能够说真话啦?"(367c1-2)令人吃惊的是,希琵阿斯仅仅回答说"当然"。如果苏格拉底不是受到这一胜利的鼓舞,就是希望确认智术师是否理解了哲人的新发现,于是他直接问希琵阿斯,问他是否真的理解了他们对话得出的结论:"那在算学方面最能说谎的人岂不同时也最能说真话?这位擅长这些事情的人是算学上的专家?"(367c4-6)"是的。"希琵阿斯回答道。如果这对数学家有效,那么对所有人也肯定有效,苏格拉底推论道;因为能够在算学方面说谎的人肯定是最有能力的人，而最有能力的人是好人，同时也真诚。希琵阿斯同意。

然后苏格拉底得出结论，这结论本应终结这场对话，因为它现在已经显得很清楚了，"在这些事情上说谎话者与说真话者是同一个人"（367c12 – d1）。因为对于能力来说，说真话者和说谎话者是"同一个人"，而不是与此相反，正如希琵阿斯所认为的那样。这时苏格拉底又问希琵阿斯是否能够理解这点。不过这回，智术师拐弯抹角地回答："他看起来并不显得是同一个人，至少这里如此。"（367d4）

第二节：支持论点的类比（367d5 – 369b7）。

也许智术师并没有搞清楚论证的逻辑，它的结论使人无法接受——说谎者肯定也有能力说真话。也许哲人再多列举些例子将有助于理解。苏格拉底提议再举几个例子来分析，希琵阿斯表示同意。苏格拉底在之前的例子中提到，希琵阿斯作为最有能力的计算者，他在算学方面既最善于说真话又最善于说谎话，苏格拉底问，依此类推的话，希琵阿斯在几何学方面的能力是否也是如此。希琵阿斯表示同意。是否"好的、聪明的几何学家"（367e3）能够同时做到说真话与说谎话，和之前的例子类似，只有好人才能够犯错，"而坏家伙做不到这一点，他不能成为说谎者，因而也就不能说谎，这一点是我俩一致同意过的"（367e6 – 7）。希琵阿斯承认，的确如此。

而智术师显然未能注意到第二个类比和更大的论点之间的关系。于是苏格拉底又通过希琵阿斯的第三项能力——天文学，试图证明更大的论点。智术师立刻同意，正如算术和几何学、天文学，在这方面也是如此，即"说真话者与说谎话者是同一人"（368a10 – 11）。只有好的天文学家才能够就天文说得真或说得假，因为只有他才拥有所需的知识，知道何时说真话，何时说假话。

于是苏格拉底在形成了这些关于诸学问的洞见后，又试图拓宽论点的外延，打算把实践技艺也包含在内。"你在诸多技艺上都是所有人中最有智慧的"（368b3 – 4），哲人断言。他提到希琵阿斯常常夸耀自己在设计方面的出众才智，以及制作各种服饰的才能。事实上,有一回在奥林匹亚赛会上,智术师夸口称,他的全套行头,从戒指、印章、刮刀、膏油瓶,到鞋子、外衣和袍子,都是自制的。此外,他称系在袍子上的腰带做工精美,"堪比奢侈的波斯货"(368c7-8)。除了这些,苏格拉底回忆,希琵阿斯的才能令人赞不绝口,远不止编织术和雕刻术。甚至在文字方面,智术师也颇具才学;他吹嘘自己不仅创作过诗歌——叙事诗、悲剧、酒神颂——还创作过散文风格的各类讲辞。智术师的才能和智识足以使他成为技艺和文字方面的佼佼者。哲人兴致勃勃地叙述智术师的大话,差点忘了希琵阿斯的"拿手绝活"(368e1),谦卑的苏格拉底肯定没有忘记,那就是希琵阿斯的记忆术。

基于智术师在这些学问、实践技艺、文字以及多个其他领域的杰出表现,同样的论证——他与哲人一致同意在其他学问上成立的论证,难道不也适用于智性活动的所有方面吗?苏格拉底冒昧地要求希琵阿斯说出在什么领域中"一个人说真话,而另一个人——完全不同的人,不是同一个——说谎话"(368e5-6)。事实上,苏格拉底断定智术师找不出。为了节省时间,希琵阿斯坚持称他需要进一步思考。

显然在进攻时,哲人强调两点,第一,再多的考虑也挽救不了智术师的立场;第二,如果苏格拉底是正确的,那么希琵阿斯将吞下这一苦果,智术师得承认自己无知。苏格拉底指责他出于傲慢没有使用他神奇的记忆术,故未能想起他们原初的论断,于是苏格拉底提醒希琵阿斯,智术师说的是:"阿基琉斯是说真话者,而奥德修斯是说谎话者,而且诡计多端。"(369b1)不过,苏格拉底称,他们的讨论已经表明,正如希琵阿斯的杰出事例所证明,"说真话者和说谎话者是同一人"(369b3-4)。

苏格拉底的论证一环扣一环。首先,他从希琵阿斯的算学才能出发,然后逐步包含他的各门技艺,再扩展到希琵阿斯令人惊叹的全部技艺。希琵阿斯同意了这些事例的具体论证。从智术师生活的"具体事项"到所有具体事项的"统一体",哲人运用的论证逻辑相同,这使得他能够把结论普遍化,从个别的希琵阿斯推及所有人,包括阿基琉斯和奥德修斯。因此从希琵阿斯的事例中,苏格拉底得出结论,"如果奥德修斯是说谎话者,他也是说真话者,而如果阿基琉斯是说真话者,他也是说谎话者,那么他们就并非彼此不同抑或对立,而是相同"(369b4-7)。

第二部分:论点的重建

第一节:分歧。(369b8-372a7)

希琵阿斯是真的不信服,还是仅仅希望挽回颜面,这并不清楚。在哲人的论证中,有一个从部分到整体,从特殊事例到一般观点的逻辑过程,或许智术师真的误解了这个过程。因而他抱怨道,苏格拉底之所以关注论证中最困难的方面,在细枝末节上争论不休,是因为哲人忽略了真正值得拥有的东西,仅仅把论证看作一个整体!希琵阿斯提出了另一种方式:首先,智术师将论证他的立场,荷马认为阿基琉斯在道德上优于奥德修斯,之后哲人"可以用论证反驳论证"(369c6-7),以证实另一种观点,荷马认为奥德修斯在道德上更好,最后由旁观者们来决定谁的论证更具说服力,于是便平息了争端。

注意,希琵阿斯的建议在本质上蕴含了两大根本性变化。第一,他试图转变他们讨论的方式,放弃以辩证方式发现真理的对话形式——它是不正式的——转向更加正式的辩论方式。按照辩论的方式,赢家是由观众选出的"讲得更充分、更好的人"(369c8),这样就引入多数人原则作为判断什么是真理的标准。第二,同时也是更重要的一点,为了符合正式辩论的习惯,苏格拉底被要求在一开始就陈述出他的论点,而不是他所习惯的在讨论结尾时得出结论。再者,他的立场可能与他们讨论的结论大不相同。而且他们讨论的逻辑也表明,无论是阿基琉斯还是奥德修斯在道德上都不比对方更好。因此,希琵阿斯不但要求苏格拉底放弃他发现真理的方法,还要求他放弃已经发现的真理!由于未能以有利于他自己的立场迅速、彻底地解决问题,希琵阿斯的名誉遭受了损害,他似乎想要重新组织整个讨论,在观众面前重新占得上风。

所以，为了不冒犯智术师，苏格拉底称赞希琵阿斯"比我聪明"（369d1）。苏格拉底解释道，事实上完全是因为希琵阿斯如此聪明，他才希望找机会提问并检察智术师的观点和立场。毕竟，哲人不会在无能小卒身上浪费时间。此外，苏格拉底哄骗道，只需要观察谁最令他感兴趣，便可知道苏格拉底把哪些人当作聪明人。这一奉承显然止住了智术师重新讨论的尝试，当然也使他的全盘计划流产。

为了避免进一步讨论正式辩论的话题，苏格拉底立即指出，希琵阿斯对荷马的解读存在着一处矛盾。希琵阿斯刚才引用的那段话表明，"假如你说的是真的，根据你的论证，奥德修斯，诡计多端的人，并没有被表现成说谎者，反倒是阿基琉斯，却像个诡计多端的家伙"（370a1-3）。哲人引用这段荷马的诗行是为了证明阿基琉斯说过谎。苏格拉底提醒希琵阿斯，原初的问题是荷马想让谁在道德上更好；哲人明白，荷马想让二人在真理与谬误以及德性方面不分高下。

由于希琵阿斯没考虑到，之前他们是在讨论聪明人做错事的才能，因此他立刻否认苏格拉底立场的正当性，并声称阿基琉斯是无意说谎，因为在当时的处境下，他别无选择；"但奥德修斯的谎言是有意的，有所计划的"（370e8-9）。然而，哲人则开始摹仿他们先前讨论的情况，指责"最亲爱的希琵阿斯"在骗他。对此，智术师断然否认，然而哲人加重了他的指责，他指出——与希琵阿斯相反——荷马显然不仅把阿基琉斯描述成骗子和说大话者，而且尤其擅长说谎，比起奥德修斯是不遑多让。希琵阿斯感到困惑，遂要求苏格拉底在这点上作进一步阐释。苏格拉底提醒他，当阿基琉斯面临着特洛伊的战斗时，他告诉奥德修斯，"他将清晨返航，然而当他对埃阿斯说时，他不再说他将返航，而是谈了些别的事情"（371b4-6）。之后哲人又引用《伊利亚特》来支持他的说法。苏格拉底推论道，阿基琉斯说得如此明显，只能说明他是"一个工于心计之人，他认为奥德修斯头脑简单，以为凭借诡计和谎言就完全能够打败他"（371d5-7）。但希琵阿斯再次表达了他的见解：在那几段中，阿基琉斯在以无知的方式行事，因为情况紧急，他没有真正的选择可言;"然而,当奥德修斯说真话时,他总是有所计划,说谎话时也一样"(371e2-4)。

也许希琵阿斯无法理解他自己的观点究竟是什么含义,这使苏格拉底感到惊讶,他说出了对于智术师来说显而易见的结论:"这样看来奥德修斯仿佛要比阿基琉斯更好。"(371e5)最后,希琵阿斯又固执地加以反对,那之前的沉默一定显得震耳欲聋。苏格拉底问,在他们讨论的第一部分中,他们是否没有体现出有意的说谎者要比无意的说谎者更好(对观367a2-7)。希琵阿斯注意到,那些出于无知而造成伤害的人一般都会被免罪,法律也明文规定,那些有意作恶的人比无意作恶的人罪加一等。不过愤怒的智术师不顾之前的结论,以常识回应哲人的疑问,针对这个整篇对话都围绕其展开的道德问题,他反问道:"可是苏格拉底,那些有意行不义、设诡计、作恶的人,怎么可能比那些无意这样做的人要好呢?"(372a1-3)

第二节:回到原初论证的尝试。(372b1-373c4)

希琵阿斯的固执似乎在考验苏格拉底的耐心。这时哲人小心翼翼地向智术师解释他的谈话方式:不断向那些以智慧著称的人们提问,然后再找出比先前见解更好的见解。但往往在寻求知识的这个过程中,哲人也揭示出了他的知识:"很明显我一无所知。"(372b7-8)苏格拉底反讽地提到,承认无知是唯一的选择,因为他老是与聪明的希琵阿斯意见相左。哲人的长处在于渴望学习、渴望发问、渴望探究;对于那些回答他问题的人,他总是感激万分。事实上,他从未将从别人那里学来的东西据为己有。他由衷感谢教导他的那些人,正是他们洞悉有价值的真理,并将真理传授给他。

但是,苏格拉底坚决反对希琵阿斯的论点。苏格拉底隐晦地提到,希琵阿斯的观点不仅站不住脚,而且态度固执,为了挑战智术师的完美形象,苏格拉底承认他自己性格有缺陷,因为他不会"说不切实际的大话"(372d4)。哲人的意见就其本性而论是说话半真半假,这与智术师的本性相矛盾。苏格拉底坚持认为"那些伤害他人、行不义之举、说谎、欺骗、有意犯错而不是无意犯错的人,总是比那些无意这样做的人更好"(372d6-8)。

不过苏格拉底也承认,他并不总是坚持这一立场:"我在两者之间摇摆不定——显然是因为我不知道。"(372d9-e1)与此同时,哲人也经历了一次危机;他理智地承认:"我突然中了邪,觉得那些有意犯错的人比无意犯错的人更好。"(372e1-4)实际上,哲人承认,他内心的困惑来自他们之前的对话,在那里他们发现:"那些无意这样做的人比有意这样做的人更一无是处。"(372e5-7;参见前文第一部分)

他们先前的结论主要关注欺骗的能力,并宣称只有凭借这种才能和智识才做得出令人称赞的事,当这一结论与荷马的故事相结合,牵涉到对阿基琉斯和奥德修斯的态度时,蕴含其中的行为道德便具有了更重大的意义,苏格拉底意识到这点了吗?如果他们先前的结论是正确的,通过暗示延伸出来的结论也是正确的,那么当时的社会结构——无论是在法律方面还是在政治方面,都是根据人们的意图来判定个人的行为——可能会遭到破坏,苏格拉底又意识到这点了吗?因为如果道德仅仅是更高的智力和体力的一个方面,那么只有聪明的人和强壮的人才是道德的,因为他们更优秀,也更好。迟钝和羸弱的人要么无法以道德的方式独自行事,要么只能摹仿智慧和强壮的人,因此,他们的缺陷就会被当作才能、智识和技巧上的不足。

这一可能的结论表明,社会的道德基础很可能是由一群人所决定而凌驾于另一群人之上并反对他们。倘若如此,道德世界的中心可以很好地建立在人类中,而社会世界的中心则只可能建立在特定阶层的人之中。任何道德善良概念的起源将不再被视为超出人类对那一概念的理解;研究真善美的一般概念,将不再被引向属人理念和具体理解的领域,而仅仅引向人的领域;人将真正变成善的最终尺度;一种道德标准概念对另一种道德标准概念的支配,最终不是源于妥协就是源于强力,不可能源于通过理性论证所达成的共识。伦理学的沉思,是指导人们如何过好的生活的必要方面,将被思考好生活的伦理学所代替,但这对那些能够最好地定义和实现它的人们则有好处。

这些就是使苏格拉底的心灵感到困扰的思想吗？这些就是他思想危机的根源？也许苏格拉底感觉到了他自己的灵魂有趋于毁灭的危险，于是哲人恳求智术师"治疗我的灵魂"（372e7 – 373a1），从这一道德邪说中康复过来。但他劝希琵阿斯要选择适当的治疗方式；"长篇大论"（373a3）是不会奏效的，否则苏格拉底很难跟上他的思路。只有继续对话，他们俩才会获得成功，获得各自的幸福。

可能担心自己的讲辞会使希琵阿斯不快，苏格拉底转向欧狄库斯，指责是他发起了整个讨论。他命令阿佩曼托斯之子催促希琵阿斯回答，而智术师本想拒绝进一步的回应。欧狄库斯反讽似地提醒苏格拉底，根本没有求助的必要，因为希琵阿斯说过，"他不会逃避任何人的问题"（373b2；363c – d）。虽然智术师承认自己这样说过，但还是在犹豫要不要继续；希琵阿斯抱怨："苏格拉底总是在论证中引起混乱，似乎想要制造麻烦。"（373b5 – 6）

苏格拉底不但感觉到旁观者们在向智术师施压，要求他继续对话，而且还欣然利用了最近这次有损哲人道德形象的说法，因而苏格拉底有意表示，基于希琵阿斯本人在讨论中表明的立场，希琵阿斯谴责他"想要制造麻烦"是不公正的。苏格拉底绝不会有意制造麻烦，因为根据之前双方一致同意的结论，只有"既有智慧又奸诈"（373b7）的人才能有意这样做；这样的描述显然不适用于哲人。所以必须原谅苏格拉底，因为"你说过任何无意制造麻烦的人都应当被原谅"（373b9 – 10）。欧狄库斯催促希琵阿斯赶快继续，既为满足听众的好奇心，又为了他的职业声誉。希琵阿斯勉强作出让步，答应遵守承诺，回答向他提出的所有问题。

第三部分：论点的延伸

第一节：分歧。（373c5 – 375d8）

由于得到了希琵阿斯的最终保证，苏格拉底以他独特的方式继续提问："谁更好？是有意犯错的那些人，还是无意犯错的那些？"（373c6 – 7）哲人从具体的体育项目开始他的提问：赛跑和摔跤。在赛跑方面，智术师同意，有好的跑步者，也有坏的跑步者；好的跑步者跑得棒，坏的跑步者跑得糟；跑得慢就等于跑得糟，跑得快就等于跑得棒；因此，在赛跑中"快就是好，慢就是坏"（373d10 - 11）。

但要注意，两位对话者都混淆了形容词起作用的两种不同目的。形容词一般用作描述一个事项；那一事项可以是物质对象，一件事或者一种思想。但描述有两种含义：一种是评价性描述，另一种是对象性描述。再者，评价性描述又分成两种：内在的道德评价和外在的非道德评价。内在的道德评价关系到意志的目的，对应于正义的标准。外在的非道德评价则关系到完成或近似完成的表现行为或过程，对应于一套卓越的准则。以这一过程为评价准则，个人目的就无所谓重不重要。例如，苏格拉底问，在两个跑得慢的人中间，谁是好的跑步者，"有意跑得慢的还是无意跑得慢的？"（373d13 - 14）希琵阿斯回答，有意跑得慢的那人在二人中更好。两位对话者都用到了"更好"一词，不但用于评价或内在的道德意义，还用于客观或外在的非道德意义。

然而，跑步者就能力而言跑得快还是跑得慢都算不上道德问题。说运动能力杰出的人也能获得道德上的赞许，无异于混淆了"是"与"应当"的区分。只有假设一个人赛跑时有竭尽全力的道德义务，这一混淆才可能成立。但考虑到那些制定赛跑规则的人和确定的文化背景，这一假设明显是主观的。若有人不同意，就必须归咎于自然神学的某种形式，或自然法的混杂世界。苏格拉底与希琵阿斯——混淆了"更好"的自然能力和"更好"的道德目的——一直到对话结束都仍处于困惑之中。

然后，苏格拉底问跑步是否等于"做某事"，如果是，"它不也会产生某物吗？"（373d18）对于这两个问题，希琵阿斯都作了肯定的回答。希琵阿斯肯定了苏格拉底的结论，"那跑得坏的人会在比赛中产生坏的和可耻的结果"（373e2 - 3）。此外，二人都一致认为跑得慢的人就跑得坏。因而他们便推断，如果好的跑步者跑得慢，他是有意跑得慢，而在比赛中无意跑得坏的坏跑步者比有意这样做的跑步者更坏。

循着与跑步者相同的推理思路，苏格拉底又问道，在摔跤比赛中谁是更好的摔跤手，"有意摔倒的呢，还是无意摔倒的？"（374a3-4）智术师同意哲人的看法，当然是有意摔倒的人比无意摔倒的人更好；基于那一选择，摔倒比击倒对手更可耻。因此他们在摔跤手和跑步者这两个例子上都得出了相同的结论，有意做可耻行为的人比无意这样做的人更好。

苏格拉底从具体上升到一般，他问这一结论是否适用于所有的体育活动。由于他们有能力做得棒或做得糟，所以健壮的运动员有意做得糟，而赢弱的运动员无意做得糟。希琵阿斯同意，在身体力量方面的确如此。苏格拉底把这一概念扩展到其他身体能力上，他问希琵阿斯，对于那些举止得体的人来说这一结论是否还适用。智术师同意哲人的说法，那些能够"摆弄出可耻而无用的姿势"（374b7-8）的人要比因为身体的缺陷无意识地这样做的人更好。之后苏格拉底提出，对于那些有音乐才能和没有音乐才能的人们也该如此考虑，他从希琵阿斯那里得到了相同的回应。那些有意唱歌跑调的人比那些无意这样做的人更好。

苏格拉底坚持要将上述提及的"更好"和"好"两个独立的概念合并起来，仿佛是为了强调这一点，他突然问希琵阿斯"喜爱拥有好的东西还是坏的东西"。"好的东西"（374c11-12），智术师回答。

然后哲人就跛足又问了类似的问题，智术师说他宁愿要一双有意跛行的脚。视力模糊也是类似于跛足的缺点，苏格拉底提到。希琵阿斯同样同意，他宁愿要有意模糊的视力，也不要无意模糊的眼睛。从具体过渡到一般时，为了再次强调这一点，苏格拉底问希琵阿斯是否相信，"在你自己的事情上你也认为有意产生没用的结果比无意这样做要好"（374d12-14）。希琵阿斯不出所料地确定如此。他们二人都同意，这适用于人体的所有知觉。

这时苏格拉底把这一关于有意的或无意的好与恶延伸到无生命的对象和人类使用的器具上。哲人以舵为例，他说，一个人似乎更喜欢有意驾驶得糟的舵，而不是无意驾驶得糟的舵。苏格拉底和希琵阿斯皆同意，不仅对舵来说如此，而且对于"弓箭、七弦琴和箫以及所有其他类似的东西来说都是一回事"（374e11）。因此，更好的器具就是那种既可以用得顺手，也可以用得不顺手的器具，而不是那种只可能用得不称手的器具。

这时苏格拉底从器具延伸到动物，为他最后的论点扩大支撑基础。他想知道，一匹马无论被有意骑得坏还是无意骑得坏，跟那些更不如的马比，是否更受人们偏爱。希琵阿斯偏爱更好的那一匹马。那么哲人提到，似乎更好的马的灵魂会有意这样做。智术师肯定了这一观察（希琵阿斯显然没意识到其中的微妙意味，苏格拉底将讨论从无生命的器具——可由人有意或无意演奏得糟，转向同样能这样做的自在的生物）。于是他们得出结论，如果对于马来说如此，那么"对于狗以及所有其他动物的情况也相同"（375a11）。

在这点上，希琵阿斯同意了苏格拉底的论点，有意地和无意地做得好或做得差，从人类的身体能力，到无生命的对象，再到动物都是成立的。现在苏格拉底把论证的逻辑扩展到人类的心灵能力，包括道德在内，借此准备让智术师相信哲人见解的最后一步。他问："一位弓箭手，是拥有一个有意犯错而错过目标的灵魂更好呢，还是无意犯错的灵魂更好？"（375a13-b1）可以想见，希琵阿斯断言，要是以射箭为目的的话，更好的灵魂属于有意错过目标的人。苏格拉底问："无意犯错的灵魂比有意犯错的灵魂更没用喽？"（375b5-6）希琵阿斯肯定地说，在射箭方面确实如此，却拒绝承认射箭与生活有相似之处，尽管两者都要求个人总是要描述特定的"目标"。

现在哲人又转向了医术并问智术师，有意伤害身体的人不是比无意伤害身体的人"更通晓医术吗？"（375b9）希琵阿斯同意苏格拉底，所以他"在这项技艺上比不精通医术的人更好"（37511-12）。若果真如此，苏格拉底认为，那么在所有的技艺中，弹琴、吹箫以及科学，有意行邪恶、可耻、错误之事的人要比那些无意这样做的人更好。希琵阿斯欣然同意。

把心灵能力的分析进一步从技艺和科学的领域推进至道德领域，苏格拉底小心地选择了"奴隶的心灵"（375c5）为例作为他的倒数第二个例子。哲人问，那些有意犯错并产生恶的奴隶是否比那些无意这样做的奴隶更受偏爱。智术师仅仅回答是。

现在哲人已经作好准备，只待考虑最后一个环节了：对他们自身的道德的看法。在这点上，苏格拉底已经多次取得了希琵阿斯的同意，即有意犯错在体育、医术、技艺和科学方面都比无意犯错更好。他暗中将这一论点一般化为灵魂在动物和奴隶事例中的本质。在即将大功告成之际，哲人问道："难道我们不希望自己在这些事情方面拥有尽可能好的条件吗？"（375c9-10）智术师表示同意。苏格拉底成功得出结论，若真是如此，那么灵魂有意犯错时要比无意犯错时更好！

希琵阿斯对如此悖反的结论感到惊讶，他迅速否认了这一结论，并称其为"可怕的事情"，以至于"那些有意行不义的人要比那些无意如此的人更好"（375d4-6）。苏格拉底坚称这一结论是唯一可能的推论，但希琵阿斯还是拒不接受。

第二节：道德暗示与觉醒。（375d9-376c6）

苏格拉底估计希琵阿斯快要投降认输了，他在想，他最后试图使希琵阿斯相信他错误的观点时表现得太过直接了，他仍然希望可以消除他内心的思想危机。当正义在任何情形下出现时，哲人问道，"正义不是某种能力就是某种知识，再不然就两者皆是，难道不是这样吗？"（375d10-11）要是正义是某种能力，那么更有能力的灵魂必然更加正义，因为有能力的人更好，一如先前所证明的。对于这两种说法希琵阿斯都表示同意。至于正义作为知识方面，哲人提到，智慧的灵魂比无知的灵魂更加正义；智术师也表示同意。苏格拉底说，而今如果正义是能力和知识的话，那么正义的灵魂将既有能力又有知识，不义的灵魂将属于无知。再说，拥有更多能力和智慧的人比他人更好，因而"更好，不管是在高贵的行为方面还是在可耻的行为方面"（375e11-376a2）。像往常一样，在结论正式说出之前，希琵阿斯同意了这两种说法。

与先前的论证相似，哲人坚持认为这样的灵魂"凭借的是能力和技艺"（376a5），才有可能有意做得差，两者都是正义的特征。他提醒智术师,"行不义之举就是做坏事,不行不义之举即做好事"(376a8-9)。因此更有能力和更好的灵魂会有意行不义,而坏的灵魂无意行不义。希琵阿斯同意苏格拉底的这些看法。

现在苏格拉底再次让希琵阿斯感到无法接受,他能够以提问的方式使智术师得出他一直否认但却不可否认的结论。苏格拉底称,好人就是"拥有好灵魂的人,而坏人是拥有坏灵魂的人"(376b1-2)。这就意味着好人——假定他拥有好的灵魂——可以有意作恶,而拥有坏灵魂的坏人则与之相反。在这点上希琵阿斯完全同意,也许他最终相信了哲人的论证逻辑得出的结论。现在苏格拉底想要结束讨论,通过上述假设的推导:"那有意犯错,行可耻、不义之举的人,希琵阿斯啊,如果真有其人的话,他不是别的,只会是好人。"(376b8-10)尽管希琵阿斯在这一争论中有诸多在逻辑上可同意之处,但他还是拒不接受这一结论:"在这点上我绝不同意你,苏格拉底。"(376b11)

苏格拉底也承认这样的结论的确让人厌恶,但从他们的讨论来看,又看不出有其他的可能。他再次提到,这件事使他内心混乱不堪;这种事对于他这种"普通人"(376c4)来说是可以料想的(比较372b-d)。这种内心的犹豫不定并没有发生在希琵阿斯一类的智术师身上,却报应到讨人厌的哲人身上。作为理智最后的庇护所,如果博学的希琵阿斯的启蒙能力都无法为这一混乱提供一种稳定性,那么,哲人绝望地哀叹,人类将永远处于道德混乱之中,因为"即使在遇见你后,我们还是无法摆脱困惑"(376c5-6)。

结　尾

从这三个层面的分析——结构的、人物的以及道德的——《希后》提供给读者们一个视角,得以窥视困扰柏拉图的某些伦理学问题。善和适当行为的关系是什么,可能是什么,应该是什么?事实上,我们如何去理解善与道德性的本质?

在苏格拉底的面具下,柏拉图仔细反省过这些道德论证的本质和含义，并作出了有力的回答。对话中人物性格的转变和论证的变化，揭示出柏拉图思考的深邃和他道德推理的内在复杂性：从希琵阿斯的狂妄自负到沉默不言；从苏格拉底谦卑的请求到他沮丧的要求；从揭示合理观点的具体事件的论证到普遍却无法接受的结论。但结果呢？

  或许苏格拉底在《希后》中最终的结论有一个必要条件，精确地在柏拉图其他对话中提出他的论点。在对话快结束时，希琵阿斯和苏格拉底费力地直面所意识到的现状，有意行不义的人比无意这样做的人更好。但这只有一种成真的可能，苏格拉底又说道："如果真有其人的话！"

苏格拉底为诡计多端的奥德修斯一辩

——柏拉图《希琵阿斯后篇》中的说谎与犯错*

朗佩特（Laurence Lampert）撰

王江涛 译

[摘要：柏拉图的《希琵阿斯后篇》追问谁才是荷马笔下更好的人，是阿基琉斯还是奥德修斯。苏格拉底为奥德修斯辩护，他的论证最终使他得出这一结论："那有意犯错并行可耻、不义之举的人，如果真有其人的话，才是好人。"这一结论令希琵阿斯反感，苏格拉底同意他的看法，尽管如此，苏格拉底还是坚持认为论证需要这一结论。但苏格拉底说他也在"犹豫"，时而坚持这一看法，时而坚持相反的看法。为什么苏格拉底要为奥德修斯的优越性辩护？为什么他要坚持一个令人反感的结论？为什么他说他还在犹豫？这些问题的答案指向了苏格拉底政治哲学中不可或缺的部分。]

伟大的生命体，自身所显示出的一面，总是那种无所顾忌的诡计多端（polytropoi）。

——尼采，《快乐的科学》344

---

* [译按] 选自 The Review of Politics, Vol. 64, No. 2 (Spring, 2002)，页 231–259。

谁被荷马表现为更好（better）的人，直率的（straight）阿基琉斯抑或诡计多端的奥德修斯？在柏拉图的《希琵阿斯后篇》（以下简称《希后》）中，直率的希琵阿斯选择了直率的阿基琉斯，而苏格拉底则为奥德修斯辩护。经过一番推理，苏格拉底被迫得出结论："那有意犯错并行可耻、不义之举的人，希琵阿斯啊，如果真有其人的话，他不是别的，只会是好人。"（376b）这一结论令希琵阿斯反感，也令柏拉图的注疏者们难以接受——"比其他所有对话都糟糕"，汉密尔顿（Edith Hamilton）和凯恩斯（Huntington Cairns）如此评价《希后》，他们感到非常之不快，要不是亚里士多德明确谈论过这篇对话，他们定将《希后》判作伪篇，踢出柏拉图对话全集。①

这一判断显出，他们未能理解到的正是苏格拉底在这篇对话中详加审察的品质诡计多端（polytropic），同时还显出，他们未能领会这篇对话本身就是一次对诡计多端的运用。②苏格拉底显然对这一品质心知肚明，并且——据柏拉图暗示——《伊利亚特》与《奥德赛》的作者也心中有数，因为只有足够诡计多端的作者，才能一方面使他的大多数读者认为阿基琉斯更好，另一方面又暗自认定奥德修斯实际才更好。因此，对于荷马的绝大多数读者来说，领会不到

---

① 汉密尔顿和凯恩斯编，《柏拉图对话选集》（*The Collected Dialogues of Plato*），New York，1961，页200。参见 Paul Friedländer："若无亚里士多德的明确引证，或许鲜有人会将《希后》当作真正的柏拉图作品。"见《柏拉图：早期对话》（*Plato 2：The Dialogues, First Period*），Hans Meyerhoff 译，New York，1964，页146。参见亚里士多德《形而上学》1025a2 – 13。

② polytropos 意味着多变化的、游历四方的、四处漂泊的。它是对奥德修斯品质的定义，见于《奥德赛》的第1行和卷10的330行。当希琵阿斯用这个词来形容奥德修斯时（365b），意味着虚伪、说谎，并带有狡猾、不可靠的意思。苏格拉底的学生 Antisthenes，曾写过苏格拉底对话，同样反对以下说法——即荷马称奥德修斯为诡计多端的，以此来故意贬低他；Antisthenes 称这是对奥德修斯"善于与人打交道……有智慧，知道如何以多种方式与人交流的人"的褒奖。参见 Charles Kahn，《柏拉图与苏格拉底对话》（*Plato and the Socratic Dialogue*），Cambridge，1996，页121 – 124。

其中的诡计多端在意料之中，荷马的绝大多数读者如此，希琵阿斯如此，阿佩曼托斯（Apemantos）——发起对话的那位年轻人欧狄库斯（Eudicus）的父亲，也是如此。苏格拉底同荷马一样明白，其论证迫使他坚持的观点并不受欢迎，因而苏格拉底才声称，他之所以持有这一观点，仅仅是因为旧病复发，心中一阵晕眩，不能自已，不得不陈述这一观点，倘若他没有发病，他所陈述的观点将完全相反。这一诡计多端的短篇对话绝妙地表现出，苏格拉底是如何既用理性论证为奥德修斯式说谎以及犯错辩护，同时又宣称这是受非理性的病发所致。当他在坚持一个无法公开辩护的观点时，奥德修斯式的苏格拉底将自己隐藏了起来。

场　景

《希后》的场景完全合适苏格拉底和希琵阿斯就阿基琉斯与奥德修斯展开的言辞竞赛。① 《希琵阿斯前篇》（以下简称《希前》）与《希后》中一些看似不重要的细节暗示出对话的场景，这些暗示使重大的历史事件在背景中悄然呈现，不声不响地伴随着苏格拉底与希琵阿斯的一言一行。《希前》开场，希琵阿斯被称为"既美且智"，当时苏格拉底还专门提到："自从你上次来雅典后，咱们好久不见了。"希琵阿斯解释说，他长期不来雅典是因为没有闲暇：他的母邦厄里斯（Elis），只要与其他城邦有事务要处理，必定召他前往，因而希琵阿斯肩负着许多外交使命，尤其是对斯巴达。苏格拉底把希琵阿斯比作高尔吉亚（Gorgias）和普罗狄科（Prodicus），这两个聪明人凭着"公务才能（public capacity）"，早先曾以各自城邦使者的身份访问过雅典（282b - c），这就证实了，而今希琵阿斯来雅典也是出于公务。希琵阿斯的访问肯定发生在公元前427年高尔吉亚的

---

① 笔者要感谢Christopher Planeaux在柏拉图对话的戏剧时间以及历史背景方面所给予的不可或缺的帮助。

访问之后,①因为厄里斯是斯巴达联盟的一员,也就是雅典的敌人,所以厄里斯使者的公开出使肯定发生在和平时期,即公元前421—前414年的尼西阿斯和约时期。②在那期间,公元前420年晚春发生了一场极其重要而且著名的外交会议,对雅典和厄里斯皆影响深远,这一外交会议旨在联合厄里斯——包括阿尔戈斯(Argos)和曼提尼亚(Mantinea)——和雅典,进而在伯罗奔半岛孤立斯巴达。如果希琵阿斯在《希前》开场的话所言非虚,那么有理由设想,厄里斯人派他来雅典就是为了这一至关重要的外交任务。

奥林匹亚赛会的提示同样表明,《希后》发生在公元前420年的晚春,因为公元前420年是奥林匹亚年,即著名的第十九届奥林匹亚赛会,东道主厄里斯人拒绝斯巴达人参赛。③可见,《希琵阿斯》前、后篇对话就发生在八月至九月举行的奥林匹亚赛会的几周前。《希后》利用希腊人对奥林匹亚赛会的狂热表明,希琵阿斯与苏格拉底之间的竞赛是一场奥林匹亚赛会前的热身,即所谓奥林匹亚智慧

---

① 修昔底德,3.86;Diodorus《历史丛书》12.53.1。普罗狄科在《普罗塔戈拉》中出场时的年代在434至432年之间,在伯罗奔尼撒战争爆发的431年之前。[译按]中译本参见《伯罗奔尼撒战争史》,谢德风译,商务版,2006。

② 参见 A. E. Taylor, *Plato: The Man and His Work*, New York, 1960,页29,[译按]中译本参见《柏拉图:生平及其著作》,谢随知等译,山东,1996;W. K. C. Guthrie,《希腊哲学史:卷四》(*History of Greek Philosophy* 4: *Plato, the Man and His Dialogues, Earlier Period*), Cambridge, 1975,页177;David Sweet,《〈希琵阿斯前篇〉导论》("Introduction to the *Greater Hippias*"), *The Roots of Political Philosophy*, Thomas Pangle 编, Ithaca, 1987,页340。二世纪的 Athenaeus 就认识到希琵阿斯访问雅典需要全希腊的和平,《飨宴的智者》(*Deipnosophistae*), 5.218c – d。修昔底德在5.43 – 44处也曾提到过厄里斯使者。

③ 修昔底德,5.49 – 50。正是尼西阿斯和约使得雅典的运动员们自战争爆发以来,首次能够从容参赛;参见 Simon Hornblower,《伯罗奔半岛战争的宗教面相,或修昔底德没告诉我们什么》("The Religious Dimension to the Peloponnesian War, Or, What Thucydides Does Not Tell Us"), *Harvard Studies in Classical Philology*, 94, 1992,页169 – 198,特别是191 – 193。

之冠与本土宠儿的较量（363c－364a；368b）。希琵阿斯在《希后》中的首次发言，就是在吹嘘他在奥林匹亚赛会上是如何的战无不胜，在赛会期间他与所有来到宙斯神庙的选手较量，"在各方面都未逢敌手"（364a）。苏格拉底证明了，在这场奥林匹亚赛会前的较量中，他在一个问题上比希琵阿斯更好——谁更好，阿基琉斯抑或奥德修斯？问题是，若苏格拉底真比奥林匹亚的智慧冠军更聪明，那为什么他不参加奥林匹亚赛会，并在全希腊人面前展示他的智慧？

然而对《希后》来说，比起即将到来的奥林匹亚赛会，更重要的是厄里斯派希琵阿斯去雅典参加的这场外交会议。会议由雅典政坛崛起的新兴势力阿尔喀比亚德所筹备，十多年前，苏格拉底曾密切关注过这位青年。①阿尔喀比亚德筹备公元前420年的会议是为了实现其大胆的新战略，改变战争爆发十一年来雅典所一直遵循的伯利克勒斯的战略。阿尔喀比亚德的政策要求雅典海军要在一场对抗斯巴达的决定性重甲兵战役中战胜伯罗奔半岛联军。修昔底德以这一紧要关头为恰当的时机，开始叙述这位具有传奇色彩的风云人物，而且他逐渐占据了修昔底德叙述的主要部分，就像他逐渐取得雅典政治的领导权一样。②阿尔喀比亚德在修昔底德笔下是以青年战略家和外交家的身份亮相的，他野心勃勃、才华横溢，一登场便取得了压倒性的胜利：他对斯巴达的使者们耍了一个不道德的诡计，劝他们在雅典公民大会上说谎，称他们没有处理问题的全权。紧接着无所顾忌的阿尔喀比亚德向公民大会反倒指责斯巴达的使者们是无所顾忌的骗子，煽动公民大会对斯巴达的怒火，从而又将这一怒火引向支持他本人的政策，即与阿尔戈斯人、曼提尼亚人以及厄里斯人

---

① 参见《普罗塔戈拉》和《阿尔喀比亚德前、后篇》，后者可能发生在《普罗塔戈拉》后不久，时逢阿尔喀比亚德年满十八，故而以提出结盟的方式，获允踏入政坛。[译按]《普罗塔戈拉》中译参见《柏拉图对话七篇》，戴子钦译，辽宁，1998；《阿尔喀比亚德前后篇》中译参见梁中和译，《阿尔喀比亚德》，华夏版，2009。

② 修昔底德用大量的细节表现出这些事件，他在展现阿尔喀比亚德战略计划的视野以及强大的说服才能时，着重突出了他的想法（5.43－48）。

结盟。当时不巧发生了地震，公民大会没来得及通过阿尔喀比亚德的政策。不过几周后，尼西阿斯与斯巴达缔结和约未果，雅典公民还是赞成了阿尔喀比亚德的政策。然后，阿尔喀比亚德再接再厉，劝服阿尔戈斯、曼提尼亚和厄里斯的使者订立盟约，与雅典人结盟。尽管这一外交取得了成功，但两年后的重甲兵战役却以失败告终，部分是由于雅典人未能彻底贯彻阿尔喀比亚德的计划，未能在公元前418年曼提尼亚的决定性战役中给予雅典军队鼎力相助。①

所以，《希后》及其诡计多端主题的背景是由最为诡计多端的雅典人阿尔喀比亚德所导演的一场最为著名的诡计多端的胜利。《希后》的前景是一场关于诡计多端的竞赛，较量双方均以智慧闻名，厄里斯的外交官与雅典的智者——在公众心目中与阿尔喀比亚德相交甚密的苏格拉底。面对这两位雅典人，厄里斯的外交官如何表现？基于文中对阿基琉斯和奥德修斯的强调，这篇对话表明，它应当从荷马的角度来阅读。基于阿尔喀比亚德关键外交会议的背景，它还须从修昔底德的角度来阅读。②

《希前》提供了场景方面的诸多细节，为《希后》做好了铺垫：希琵阿斯将于后天在斐多斯特拉图斯（Pheidostratus）学园发表一场表演式讲演，他邀请苏格拉底参加（《希前》286b-c）。那场讲演面向的是许多赞同希琵阿斯的观众，《希后》刚好就发生在那一讲演结束之后。这场预告过却听不到的讲演与高贵（noble）有关。③这就引出一个问题，什么样的追求才是高贵的，什么样的追求才能使实践它们的年轻人获得最高的赞誉（《希前》286b）？于是《希后》中的希琵阿斯在刚发表的讲演中公然宣称他自己是教导众多有为青年，即那些渴望高贵的人，成为高贵的人的新教师。两篇《希琵阿斯》

---

① 修昔底德，5.65-74。

② 关于从修昔底德的角度阅读柏拉图，参见伯纳德特，《情节论证》（*The Argument of the Action*），Chicago，2000，页381,；亦可参见页169，262-265。

③ kalos也可译作美的（beautiful）或好的（fine），但希琵阿斯讲演的内容以及热血青年观众使得它更倾向于强调其高贵的含义。

对话均可理解作苏格拉底对"什么是高贵"问题的追问。《希前》——唯一一篇柏拉图对话,记叙了苏格拉底与一位著名智术师的私下交谈——想象苏格拉底一心想从希琵阿斯那里学到,这位以智慧闻名的人关于高贵的见解,以及他想要教给那些青年俊杰些什么。《希后》是苏格拉底与希琵阿斯关于荷马笔下的英雄阿基琉斯与奥德修斯谁更高贵的一场竞赛;与《希前》不同,《希后》有一群观众,其中一位还有名字,一位名叫欧狄库斯的青年,他是阿佩曼托斯之子,他大概就是希琵阿斯在高贵方面的教育对象。于是,关于阿基琉斯与奥德修斯的竞赛就是为观众安排的,尽管观众的人数远远少于奥林匹亚赛会的观众。

欧狄库斯:阿佩曼托斯之子(363a – 364a)

希琵阿斯在斐多斯特拉图斯学园的讲演话音刚落,欧狄库斯,① 即邀请希琵阿斯讲演的那位青年(《希前》286a – c),便连忙催促苏格拉底作出回应。他提出要求的用词,即《希后》的第一个词,准确而有力:"你,另一方面,为何缄默不语,苏格拉底,尤其是在希琵阿斯就如此伟大的事情作了一番展示之后?"对话的第一个词是带有强调意味的"你",直指苏格拉底,他出人意料地保持着沉默。对话给人的第一印象是残缺不全,一段不完整的表述,因为欧狄库斯所用的 de [另一方面],承接的是 men [一方面],习惯上 men 应当放在 de 前面:苏格拉底的沉默比希琵阿斯的雄辩要逊色,通过暗示,这已表现了出来。

欧狄库斯的开场白指明了他们在哪儿(where)以及他们是谁(who):希琵阿斯在室外讲演时面对的是一大群观众,如今留下来的

---

① 除了两篇《希琵阿斯》对话,我们对欧狄库斯一无所知。他的名字的字面含义是"好的正义"。因为苏格拉底谈到过他的父亲,其次,他本人似乎又是斐多斯特拉图斯学园的学生,第三,希琵阿斯的讲演针对的是青年,所以把他设想成一名青年是合乎情理的。

人，在欧狄库斯家里，仅仅是"我们这些极力要求进行哲学探究的人"（363a）。过了一会儿，当苏格拉底与希琵阿斯交谈时，苏格拉底为他出人意料的沉默给出了两点理由："一是有许多人在场，再者，我不想让我的提问打断了你的表演。"（364b）之后他又给出了两点打破沉默的理由："既然没几个人在了，欧狄库斯又逼我提问。"因此，《希后》中苏格拉底与希琵阿斯的谈话，是为少数精挑细选过的观众准备的，并且唯有在欧狄库斯的力劝之下才可能发生。两天前，苏格拉底在《希前》中显然跟希琵阿斯已经有过一次私下交谈，他本人似乎没有理由再向希琵阿斯发问。另一方面，考虑到两天前与苏格拉底的谈话使希琵阿斯勃然大怒，并使他相信，苏格拉底只会"胡说八道"（《希前》302a，304b；对比《希后》369b – c），那么，十分需要一个第三方鼓励希琵阿斯回答苏格拉底的问题。苏格拉底显得有些顾虑，他担心希琵阿斯不愿回答他关于阿基琉斯与奥德修斯的问题（363b），他承认，现在他也许需要一位中间人的帮助，比如欧狄库斯，才能与希琵阿斯搭上话。所以，欧狄库斯不仅是希琵阿斯发表讲演的原因，而且还是苏格拉底的回应以及希琵阿斯的回复的原因。

欧狄库斯在对话中的另一作用，体现在苏格拉底对其请求的最初回应上，苏格拉底后来向希琵阿斯提出的问题，源于他从欧狄库斯的父亲阿佩曼托斯那里听来的一种看法，这种传统看法认为，《伊利亚特》是一部比《奥德赛》更高贵（美）的诗，某种程度上是因为阿基琉斯比奥德修斯更好，而阿佩曼托斯又认为，《奥德赛》是写奥德修斯的，《伊利亚特》是写阿基琉斯的（363b）。希琵阿斯为之辩护的看法正是欧狄库斯从他父亲那里听到的看法，他的父亲想要把这一看法传给他的儿子，好让他知道，在最权威的诗人那里，什么最值得赞赏和效法。欧狄库斯——阿基琉斯的仰慕者之子——刚听完另一位阿基琉斯的仰慕者的精彩讲演，后者自诩为新一代希腊青年最合适的教师。因为希琵阿斯的讲演设想了阿基琉斯真正的儿子，涅奥普托勒摩斯（Neoptolemus）请教的并不是他的亡父，而是涅斯托尔（Nestor），他被希琵阿斯视作所有前往特洛伊的人中最聪明的一位（364c）。在希琵阿斯构造的情景中，涅奥普托勒摩斯请教涅斯托尔，"什么样的追求才是高贵的，能使得实践它们的年轻人获得最高的赞誉"（《希前》286b）。①希琵阿斯两天前就私下告知了苏格拉底这场讲演，他承认，自己用古人的例子仅仅是出于一种明智，顺应大众好古的偏见而已（《希前》282a）。因为恰恰与大众偏见相反，希琵阿斯相信，制作技艺一直在进步，相比之下，智慧同样在进步，所以当今的智者要比古代的智者更聪明，所以他就是所有智者中最聪明的。于是，阿基琉斯的现代"子孙们"想知道什么追求才是高贵的，进而赢得最高的赞誉，就应当求助于希琵阿斯。就在《希后》这场谈话之前，希琵阿斯向雅典青年展现自己，就像几周之后，他将在奥林匹亚赛会上把他自己展现给全体希腊青年；他是这一代人的涅斯托尔，一位现代教育者，却又在阿基琉斯和奥德修斯的看法上与父辈相同。不过，年轻的欧狄库斯所安排的这场竞赛将对希琵阿斯的地位提出质疑，因为希琵阿斯不久就会首尝败绩。②欧狄库斯催促沉默的苏格拉底回应希琵阿斯的讲演，他安排了一场恰当的较量，一场为第十九届奥林匹亚赛会准备的预赛，看谁才是阿基琉斯的子孙们最好的教师。

---

① 希琵阿斯没有提到奥德修斯之子请教涅斯托尔的事（《奥德赛》卷三）。菲罗克忒忒斯（Philoctetes）的故事则直接提出了《希后》的主要问题：奥德修斯本人试图让阿基琉斯之子效仿其诡计多端的作风，却失败了。在索福克勒斯的《菲罗克忒忒斯》中，涅奥普托勒摩斯执行不了奥德修斯的诡计，不经意说出了真相，泄露了阿开奥斯人的目标，差点危及他们在特洛伊的整个事业。唯有赫拉克勒斯奇迹般的介入才把阿开奥斯人从涅奥普托勒摩斯不顾后果的说出真相中拯救出来。

② 《普罗塔戈拉》（发生在十二年前或者更早）的戏剧处境与之具有相似性：著名老派智术师普罗塔戈拉在言辞竞赛上未尝败绩，却在一群雅典青年观众面前输给了苏格拉底；在第一次与苏格拉底的额外交谈中，仅有一位在场者察觉到普罗塔戈拉的失败，他就是年轻的阿尔喀比亚德（《普罗塔戈拉》336b–d）。

但是竞赛的深度超出了欧狄库斯的理解力,因为希琵阿斯与苏格拉底在之前的私人谈话中,那时,希琵阿斯说他坚信智慧在进步,并声称他甚至胜过那些如今最好的教师,普罗塔戈拉、高尔吉亚以及普罗狄科,苏格拉底似乎与古老智慧站在同一战线上(《希前》281c)。新旧智慧的区分与公共事务有关——"即使不是全部,古代智者中的大多数也显然不愿涉足政治事务",苏格拉底也一样。《希前》暗示了在政治事务这件事上,以及在它对公众公开性的所有含义上,苏格拉底与"匹塔科斯(Pittacus)、庇阿斯(Bias),与他们齐名的米利都的泰勒斯(Thales),一直到阿那克萨戈拉(Anaxagoras)那群人"站在同一战线上。《希后》表明,苏格拉底在这篇对话中关于这一关键问题,同样与智慧的荷马站在同一战线上。在他为奥德修斯的优越性辩护的过程中,苏格拉底拒绝承认希琵阿斯提出的观点——认为涅斯托尔是"最聪明的"。①苏格拉底表明,荷马本人认为奥德修斯比阿基琉斯更好,他之所以给阿基琉斯以荣誉,恰恰是为了隐藏他的真实看法,即奥德修斯更好。希琵阿斯认为现代智慧胜过古代智慧,苏格拉底不同意他的看法,这表明,荷马隐藏自己智慧的做法是一种实践智慧,它不应该被抛弃,相反,它应当适应时代的处境。②

除了挑起苏格拉底和希琵阿斯之间的竞赛,欧狄库斯在对话中还出现过一次,并且再次鼓励一位谈话者打破沉默,这回是希琵阿斯。当对话进行到紧要关头时,苏格拉底发表了一篇讲演,在评价有意说谎方面,他跟希琵阿斯差异之大令人惊讶(372b – 373a),他叫"阿佩曼托斯之子"助他一臂之力,苏格拉底提醒道,最初正是他"煽动自己与希琵阿斯交谈"。欧狄库斯必然会助他一臂之力,因为希琵阿斯已然罕见地沉默不语,这对于一位夸张炫耀,从未在智

---

① 在《王制》中,苏格拉底把奥德修斯称作"最有智慧的人"(390a)。
② 《普罗塔戈拉》也有相似之处:在介绍他对西蒙尼德颂诗的解释以及在解释本身之中(342a – 347a),苏格拉底透露,普罗塔戈拉与智术师们的创新通常比不过古希腊智者的实践智慧。

力竞赛中有过败绩的人来说，沉默显得很不正常。就在不久前，希琵阿斯打算改变谈话方式，使之有利于自己，以避免苏格拉底的问题，他提议由他首先发言，然后再轮到苏格拉底，各显神通，最后由观众来评判谁说得更好（369c）。①希琵阿斯逃避苏格拉底的问题未果，并且在面对问题时陷入了沉默，他羞于回答欧狄库斯提醒他的"当初的豪言壮语"，他说"他会逃避无人的问题"（373b）。希琵阿斯的本义是说，要是他在奥林匹亚赛会上能应对任何人的任何问题，"如今却逃避苏格拉底的问题"，岂非显得很奇怪？然而，"无人"难道不会令人想起奥德修斯给自己取的名字吗，正是凭借于此，他才在刺瞎波吕斐摩斯（Polyphemos）之后，得以成功逃离洞穴？②倘若如此，希琵阿斯实际上打算逃避的正是"无人"的问题——奥德修斯式的苏格拉底，他的提问有可能使希琵阿斯在阿佩曼托斯之子面前吞下失败的苦果。欧狄库斯以劝说苏格拉底开口出场，退场前又迫使希琵阿斯继续他败局已定的较量，欧狄库斯就像苏格拉底的盟友。

阿基琉斯与奥德修斯不同吗？（364b–371e）

在里屋时，苏格拉底"跟不上"希琵阿斯的思路，也"跟不上"希琵阿斯有说服力的展示性讲演（364b），因此他要求希琵阿斯放慢推理论证的脚步，从一致同意的意见出发，再过渡到逻辑上必然的结论。苏格拉底的头一个问题直截了当——谁更好，阿基琉斯还是奥德修斯，在什么方面更好？——但希琵阿斯却没有回答这

---

① 《普罗塔戈拉》的戏剧性中心亦有一场"言辞竞赛"发生过类似争论的转换，争论的是该用长篇讲辞还是短篇讲辞（344c–355c）；然而，更深层次的问题关系到正义与节制，或是关系到苏格拉底的直截了当，他说普罗塔戈拉的节制隐藏了其教诲的不义本质（333b–e）。

② 在《奥德赛》中，"无人"是 outis 或 mētis（9.336, 405–414）；《希后》中对应"无人"的希腊文为 oudenos...andros（373b）。

一问题。相反，他提到了涅斯托尔，还使用了三种衡量标准，最勇敢（aristos）、①最智慧以及最诡计多端。苏格拉底对涅斯托尔不置一词，专注于诡计多端这一标准："难道荷马没有把阿基琉斯塑造得诡计多端吗？"（364e）"当然没有，"希琵阿斯回答道，而是塑造得最率真或单纯、坦白、诚恳以及正直。为了证明这一点，希琵阿斯引用了阿基琉斯回应奥德修斯请求——请求阿基琉斯返回阿开奥斯人军中，抵抗特洛伊人——的开头几行（《伊利亚特》9.308 - 14）。阿基琉斯与奥德修斯之间的明确差异就集中在阿基琉斯在《伊利亚特》的求和大会上的一番话，当时，奥德修斯、弗依尼克斯（Phoenix）和埃阿斯（Ajax）试图劝说阿基琉斯，平息他对阿伽门农（Agamemnon）的愤怒，使他回到阿开奥斯人与特洛伊人的战斗当中，因为特洛伊人的胜利指日可待（《伊利亚特》9.308 - 314；《希后》364e - 365a）。希琵阿斯引用阿基琉斯的话如下：②

> 拉埃尔特斯的儿子、大神宙斯的后裔、
> 足智多谋的奥德修斯，我不得不
> 把我所想的、会成为事实的话讲出来，
> 有人把事情藏心里，嘴里说另一件事情，
> 在我看来像冥王的大门那样可恨。
> 我要把我心里认为最好的意见讲出来。

---

① 希琵阿斯用了三个最高级比较了这三种类型，在这一语境下，应当从传统的荷马意义上去理解 aristos，即 bravest，还应当记住它还有 best 的含义：希琵阿斯才作完关于涅斯托尔的讲演，似乎对他来说，最聪明的才算作最好的。因为苏格拉底有保留的提问并未仅仅是问什么是最好的，所以希琵阿斯认为有必要加上一个涅斯托尔，以表明自己的立场。

② [译按] 中译文参见《伊利亚特》，罗念生、王焕生译，人民文学出版社，2008。下同。

阿基琉斯的话拉开了对话第一段论证的序幕,①即对说谎行为的论证,因为希琵阿斯这样解释阿基琉斯的话,它一方面是在指责说谎的行为,另一方面是在攻击说谎的奥德修斯。第一段论证(365c-371e)从关于说谎者的一种观点开始,苏格拉底暗示这也是荷马的观点:"说真话者是一种类型,说谎话者是另一种类型,两者不同。"(365c)希琵阿斯的信念——"若非如此,倒真是桩可怕(deinon)的事儿"——支配了他对苏格拉底推理的反应,以及对最终得出奥德修斯更好的结论的反应(371e)。在第一段论证结尾处,希琵阿斯听到这一结论及其基础(有意说谎者比无意说谎者更好)时,他勃然大怒,因而戏剧性地推动了这一论题:"苏格拉底,那些有意行不义、有意阴谋作恶的人何以可能比那些无意这样做的人更好?"(372a)这一勃然大怒又引发了第二次论证(372a-375d),论证正义以及犯错,第二次论证在方法上重复了首次论证的推理过程。第二次论证结束时,希琵阿斯依旧立场坚定:"不过,这将成为一件可怕的事情,苏格拉底啊,要是那些有意行不义的人将比那些无意这样做的人更优秀的话。"(375d)这一回应又引出了第三次也是最后一次论证(375d-376b),论证结尾"可怕"一词最后一次出现,不过这次它陈述的是苏格拉底判断什么将是可怕的(376c),这一判断结束了对话。

　　荷马似乎认为说真话者是一种类型,说谎话者是另一种类型,是这样吗? 荷马的真实想法是什么? 对于一篇论述荷马的诡计多端的对话,荷马在想什么的问题无疑是最合适的问题,但它一经提出

---

① Roslyn Weiss 把对话分成三组论证,并针对语言含混与语言滥用的传统指控,为它们的有效性作了合理的辩护,《〈希琵阿斯后篇〉中作为能人的好人》("Ὁ Ἀγαθός as Ὁ Δυνατός in the *Hippias Minor*"), *Essays on the Philosophy of Socrates*, New York, 1992, 页242-262。有学者认为苏格拉底的论证本身就是智术的典范,参见 Rosamond Kent Sprague,《柏拉图对谬论的运用》(*Plato's Use of Fallacy: A Study of the Euthydemus and Some Other Dialogues*), London, 1962, 页65-79; Jacob Howland,《政治哲学的悖论》(*The Paradox of Political Philosophy: Socrates's Philosophical Trial*), Lanham, 1998, 页177-181。

就被打消了，因为苏格拉底规定了希琵阿斯回答问题的方式。"让我们把荷马放在一旁，"苏格拉底说，"因为我们不可能问他写下这几行诗的时候到底在想什么。"不过，苏格拉底却可以问希琵阿斯，他"明显有义务"帮荷马作答。因为希琵阿斯同意他所说的荷马说过的东西，苏格拉底终究还是没有撇开荷马，因为希琵阿斯打算同时替荷马和他自己作答。但是，希琵阿斯忘记了他也要替荷马作答，苏格拉底提醒这位记忆大师，要记住"论证会对荷马产生影响"（369a）。在这一回忆荷马的场景之后，荷马似乎确实被完全遗忘了，因为后来再也没有提到过他。他们俩都忘记了他们的论证会对荷马产生什么影响？

在荷马写下的这几行诗中，阿基琉斯谴责了诡计多端的奥德修斯，荷马所想的就等于希琵阿斯认为荷马所想的吗？论证表明并非如此，倘若荷马不是这样，那么反驳希琵阿斯就不等于反驳荷马。希琵阿斯认为他自己的智慧要高于荷马。是这样吗？论证表明也非如此。但如果不是这样，那就必须问，荷马想的是什么？以及，如何正确地理解荷马？整篇对话将说明，荷马所想的恰恰就是苏格拉底所想的——这样的话，说真话者和说谎话者就是同一个人——苏格拉底对此心知肚明。但苏格拉底并未这样推论，他似乎满足于把荷马的思想向希琵阿斯和其他人隐藏起来。诡计多端的苏格拉底投射出的是一个诡计多端的荷马，而他已领会了荷马的精神。

在苏格拉底的追问下，希琵阿斯似乎急于将说谎者说成是聪明、能干、审慎而且有见识之人（365d-366a）：他的急切表明，他对诡计多端的人感到愤怒，正如阿基琉斯对奥德修斯感到愤怒。愤怒使得希琵阿斯根本不愿同意苏格拉底的论证，即某一领域的专家关于该领域既能说真话，又能说假话，说谎话者和说真话者是同一人（367c-d）。苏格拉底选择以希琵阿斯的拿手绝活（算学、几何学与天文学）为例，而当他将这些技艺推衍到适用于所有的技艺与科学上时，他再次以希琵阿斯为例，他曾在市场上的钱柜旁听希琵阿斯吹嘘过，说他自己在诸多技艺上都是所有人中最聪明的（368b）。苏格拉底的论证表明，说谎话者与说真话者是同一人，不过希琵阿斯的回应却表明能干的希琵阿斯不是（not）那种人；作为一个诡计多端之人，除了具备希琵阿斯那样的能力，似乎还需具备其他一些能力。

苏格拉底重新讲述了他所听到的希琵阿斯在雅典市场上所讲的话：希琵阿斯在奥林匹亚赛会上亮相的行头全都出自他自己之手。①苏格拉底准确地回忆并复述出了所有细节，他滔滔不绝地说着，差点忘了希琵阿斯的绝活记忆术。在讲辞的最后，苏格拉底只要求希琵阿斯说出哪怕一门技艺，在这门技艺中，说谎者与说真话者不是同一人，希琵阿斯直截了当地说，他一门也找不到（369a）。苏格拉底先是使希琵阿斯陷入了沉默，后又迫使他承认的确想不出任何一门技艺如此，于是苏格拉底便取笑希琵阿斯传说中的记忆术，指责他在论证的关键时刻不亮出绝活——"这会产生什么结果"。希琵阿斯忘记了他是同时在为荷马和自己发言，因此苏格拉底认为这一论证也适用于荷马：因为说真话者和说谎话者是同一个人，"如果奥德修斯是说谎话者，他也是说真话者，而如果阿基琉斯是说真话者，他也是个说谎话者"（369b）。奥德修斯当然是说谎话者，阿基琉斯是说真话者，所以他也是说谎话者吗？苏格拉底纠正了关于阿基琉斯的谎言，这也只是为其论证服务罢了。

不过，希琵阿斯对论证的思路表示出不满，他呼吁用一种截然不同的方式论证，以扭转颓势。首先，他将作一篇充实的讲辞，证明荷马确实把阿基琉斯表现得比奥德修斯更好，并且不是说谎者；然后由苏格拉底发表讲辞，证明奥德修斯更好，最后，由观众来评判谁讲得更好（369c）。苏格拉底发表了篇长篇讲辞，使希

---

① Mary Whitlock Blundell 认为这段"故意为之的讲演"有效地把希琵阿斯的多门技术贬得不值一提，反而强调他缺乏细致的逻辑论证能力，参见《柏拉图〈希琵阿斯后篇〉中的角色与意义》（"Character and Meaning in Plato's Lesser Hippias"），Oxford Studies in Ancient Philosophy，1992，页 149–151。

琵阿斯无法发表长篇讲辞，以此回避了长篇讲辞的较量。苏格拉底的话表明，他与希琵阿斯的差异类似于奥德修斯与阿基琉斯的差异。

就在希琵阿斯开始长篇大论地诠释荷马之前，苏格拉底向这位聪明人表达了自己的立场：只要有人在谈论些什么，并且谈话者也显得聪明的话，他就会全神贯注，"我会一直问他问题，反复思考，比较谈论过的事物"（369d）。但"如果我认为发言人的话不值一提，我既不会问他问题，也不关心他说过些什么"。他又提到："从这里你将看出我把哪些人当作聪明人。"我们无法怀疑，希琵阿斯自命不凡，以为苏格拉底向他提问即意味着苏格拉底把他当作聪明人——苏格拉底倒是这么说的。不过，苏格拉底在希琵阿斯的讲演结束后一言不发，只是在欧狄库斯的催促下才开始发言：苏格拉底已经为他开场的沉默作了说明。苏格拉底热衷于向聪明人提问——不是"聪明的"希琵阿斯，而是希琵阿斯已经遗忘并认为理解了其意图的那个人。因为苏格拉底论及阿基琉斯的那段讲辞堪称回忆荷马作品的精湛表演，选择性（selective）回忆强调了希琵阿斯未能回忆起苏格拉底有意省略掉的某个段落。研读荷马作品更为仔细的读者，就"说谎者"阿基琉斯的争论不会感到困惑。荷马（Homer）才是聪明的谈话者苏格拉底不停提问的对象，问他写下这几行诗时是怎么思考的，"这样通过理解，我就可以在某些方面获益"。

当希琵阿斯讲的时候，苏格拉底正在思考荷马（369e）。苏格拉底说道："根据你的论证，阿基琉斯才显得像个诡计多端的家伙；无论如何，他都在说谎。"（370a）苏格拉底为这一说法辩护，他比较了阿基琉斯的言行，一方面是阿基琉斯对奥德修斯说过的话（你会发现我明天就离开了）以及更早之前对阿伽门农说过的话（我将回到家乡弗提亚）；另一方面，他在行动上却并未作好准备，以离开去任何地方。于是苏格拉底得出结论："在谁更擅长说谎话和说真话方面，以及其他德性方面，很难分辨出哪一个［奥德修斯或阿基琉斯］更好。"

苏格拉底的解释无可辩驳，这迫使希琵阿斯提供证据来支持阿基琉斯，他在提供证据时是不自觉的：阿基琉斯并非有意说谎，希琵阿斯说道，是无意为之，相比之下奥德修斯就是有意说谎，有意为之（370e）。苏格拉底巧妙地回答，指责希琵阿斯不但欺骗他，而且还在摹仿奥德修斯，这一滑稽的说法，完全颠倒了两人的角色：苏格拉底摹仿奥德修斯，有意欺骗希琵阿斯，而希琵阿斯则不自觉地摹仿着阿基琉斯。苏格拉底继续他谎言般的解释，声称阿基琉斯是个大骗子，以至于敢食言，而且还没让奥德修斯察觉。希琵阿斯面带疑惑地问道："哪里这样说？"苏格拉底指出，阿基琉斯对埃阿斯说过的话不同于对奥德修斯说过的话（371b）。由于希琵阿斯不是很确定刚才苏格拉底指的到底是什么，他又问："在哪儿？"于是苏格拉底便从阿基琉斯对埃阿斯的谈话中摘引了六行，阿基琉斯说他会留下，直到赫克托耳打到米尔弥冬人的船面前。为反驳苏格拉底的说法，即这条诡计是阿基琉斯有意设计来愚弄奥德修斯的，希琵阿斯还是坚持认为，正是由于阿基琉斯"坦诚，①才使得他对埃阿斯说的话有别于对奥德修斯说过的话"。

当苏格拉底说阿基琉斯没被奥德修斯发现时，他自己也没被希琵阿斯发现，因为在摘引阿基琉斯对埃阿斯说的话时，他没有提到居间的谈话者弗依尼克斯，阿基琉斯的"义父"，也是他的教育者：正是弗依尼克斯在"乞求者"（该题目为宙斯之女所定，指的是先前希琵阿斯引用的那一整段话，364e）这场戏中的论证说服阿基琉斯考虑留下来，尽管他在奥德修斯请求结束时仍执意离去。苏格拉底的奥德修斯式解释称阿基琉斯很狡诈，实际上指的是不狡诈，指的是分裂的心灵对自身的不确定，指的是去留之间的犹豫不决。希琵阿斯是对的，阿基琉斯没有骗人，而苏格拉底，身

---

① 从 Leake。他根据更善的抄本，解读作 euētheias（老实，正直，单纯），而不是 Burnet 选择的 eunoias（友好），他用的是一个权威性更低的抄本；参见《政治哲学之根》，页 292，注 13。

为长期追随荷马的学生,他从一开始就知道这一点。那谁才有可能是用功研究荷马的人呢?其中一位相信智慧是进步的,瞧不起古人,自认为比他们更好,私下里承认研究荷马是为了讨好热爱传统的斯巴达人,另一位则怀疑智慧的进步,认为古人在言辞和事行方面可能都更好。那个人是前者呢,还是后者?苏格拉底解释的骇人之处不但意味着他的解释经得起文本本身的检验,而且还意味着比希琵阿斯更仔细地研究荷马,这样才能够揭示出荷马写下这几行诗时在想什么。

当希琵阿斯还在坚持阿基琉斯是坦诚的,而奥德修斯"说话总有所图"时,苏格拉底的结论仅仅是把第一次论证的两部分结合起来(最好的说真话者——认知者——就是最好的说谎者;奥德修斯而非阿基琉斯,才是有意说谎者):"这样看上去奥德修斯仿佛要比阿基琉斯更好。"(371e)在解释荷马写下这几行诗(希琵阿斯率先引用)时在想什么方面,这一真实有效的结论同样显得合理。得出结论的逻辑不得不使希琵阿斯放弃论证并提出抗议,这一抗议把论题从说谎决定性地扩展到正义和犯错。这一扩展规定,奥德修斯不会再出现,而且荷马也应当被抛弃,显然是被遗忘了。但希琵阿斯才因为忘记了荷马而遭到嘲笑:记住不在场的荷马,有可能挖掘出柏拉图写下这段话时的意图。苏格拉底,而非希琵阿斯,似乎与荷马英雄所见略同,但柏拉图出于某些诡计多端的原因,不再提及他们共同的观点。

奥德修斯的确不同于阿基琉斯,而苏格拉底与希琵阿斯之间的对话也表明他俩以类似的方式不同于彼此。但阿基琉斯与奥德修斯在说谎问题上存在差异,这一差异通向另一差异,即那个使人性得以保存(houses)的秩序——宇宙与诸神——后者将决定人类努力的结果。说出真相而不计它对观众或事件所带来的影响,在阿基琉斯那里,这似乎假设了他两次表明的自信(在希琵阿斯引用的段落中),事情将按照说真话者的意愿得到圆满解决。这样的自信意味着相信事物是有秩序的,所以宇宙或诸神会荣耀说真话者,并且确保他说的话实现。①如果说真话意味着依赖于某种道德秩序，阿基琉斯在不尊重秩序的危机时刻就有可能犹豫，那么说谎的含义正好相反，由于不相信好人的目的会得到宇宙性的支持，因而认识到事情的圆满解决在某种程度上有赖于人们通过言辞和事行所造成的影响。有能力的谈话者坚持这一观点，他顾及结局而且只有当结局是可控的时候，他才会谈论结果，他才能既依赖于说了什么，又依赖于人们相信说了什么。

正义与犹豫（371e–373a）

苏格拉底论证的逻辑迫使希琵阿斯承认：奥德修斯之所以比阿基琉斯更好，是因为他有意说谎（371e），直率的希琵阿斯愤怒地回应："怎么可能，苏格拉底，那些有意行不义之人，那些有意设诡计、施恶行的人何以可能比那些无意这样做的人更好？"（372a）希琵阿斯引入正义，作为对话余下部分的主题，以指责苏格拉底的结论：虽然苏格拉底的结论在逻辑论证上没有漏洞，但在道德上却不可接受。并非只有希琵阿斯看重正义；民众和礼法都站在他一边，反对苏格拉底的结论："当一个人在不知情的情况下行不义或者说谎或者做其他恶事时，他似乎会得到更多的宽恕……而礼法，比起那些无意作恶和说谎的人，肯定对那些有意这样做的人更加严厉。"（372a）

苏格拉底称他并不知道怎么回事，他又在反对他结论的那些人中增加了一类人：那些人"因智慧而获得美名，而且他们的智慧为全希腊人所亲眼看见"（372b）。像希琵阿斯一类的著名智者，他们

---

① 参见 Leake 对阿基琉斯观点的论证，《〈希琵阿斯后篇〉导论》（"Introduction to the *Lesser Hippias*"），《政治哲学之根》，页 302。也可参见 James Haden，《〈希琵阿斯后篇〉义疏》（"On the *Lesser Hippias*"），*Plato's Dialogues: The Dialogical Approach*，Richard Hart&Victorino Tejera 编，Lewiston，1997，页 160–161、163。

关于有意的不义的看法与民众、礼法相同。而苏格拉底呢？——"老实说，没有什么事物在我看来与在你眼中相同。"（372b）"我不仅不同意你，而且还强烈反对。"（372d）苏格拉底的不同之处可以追溯到"我所是的那一类人"，他说："在我看来，希琵阿斯，所有事情与你所说的完全相反。"（372d）在有意行不义上坚持与希琵阿斯相反的观点——认为奥德修斯比阿基琉斯更好——即是坚持一个多数人、礼法以及著名智者都认为可怕的观点。苏格拉底用令人震撼的措辞描述了相反观点——"那些伤害他人、行不义之举、说谎、欺诈、有意犯错而不是无意犯错的人，总是比那些无意这样做的人更好"——他照例把他持有的观点归之于无知："显然是因为我不明白。"（372e）但在这里，苏格拉底只身一人站在多数人、礼法和著名智者的对立面，苏格拉底作了一番寻常的陈述：在《高尔吉亚》中，有个人老是因为就同样题目讲同样的东西而愿意接受嘲笑，他断言，在这（this）件事上，即正义本身，他将谈论些不同的东西。①因为苏格拉底有时也会说道："我觉得相反的才是对的。"（372e）

一个就同样的题目说同样的话，而愿意接受嘲笑的思想者，为什么会在此声称他时而觉得大众的观点是对的，时而又觉得与大众观点相反的观点才是对的？苏格拉底用了一个特殊的词来表达这种情况："我在这些事上犹豫不决（vacillate, planōmai）。"柏拉图用两

---

① 《高尔吉亚》490e；亦可参见 482a, 509a。在《会饮》（221e）中，阿尔喀比亚德懂得苏格拉底讲辞中诸多丑陋特征的这一种。值得注意的是，色诺芬在《回忆苏格拉底》中呈现的苏格拉底与希琵阿斯的唯一一次对话，几乎是重现苏格拉底和卡里克勒斯（Callicles）在《高尔吉亚》中的对话：当希琵阿斯取笑苏格拉底，说他时隔多年依旧在讲相同的东西时，苏格拉底强化了这一指控："比这更可怕的是，希琵阿斯——我讲的不仅是相同的东西，甚至还是同一个题目呢"（4.4.6）。就像《希后》，《回忆苏格拉底》这一段同样提到了组成苏格拉底名字的字母的讨论；比较 366c 以及 4.4.6。[译按] 中译本参见《回忆苏格拉底》，吴永泉译，北京：商务印书馆，2010，页 161–169。

种方式凸显了苏格拉底的犹豫，一是在对话结尾时再次让苏格拉底陷入犹豫，二是用这个词来结束对话。planōmai 是 planein 的中动态形式，有迷路、漫游之意，其被动态形式有流浪、漂泊、迷失等含义，转义可指心灵上的迷失、困惑、不知所措。流浪者的典范非奥德修斯莫属，他同样以迷失闻名，他带领着他的同伴流浪，特别是关于他自己以及其真实身份方面。通过强调"犹豫"在对话中关于奥德修斯和阿基琉斯的差异，苏格拉底虽然没有提及奥德修斯的名字，但在言辞中已经把自己与奥德修斯联系在一起；他的犹豫带有奥德修斯式的或说谎的特征，也许直率的希琵阿斯根本没有察觉到这一点。

苏格拉底的犹豫并没有含混不清的地方：他从一个极端走向另一个极端，从一个可怕的观点走向其可以接受的对立面。"在此时"——欧狄库斯称在场的只有"那些极力要求进行哲学探究的人"——苏格拉底坚持着一个被民众、礼法和著名智者判为可怕的观点。为什么此时要坚持如此可怕的观点？苏格拉底明确回答道：他旧病复发（seizure），不能自已（fit）。是什么引起了这一明显的混乱？"我谴责现在的论证。"逻各斯，即推理本身，迫使苏格拉底坚持一个似乎是病人或罪犯才坚持的立场，坚持一个不可饶恕的立场，而且还遭到礼法最严酷的审判，以及著名智者的愤怒。苏格拉底没有在奥林匹亚赛会中论证这一观点，也就不足为奇了。

苏格拉底请求希琵阿斯"治愈我的灵魂"（372e），但他旧病复发的灵魂直到对话结束也未得到治愈。在结尾时，苏格拉底回到了他的犹豫状态，他刚得出那一可怕的结论："那个有意犯错，行可耻、不义之举的人，希琵阿斯啊，如果真有其人的话，他不是别的，只会是好人。"希琵阿斯再次拒绝接受推理得出的结论，而且他同样地既没有论证也没有反驳其中任何一个步骤："在这点上我不同意你，苏格拉底。"希琵阿斯的拒绝再次把苏格拉底拉回到犹豫之中："我自己也不同意，希琵阿斯。"但是苏格拉底重复了他坚持其结论的理由："可无论如何，它对我们就是显得如此，正如论证的结果那样必然。"（376b–c）此时此刻，苏格拉底确认他是在遵照理性行事。在其他时候、其他地方，苏格拉底似乎会同意相反的观点，即民众所持有的、礼法所反映的，以及著名智者们所断言的非理性看法。①

犯错与好人（373b–376b）

紧接着苏格拉底关于其犹豫和旧病复发的发言之后，希琵阿斯同意回答苏格拉底的问题，当且仅当遭到欧狄库斯羞辱的时候（373b–c），只是因为"看在你［欧狄库斯］的分儿上"。至于苏格拉底，他开玩笑说他无意引起麻烦——无意的聪明和狡猾，按照希琵阿斯的标准，他可以得到原谅。

第二次论证（373c–375d）考察了有意犯错，从而也就实现了希琵阿斯所引出的从说谎到行不义甚至犯错的推进（372a）。苏格拉底从列举的以下例子中逐渐得出他的结论，这些例子从奥林匹亚的单项竞赛开始，赛跑和摔跤，然后到一般的"所有其他对

---

① 《希前》同样以苏格拉底的犹豫结尾（304c）。从《希后》反观《希前》，很明显苏格拉底狡猾地更靠近希琵阿斯，犹豫或怀疑自己，通过他对真理本身的一再追问，他犹豫或怀疑自己，使外表高贵的希琵阿斯富有尊严，就像其他人一样，用粗鲁的提问和低俗的例子激怒另一些人，使得希琵阿斯不愿屈尊与之交谈。苏格拉底既是向希琵阿斯所显现的那个人，又是探寻真理的"索弗戎尼斯库斯（Sophroniscus）之子"，他与苏格拉底关系密切，而且住在同一屋檐下：因为索弗戎尼斯库斯之子只关心探究真理，苏格拉底必须也戴有面具。从《希前》展望《希后》，很明显苏格拉底懂得了高贵的希琵阿斯是不可教的，也不能通过追问希琵阿斯"青年应该追求什么"获得任何好处。《希后》似乎能使欧狄库斯及其同伴受益，而《希前》使苏格拉底受益；当索弗戎尼斯库斯之子从他自己的严格追问中有所得的时候，苏格拉底同样需要从著名的高贵智者那里懂得他对高贵有何看法。这样苏格拉底才能在《希前》结尾时说："我自己好像明白了那句古谚：'高贵的事物是困难的。'"

身体的运用"（374a），再逐步过渡到一个人的灵魂（375d）。希琵阿斯无法反驳其中任何一个例子，因为它们每一个都证明，好匠人能够有意犯错，因而胜过坏的匠人。希琵阿斯的反驳试图将危害局限于具体事例之内（374a2、374b5、374d16、375b7），但是，只有产生额外成功的事例，并最终产生综合的一般性时，他的这些反驳才会成功。这些事例和反驳依次为：赛跑，［至少在竞赛方面，］摔跤，每一项"对身体的运用"，［至少在强壮方面，］举止得体，声音，脚，眼睛，［至少这几种事物，］全部感觉，运用工具（舵等等），动物的灵魂（马、狗），射手的灵魂，［至少在射术方面，］医术，竖琴琴艺，所有技艺与学科，奴隶的灵魂，人的灵魂。

苏格拉底顺着这一脉络直抵人类灵魂，这时他提出一个问题："我们的灵魂是有意产生恶并犯错更好，还是无意这样做更好？"希琵阿斯道德的回答结束了第二次论证，因为他拒绝按论证的要求来回答，反而说道："这将非常可怕，苏格拉底，如果那些有意行不义的人比那些无意这样做的人更好。"（375d）希琵阿斯再一次引入了正义的诉求。由此，他又开启了第三次论证，考察在犯错方面正义的要求（375e–376b）。

按照第三次论证，正义不是能力（dunamis）就是知识（episteme），或者两者皆是。苏格拉底认为正义既是能力又是知识，但就算正义只是能力或者知识，越有能力或者越有知识的灵魂就越正义。但是，更有能力而且更聪明的人，不仅被视作更好的人，而且被视作更有能力行事高贵或行事可耻之人。因此，他们能够有意这样做。所以更有能力和更好的灵魂才会有意行不义。而最后被引入的是"好人"。好人拥有好的灵魂因而有意行不义。结论如下："那个有意犯错，行可耻、不义之举的人，希琵阿斯啊，如果真有其人的话，他不是别的，只会是好人。"

希琵阿斯的最后一句话拒绝了理性推理出的结论："在这点上我不同意你，苏格拉底。"虽然他再没有这样说，但肯定可以设想，他拒绝这一理性结论的理由与之前相同：这太"可怕"了，要是那是真的话（365c，375d）。苏格拉底似乎同意希琵阿斯的不同意——"我自己也不同意，希琵阿斯"——表面上是同意希琵阿斯，同意更多的观众，认为拒绝这一骇人的结论是正确的。但苏格拉底承认他本人是赞同这一结论的："可它作为论证的必然结果，无论如何，对我们来说就是如此。"

"——如果真有其人的话"——有吗？（376b‑c）

如果考虑到结论中的条件从句——"如果真有其人的话"，可以避免苏格拉底骇人的结论吗？① 真有这样的人吗？从希琵阿斯、民众和礼法的角度来看，显然存在那些有意行可耻、不义之举的人；希琵阿斯无法接受的是，这样的人居然可以是好人。从苏格拉底的角度来看，是否存在这样的人，一个有意犯错、行为可耻的人而且还正是好人？从对话各部分相互衔接、协调一致的情况来看，答案是肯定的（yes），因为柏拉图费尽心机，似乎就是要让人注意到《希后》的不完整，忘记苏格拉底曾讥讽希琵阿斯的健忘：将论证的结果用于荷马（369a）。柏拉图似乎忘记提醒读者要记住这一点，要把论证用到荷马身上。果真存在这样的人吗，有意犯错，而且还行可耻、不义之事？是的，那就是诡计多端的奥德修斯，一个比阿基琉斯更好的人，因为在阿基琉斯眼里，他做的尽是可耻不义之事，但奥德修斯已经道出了结局，他骗人的才智帮助希腊人赢得了同特洛伊人的战争，而且还使自己

---

① Taylor 就是这一思路，《柏拉图：生平及其著作》（前揭），页37，Paul Shorey 承袭了他的思路，《柏拉图说过什么》（*What Plato Said*, Chicago, 1933），页89；《柏拉图对谬论的运用》（前揭），页76；R. E. Allen,《柏拉图的对话 III》（*Dialogues of Plato* 3），New Haven, 1996，页29；其他文献不一一列举。

在波塞冬的阻挠之下回到了家乡。①苏格拉底对其听者的每一次鼓励都使他们相信,他并非对自己的惊人结论深信不疑。犹豫不决、旧病复发,他说"我也不能同意我自己",于是,苏格拉底给人的印象是他必须认同希琵阿斯的反对。但他们争辩的主题是诡计多端、设计说谎。苏格拉底忠于他的主题,这意味着苏格拉底的表面含义不等于他的真实含义。果真有这样的人吗?是的,那就是诡计多端的奥德修斯,以及诡计多端的苏格拉底。

然而从另一个角度来看,答案是否定的(No),不存在这样的人。从有能力、有见识的苏格拉底来看,苏格拉底的悖论是真实的:没人会有意犯错,做不义之事。他们论证中的好人会有意犯错,会做可耻、不义之事,从希琵阿斯、民众和礼法的角度看,他所做的事被视为可耻的和不义的——是的,存在这样的人。但在犯下那些行径的同时,真正的好人这样做是出于一种责任——出于应尽的义务——他独自视作一种约束;单从他的角度看,他并没有责任去犯错和行不义——所以不存在这样的人。而真正的好人的行为,他的能力和知识指导他完成的事行,依旧是"犯错";因此,它们的必然性必须以犹豫不决的方式隐藏起来,以避免被当作罪行加以谴责。

---

① 也许柏拉图在苏格拉底最后一段讲话行将结束之际四次用到了 planōmai(犹豫,迷茫),并以其名词形式,planē 结尾,此举也许意在使人想起奥德修斯。Blundell 考虑到"奥德修斯确实就是这样的人","柏拉图《希琵阿斯后篇》中的角色与意义"(前揭),页 162,但她把奥德修斯误认作"并不真正了解自己在做什么的人",并称"之前对奥德修斯作为故意犯错之人的分析,在苏格拉底的意义上,肯定是错误的"。Blundell 对对话细致、富有教益的分析未能理解到苏格拉底奥德修斯式的深邃,因为它未能理解到荷马笔下的奥德修斯的广度和耐人寻味之处。对于奥德修斯的深刻理解应当同柏拉图笔下的苏格拉底联系起来看,参见伯纳德特,《弓弦与竖琴》(*The Bow and the Lyre*),Lanham,1997;伯纳德特说道:"苏格拉底不是阿基琉斯或者奥德修斯所能概括得了的。"(页 156,注释 50;亦可参见页 38)。[译按]中译本参见《弓弦与竖琴》,程志敏译,华夏出版社,2003。关于柏拉图作品中的奥德修斯主题,亦可参见 Howland,《〈王制〉:哲学的历程》(*The Republic: The Odyssey of Philosophy*),New York,1993。

在欧狄库斯目睹的论证中，装作犹豫不决的聪明人把论证逻辑坚持到底，在论证逻辑中，它规定了真正的好人践行的行为，而这种行为却被传统正义判定为犯罪的行为。希琵阿斯再一次被"细枝末节"的东西击败了，他不能理解有见识、有能力的人如此行事背后的必然性；虽然希琵阿斯听到了全部的推理，却听不懂。所以苏格拉底在结尾时再次批评这一论证并且"犹豫不决"，这是完全合理的。他把他那理性而骇人的观点隐藏在伪装的含混性之中，介于两个极端之间，即聪明的观点和普通的观点之间。①

　　犹豫的苏格拉底最后以反讽结尾：他表现得仿佛聪明的希琵阿斯在犹豫。"可是，如果连你这样的聪明人也感到困惑，"苏格拉底说，"如果我们〔所谓不聪明的〕在见过你等〔所谓的〕聪明人之后，依旧无法解除困惑的话，这对我们就太可怕了。"但聪明的希琵阿斯一点也不困惑，这对犹豫的聪明人和没被聪明人搞糊涂的常人来说都是件好事。希琵阿斯有意拒绝论证的逻辑，他坚持从常识出发，视论证的结果为可怕之事（365c，375d）。按照柏拉图的《王制》给出的标准，希琵阿斯展现了"政治的"勇气（430c），或者说展现出了"一种能力，能够在任何情形下都保持着那关于何谓可怕之事的信念"（429c），城邦"通过礼法和教育"使公民产生信念。忠于常识的希琵阿斯就像直率的阿基琉斯，即使面对论证不可反驳的力量时也保持着通常的信念。对话以名词化的犹豫（vacillation）收尾，体现出言辞与行为反讽般的颠倒：要是真正的聪明人不感到困惑才可怕，因为如果他们立场坚定，那么不聪明的人将会感到困惑，这一点很可怕。要坚定不移地保持普遍的有益信念，聪明

---

① 《欧绪德谟》在这点上对其有所批判。苏格拉底证明他知道欧蒂德谟令人愤怒的推理的所有把戏，他说："我该如何谈论我的观点——好人是不义的呢？"（297a）狄奥尼索多洛斯（Dionysodoros）愚蠢的回答避开了苏格拉底那令人厌恶的提议，其代价是完全破坏了他兄弟的论证。狄奥尼索多洛斯脸红了，为了挽回自己的名誉，他改变了对话主题（297b）。这样就不用回答苏格拉底的问题了。《希后》的论证体现出，苏格拉底开始明白，并已经明白有些东西还是不说为妙。

人必须像奥德修斯一样犹豫,而著名的智者则必须像阿基琉斯那样绝不能让步。①

聪明人苏格拉底在犹豫,却只是在言辞上犹豫,他心灵的坚定使得他的犹豫得以可能和有效。著名的智者希琵阿斯没有犹豫;他凭借其道德信念不作丝毫让步,坚决反对论证的结果。苏格拉底最后的反讽表明,这是好事。著名的智者教导阿基琉斯的儿子们哪些是高贵的追求,这些追求能带来最高赞誉,而他坚信阿基琉斯是荷马笔下最优秀的人,部分原因是他讨厌奥德修斯的方式,这是好事。苏格拉底击败了希琵阿斯,却是通过给希琵阿斯以荣耀的方式:这场言辞竞赛的胜者看似仅仅是用智术师的方式击败了智术师,但智术师却显得非常高贵。尽管他不知道如何面对一位狡诈的诡辩家为自己的信念辩护,但他还是坚持要诚实。苏格拉底承认他在犹豫,而且他自己旧病复发——他为那些尊敬苏格拉底的人提供了一条出路,由此他们足以相信他在这件事上真的与希琵阿斯站在一边。著名的智者应当像希琵阿斯一样直率,苏格拉底看上去也很直率,这是好事。

柏拉图心里很清楚,无论从能力上还是从知识上,他展现出像智者一样犹豫的苏格拉底必须犹豫。我们通过柏拉图或可发现,希琵阿斯很可能就是绝大多数阿基琉斯之子们最合适的涅斯托尔,相比之下,

---

① Christopher Bruell 在疏解《希后》的最后,似乎重复了苏格拉底结尾时的犹豫,他称赞阿基琉斯,以一种属己的方式认识到了奥德修斯的必然性。Bruell 称阿基琉斯宣布,"他已经足够聪明,能够按照正确的理由选择正当的生活方式,"Bruell 还注意到,尽管如此,阿基琉斯被证明无力做出选择,无法"总是坚持那一选择"。"他狮子般强大的心灵足以使他以极其清晰的方式把握住事物的本质",但这一明晰性似乎还是不能阐述清楚好奇的意识或者高贵的本质。那一有缺陷的意识内在于他们勉强犯错的行为当中,使他们避免奥德修斯式的故意犯错,潜在地使他们成为无意识的犯错者。Bruell 的最后一句话允许苏格拉底犹豫要不要显得真实。《论苏格拉底的教育:柏拉图短篇对话导论》(*On the Socratic Education: An Introduction to the Shorter Platonic Dialogues*),Lanham,1999,页 101 – 102。

苏格拉底是某类古代智慧的学生，这种智慧比希琵阿斯的智慧更加深刻，他也许对极少数阿基琉斯之子们来说是奥德修斯，一位真正智慧的导师，能够给予最优秀的人最优秀的后代以帮助，帮助他们从对最高赞誉的渴望中解脱出来。所以说，苏格拉底未能在即将到来的奥林匹亚赛会上完成与高贵且智慧的希琵阿斯的过招是合适的。

柏拉图在思考什么？

苏格拉底建议他们"撇开荷马"，不依照荷马的想法进行对话，"因为现在已经不可能去问他当时写这几行诗的时候心里在想什么"（365d）。但苏格拉底并没有撇开荷马。他的结论是"奥德修斯仿佛要比阿基琉斯更好"（371e），这首先表明，奥德修斯和阿基琉斯的作者是清楚这一点的；其次，如果我们不断地追问他，并反复思考、比较他谈论的事物，我们还是能够知道聪明的荷马在想什么（369d‐e）。只要切中了要害，荷马将会向我们说明，奥德修斯是在有意识地犹豫，阿基琉斯是在无意识地犹豫，是优柔寡断的受害者。①柏拉图的意思是，毕竟还是有可能追问荷马在思考什么，同样，他将招致这样的询问：当他写下这几句话为诡计多端辩护时，他在思考什么。

柏拉图指出，厄里斯的希琵阿斯来雅典是为了参加公元前420年之夏的外交会议，他似乎有意让读者同时按照修昔底德和荷马来阅读《希后》。如此，《希后》中未明言的背景包括种种行动与言辞，其实就是修昔底德让阿尔喀比亚德在其笔下粉墨登场的那些事件。修昔底德笔下的阿尔喀比亚德尽管年轻，却已是一位足智多谋、有大将风范的帅才，受到个人利益与城邦利益的共同驱使。阿尔喀

---

① Leake 根据《希后》中苏格拉底的主张阅读《伊利亚特》和《奥德赛》，以此指出应该如何解读这两部著作。在罗列了荷马笔下的奥德修斯说谎的场合后，Leake 得出结论："赞同说谎的见解必然伴随着对理性界限的认识。"参见《政治哲学之根》（前揭），页304。

比亚德首次在修昔底德笔下登场时，就已是一位说谎高手，他不动声色地点燃了雅典人民对斯巴达人的怒火，因为——他们说谎（their lying）。阿尔喀比亚德口是心非、孤注一掷地设计了一个大胆的骗局，他表现得胸有成竹，并结成了新的反斯巴达联盟，这一举措使得雅典人放开手脚，全力去实现他筹划中的更具野心的帝国目标。对于《希后》中关于诡计多端的辩论来说，这一诡计多端的阿尔喀比亚德式背景意味着什么呢？

就在阿尔喀比亚德着手实现一个全新的雅典帝国战略的那些天里，《希后》展现出另一个雅典战略家、政治哲学之父诡计多端的方式。不同于他昔日的情伴，①苏格拉底的战略是有能力、有见识的哲人的战略，他的目的和手段与政治的目的和手段截然不同，哲学的目的和手段，即哲学的保存和进步曾是苏格拉底转向的关键因素。因为苏格拉底的目的和手段所体现的正义和善业首先只可能为他自己所知晓，因为它们必然在其他人看来是不义和邪恶的，所以苏格拉底必须诡计多端，在传统的与非传统的、普通的与聪明的之间摇摆不定。《希后》展现了苏格拉底一直在充分利用当时的大环境。当奥林匹亚的"智慧冠军"因为外交使命出现在雅典时，苏格拉底答应了一位致力于哲学的雅典青年的要求，让外交使者加入到一场竞赛当中，竞赛的主题对外交手段至关重要，而且以所有外交使命中最为著名的文本为基础。在这场较量中，苏格拉底展示出一种更高等的智慧，在狡猾大胆方面，他与阿尔喀比亚

---

① 阿尔喀比亚德在《会饮》（戏剧时间为公元前416年，大概一年后，开始为西西里远征公开辩论）中的讲辞回顾了更早以前他与苏格拉底关系破裂的经过，因为他说道，"[在苏格拉底羞辱他]之后，我们一起参加了讨伐波提岱亚之战"（《会饮》219e）。公元前433年至前432年，雅典人派出了两支部队围困波提岱亚，直到公元前429年5月的战役爆发。而柏拉图在《卡尔米德》中表明，苏格拉底在战役一结束就回到了雅典。这样一来，阿尔喀比亚德在《会饮》中的陈述就表明，自公元前420年以来，阿尔喀比亚德就长期未与苏格拉底联系，也长期缺乏苏格拉底《阿尔喀比亚德前后篇》中对其在智慧上的引导，这两篇对话的时间设定在波提岱亚战之前。

德操控每个人——斯巴达人、雅典人、希琵阿斯以及其他使者们——的政治伎俩相似。苏格拉底更高等的智慧能够击败希琵阿斯的奥林匹亚或公众的智慧，却没有必要，也无意将这种智慧展现在众人面前，无论是在即将到来的奥林匹亚赛会的宙斯神庙之中的观众，还是正好在斐多斯特拉图斯学园参加讲演的听众。苏格拉底是从荣誉之爱中冷静下来的奥德修斯，他选择的是一种只关心自己事务的私人生活，①无论那一事业，即维护哲学的利益，使他因战胜了著名的智者而变得多么有名望。②在《希后》中，苏格拉底将他的智慧展现在欧狄库斯以及那些由欧狄库斯作证、声称热爱哲学的人面前；而他在展现时显得犹豫不决。但柏拉图把《希后》的场景设定在雅典，而且时间上还设定在阿尔喀比亚德施展其狡计的时期，意在表明苏格拉底更高的智慧必须留心自己的政治，一种不同秩序的"雅典人的"政治。

《希后》中的苏格拉底是个聪明的雅典人，他就像从事政治的雅典人阿尔喀比亚德，凭借诡计实现其目标。但是，他的目标在内容上根本不同于阿尔喀比亚德的目标，在等级上更是远远超过后者。

---

① 《王制》620c。

② 面对智术/诡辩时，苏格拉底明显很关心他的公共名声。《普罗塔戈拉》可以当作是柏拉图对话的戏剧场景中时间上首先发生的对话，它显示出，苏格拉底向未亲历这一事件的广大公众讲述了他击败著名老牌智术师普罗塔戈拉的过程，因为他们并不知道举世闻名的普罗塔戈拉曾在雅典城里待了三天（309d，310e）。根据历史时间顺序，柏拉图对话是以苏格拉底积极寻求他的公共名声开始的，他要让广大群众意识到，他不久前在非公开场合战胜了最伟大的智术师。根据历史事件顺序，柏拉图最后一篇对话关心的是同一个问题：《泰阿泰德》发生在公元前369年，当时他们在阅读苏格拉底在公元前399年吩咐欧几里得（Euclides）依其观点写下的文本。所以，苏格拉底死前不久还想确保他与特奥多洛斯（Theodorus）以及泰阿泰德的私下对话得到广泛流传；在那次对话中他再一次击败了普罗塔戈拉，不过这一次，过世已久的普罗塔戈拉继续存活在他的著作中，仍然影响着类似泰阿泰德那样天资聪颖的青年门徒。要欧几里得记录下这篇对话，苏格拉底寻求的是他自己的身后影响力，仍旧要让广大群众晓得他的哲学对智术的胜利。

苏格拉底的哲学是雅典土生土长的产物，它是对世界的理性探求，不仅要研究人类，还要研究哲学在人世中的位置。只有在理解了城邦的基本需求后，雅典的政治哲学才会明白，哲学若想在一个对之有敌意的环境中生存发展，需要做些什么。哲学在可能的情况下必须改变那一环境，以谋求自己的一席之地，这种改变，有时候就意味着哲学需要公开辩护，或者说哲学需要展现它的公德心（civil mindedness）。最后，它还要求哲学以柏拉图在《王制》和《法义》中所透露的方式施行统治。当阿尔喀比亚德在公共舞台上，在雅典公众面前对公众人物运用他的外交手腕时，他昔日的导师则在一个相对私人的舞台上，为了更加伟大的目标，向一部分特定观众展现他自身的处世之道。

阿尔喀比亚德和苏格拉底均具有修昔底德所展现的雅典主义：对超越人类的野心报以足够现实的态度，其手段总是会顾及结果。雅典主义的代言人们知道，他们的伟大目标部分依赖于他们能够谈论什么，却毫不依赖于宇宙或诸神的善意，由此他们把一些事情隐藏在心里，嘴上却谈论另一些事情。苏格拉底没把这一套教给阿尔喀比亚德，他们同最杰出、最善思考的雅典人士都持有这一看法。修昔底德说得很清楚，并非所有杰出的雅典人都善于思考，以尼西阿斯为首的雅典人以虔敬指导他们的行为；也并非所有有思想的雅典人都以深思熟虑指导他们的行为，这类人以阿尔喀比亚德为首，他们以对胜利的狂热来指导行为。柏拉图似乎想要表明，苏格拉底是唯一（the）完美的雅典人，就算以最高的"雅典性"目标观之，他的举止也毫无瑕疵，这些目标同时也是哲学本身的目标。因为苏格拉底在临终时仍在拥护的并非雅典，而是哲学，它在雅典灭亡后继续存活了下来，后来被带到亚历山大城甚至罗马。阿尔喀比亚德拥护雅典，把一个帝国性城邦的伟大变成了他美化自身的工具。而苏格拉底拥护哲学则代表了人性中最高的东西，即理智和灵魂的理性成就，它是热爱人类的努力。与阿尔喀比亚德的诡计多端不同，苏格拉底的诡计多端为智慧的最高目标服务，即其成就和处境的进步使它本身的完成成为可能。

雅典哲人的目标本身就是帝国性的；它们旨在保证哲学在一个更大的世界中占有一席之地。

柏拉图在写作时完全清楚即将降临到阿尔喀比亚德的帝国战略上的灾难。他是以哲学的拥护者而不是雅典的拥护者的身份而写作的，他写作是为哲学取得胜利，以保证它在变动不居的人类共同体中获取一席之地。在面对为帝国努力的现实面前，他的了解程度并不亚于雅典的大使们，他们以最野蛮的方式向弥罗斯人阐明这些现实，而弥罗斯人对待他们时却依然充满虔敬与信任。柏拉图从现实主义的角度写作，同时深知理想的力量。

柏拉图的《希后》表明，不断追问荷马，不断反思谁是荷马笔下最好的人——直率的阿基琉斯还是诡计多端的奥德修斯，这将有利于洞见哲学的帝国事业。因为奥德修斯更好，因为奥德修斯的诡计多端攻克了伊里昂并且使他回到了家乡，所以关于荷马的一条线索表明：希腊人最伟大的教育者的成功源于他本人的才能和见识，他聪明的"不义"和"犯错"能够创造出诸神和英雄，而摹仿诸神和英雄又锻造出独特的希腊民族。荷马伟大的顶点在于其运用诡计多端的才能，创造出英雄竞赛与超越的共同视野，正是在这一视野中，希腊的成就无与伦比。荷马笔下最优秀的人其实是荷马本人。

苏格拉底或柏拉图的真正对手不是蜚声奥林匹亚赛会的希琵阿斯们，甚至也不是苏格拉底希望阿尔喀比亚德视之为他的（his）真正对手的伟大人物——斯巴达的国王们以及波斯的大王。在帝国性的努力中，柏拉图的真正对手只可能是荷马。这位雅典哲人的野心在于取代荷马，以一场超越所有可能的奥林匹亚竞赛的较量，与希腊人的导师就希腊人灵魂的统治权进行交锋。在这场最伟大的人类竞赛中，荷马和柏拉图最终联合起来建立起了对人类智慧的统治，但这仍不失为一场竞赛，因为时代规定了，荷马的诸神和英雄们，即荷马统治的工具，注定将被柏拉图笔下的人物所取代。新的诸神与英雄们取代旧的诸神与英雄们的统治只可能以一种方式实现，伟大的生命体自身所显示出的一面，总是那种无所顾忌的诡计多端（polytropoi）。

《希琵阿斯后篇》中作为能人的好人 *

维斯（Roslyn Weiss）撰
王江涛 译

本文尝试对《希琵阿斯后篇》（以下简称《希后》）中的论证进行分析，以反驳这篇对话不配称作柏拉图对话的观点，这一观点要么是出于对话中所谓的谬误和论证的诡辩方式，要么是出于对话的非道德性。①因此，本文仅关注论证及其结论，至于对话的戏剧和文学方面，将不作处理。虽然我并不否认这些方面在对于正确地理解对话来说是十分重要的——相反，在一篇充满反讽与戏谑的对话中，②戏剧和文学方面必然比它们在其他对话中要重要得多——但

---

* ［译按］选自 Classical Quarterly, 31, 1981, 页 287 – 304。

① 很难相信《希琵阿斯后篇》是伪篇，尤其是自亚里士多德提及并讨论过它以后（形而上学，1025a6 – 13），尽管如此，还是有少数十九世纪的学者坚持认为它是伪篇，不过很可能像 Paul Friedländer 所说，"若无亚里士多德的明确引证，鲜有人会将《希后》当作真正的柏拉图作品"。参见 Friedländer，《柏拉图：早期对话》(Plato 2: The Dialogues, First Period)，Hans Meyerhoff 译，New York，1964，页 146。

② 除此之外，首先，对话还得出了诸多令人震惊的结论；其次，对话最后以困惑（aporia）结束；最后，苏格拉底在 376b5 – 6 有所暗示，称不可将对话的结论当真（因为没人会有意犯错），以上三点都需要寻求一个合理的解释。但是，以上三点，以及对话中的反讽与搞笑都不足以影响到论证的有效性以及论证结论的道德性。

是，我真心认为，关注论证本身亦有所收获。毋庸置疑，《希后》中苏格拉底在搞鬼名堂，可是欲察明他到底在搞什么名堂，唯有首先（first）阐明论证。

人们通常认为，《希后》包含着两段相互独立的论证，①每一论证得出的结论都自相矛盾。一般认为，第一论证始于希琵阿斯，他把两位荷马笔下的英雄阿基琉斯和奥德修斯分别描述成说真话者（ὁ ἀληθής）和说谎话者（ὁ ψευδής）。论证发现，无论说谎话者还是说真话者，都是有才之士（δύναμις），故此得出一个悖谬的结论，说谎话者和说真话者是同一种人。根据这一看法，第二论证不再考虑说真话者和说谎话者的主题，反过来从有意的和无意的行为方面比较所有类型的行动者。进而发现，在每一件事上，有意行事者都比无意行事者更好，于是得出结论，有意作恶同样比无意作恶更好。这样一来，对话就被看作包含两个不同的论题，而且彼此的论证都是自足的，不过，这不见得是理解对话的最好方式。

首先，苏格拉底本人就不这样理解。他认为这两个论证密切相关，在某种意义上是由一种观点交织起来的。有意说谎者比无意说谎者更好，②对苏格拉底而言，这一观点不仅是第一论证的直接结果，更从属于第二论证，因为第二论证本身就起因于希琵阿斯对这

---

① 参见 R. G. Hoerber，"柏拉图的《希琵阿斯后篇》"（Plato's Lesser Hippias），*Phronesis*，1962，7，页 121–131，他便持有这一观点，其理由在于，欧狄库斯在对话中出现过两次，一次出现在开场，一次在中间，正好将对话分为两部分。大体而言，Hoerber 对二分法十分着迷：两个论点，两位荷马笔下的英雄，两种著名的苏格拉底学说（"没人会有意犯错"与"德性即知识"），两位人物进行对话，欧狄库斯的两次出场等等。然而，我认为，欧狄库斯的再次登场延续了对话的连贯性，对话的整体性，而不是将其一分为二。

② 即使不是完全自相矛盾，"无意说谎者们"这个词可能显得有点奇怪，因为"说谎者"正是为了欺骗才有意说假话。但它似乎是 οἱ ἄκοντες ψευδόμενοι 最合适的翻译，而这个词在希腊文中同样是个奇怪的表达，正如"无意的说谎者们"在英文中一样。当然，其意欲表达的含义是"说假话的人们并非出于本意，或者不自觉"。

一观点的反驳。

其次，我们有理由质疑第一悖论的确定性。因为如果我们认为第一论证建立起了说真话者和说谎话者的绝对同一性，那就很难理解为何讨论会进一步思考阿基琉斯或奥德修斯是否真的（actually）说过谎。如果说真话者和说谎话者是同一人，那还会有什么差别？因此，接下来的阐释将尝试保持对话的完整性，将对话的所有部分都看作仅与一个独立主题相关：谁才是真正更好的人？①

让我们从第一部分（363a1 - 369b7）看起。根据通常的解释，这一段包含了一个独立论证（就在简单提及阿基琉斯和奥德修斯之后），这一论证又导致一个自相矛盾的结论，其推理过程如下：（一）说谎话者在他希望说谎的事情上有实力、有才能、有智慧去说谎。（二）只有在他说谎的事情上有实力、有才能、有智慧的人才会是说谎话者。（三）说真话者在他真诚的事情上有实力、有才能、有智慧说真话。（四）只有在他真诚的事情上有实力、有才能、有智慧的人才会是说真话者。（五）因为具备实力、才能和智慧，一个人才能在某件事情方面（比如算术、几何、天文以及所有技艺和学问）说真话，同样，他也能在那些事情方面说假话。因此（六）说真话者和说谎话者是同一类人。

以上的每一步骤都在文中出现过。但以这种方式呈现出的论证则相当荒谬。因为，如果说真话者和说谎话者在（六）中各自被理解为（他们通常也是如此）专门说真话的人和专门说谎话的人，那么即使他们都能够在（四）的条件下说得真和说得假，却并不意味着在事实层面，他们各自说得真和说得假。说真话者和说谎话者可

---

① 有趣的是，R. K. Sprague，《柏拉图对谬论的运用》（"Plato's Use of Fallacy: A Study of the Euthydemus and Some Other Dialogues"），London，1962，同样强调对话的统一性，她认为《希后》由一个单独的论证（及其变形）所构成，页65，她还就对话的前半部分做了一番分析，与这里的分析非常类似，页66 - 70。因此，当我们提到"通常的"或"标准的"解释时，并没有采用她的解释。她的解释与我的解释最大（不可调和）的差别在于，她认为对话存在含混不清之处，而我不这样认为。

以同时具备某项能力，但又无须成为同一类人。在马尔赫恩（Mulhern）看来，这一论证之所以失败，是因为混淆了能力术语（dunamis - term）和性格术语（tropos - term），前者表示才能，后者表示典型的行为。①

许多学者指责《希后》含混不清、语言滥用，马尔赫恩是其中的代表人物。他在πολύτροπος［多才多艺，诡计多端］这个词的一语双关中找到了证据，支持其对滥用语言的独特描述。希琵阿斯视πολύτροπος为奥德修斯的典型特征，它包含有τρόπος［性格］这个词，对马尔赫恩来说，这个词表示一个人特有的表现，他的行事方式、性格。然而尽管如此，πολύτροπος本身却不是一个性格术语，而是一个能力术语；它并不表示一个人的特殊行为，却以某种方式表现出某种能力或才能。②因此他不接受乔伊特（Jowett）和福勒（Fowler）把πολύτροπος译作"狡猾的"（wily），他认为后者是一个性格术语，表示特殊的行为，他用"机智的"（resourceful）取代了"狡猾的"，他感觉把"机智的"限定在一个人的才能和能力范

---

① J. J. Mulhern，《柏拉图〈希琵阿斯后篇〉中的"性情"与"诡计多端"》（"Tropos and Polytropia in Plato's *Hippias Minor*"），*Phoenix*，22，1968，页283 - 288。当然，第一论证中还存在其他含混的描述方式。Hoerber 尤其强调对话中到处都是困惑，他认为这正是柏拉图期待其读者去解答的方式。他认为，第一论证中的这些成对的术语有意把人弄糊涂：δυνατοί和σοφοί，πανουργία与φρονήσις。Sprague 认为，苏格拉底在第一论证中使用了两个含义不明的术语：一个是能力，既能为好的目的服务，又能为坏的目的服务；另一个是意愿，既可指说谎话者的善变，亦可指一种理性才能，它能够使其实现其计划。跟 Hoerber 看法一致，她也认为含义不明是有意为之。"柏拉图对谬论的运用"（前揭），页67 - 68。

② τρόπος出现在365b3 - 4，当时希琵阿斯谈论到阿基琉斯的τρόπος和奥德修斯的τρόπος，他说荷马是这样说的，阿基琉斯ἀληθής［真诚］而ἁπλοῦς［单纯］，奥德修斯πολύτροπος［诡计多端］而ψευδής［虚伪］。不过，这段话似乎并没有支持Mulhern 的观点，柏拉图利用πολύτροπος的多义性玩语言游戏，因为他使用τρόπος的方式并未表明他将这个词限定在描述一个人的行为特征内；相反，对柏拉图而言，一个人的τρόπος似乎可以是他被描绘的任何方式。

围内，保留了其才能性质。那么按照马尔赫恩，论证的悖论性结论——说真话者和说谎话者是同一类人——最终可归结为对性格术语和能力术语的混淆，以及赋予了能力术语以性格层面的意义，反之亦然。

在马尔赫恩看来，是希琵阿斯造成了这一混淆。他采用了能力术语πολύτροπος，并将其定义成ψευδής［虚伪］。但是，"虚伪"是性格术语，它是以阿基琉斯和奥德修斯的日常行为即他们各自的性情来区分二人，而不是以他们的才能来区分。但是苏格拉底在365a1－2时在ψευδής的意义上使用πολύτροπος，炮制出这个问题，①由此把ψευδής从性格形容词还原成能力形容词。在366a4－5，οἱ ψευδεῖς［说谎话者们］又变成了οἱ σοφοί τε καὶ δυνατοὶ ψεύδεσθαι［聪明而且有能力说谎的人们］，"虚伪"不再用来指习惯说谎的人，而是指有能力说谎的人。这些含义上的转变将不可避免地导致论证的荒谬，当得出一个人既真诚又虚伪这一结论时，真诚和虚伪又再次回到了它们原初的性格含义。

其实，为了使我们觉得这一结论是悖论性的，真诚和虚伪都必须在性格含义上加以理解；只有这样这一结论才可能：说真话者和说谎话者是同一人。但是，在我们可以确定这一结论的确是如此解读之前，我们应当观察是否有足够的证据，可以假定苏格拉底的确将真诚和虚伪还原到性格含义上，这是这一解读所需要的。

正如马尔赫恩所展现的，"虚伪"在366b4－5被还原为能力形容词。但从那一刻起，对话没有给出哪怕一丁点暗示，说苏格拉底觉得有何不妥。相反，文本证实他很满意。一旦说谎话者们被定义成聪明而且有能力说谎的人们，并得到一致同意，苏格拉底便不再询问定义的问题，进而立刻在他的阐述中使用才能意义上的"虚

---

① Mulhern为苏格拉底的含义不明辩护，说它有力地反对了希琵阿斯，后者在区分阿基琉斯与奥德修斯时混淆了能力术语与性格术语。《柏拉图〈希琵阿斯后篇〉中的"性情"与"诡计多端"》（前揭），页287。

伪"。假设ἀληϑής［真诚］和"虚伪"在结论中又回到性格意义上，便得不到文本证实，似乎只可能奠基在它们的普通含义上。然而，既然对这些术语的能力含义是专门规定的，那这一假设便失去了它可能已具有的合理性。①

若这一推理成立，那结论便保留住了"真诚"和"虚伪"的能力含义。在这一意义上，虽然这句话还是读作"说真话者和说谎话者是同一人"，但它的含义却变成了"擅长说真话的人和擅长说假话的人是同一人"。②悖论消失了。

冈伯茨（T. Gomperz）的分析与之相类似，他相信只要把论证作假设性的理解，它就可能成立，其推理过程如下：如果知识和能力是决定一个人是说谎话者还是说真话者的唯一因素，那么说谎话者和说真话者的确是同一人。③同样，根据赫耳贝（Robert C. Hoerber），"能力"是说真话者和说谎话者的本质属性，结论是建立在承认这一看法的基础上的。④

这一看法使苏格拉底在两点上易受攻击。第一，如果我们说论证建立在一种假设或承认的基础上，而这种假设或承认可能是真的或是正当的，也可能不是（这意味着肯定不是真的或正当的，难道说真话者和说谎话者的本质属性或因素真的就在于他们的才能，即他们的能力吗？），那么即使论证本身有效（正如冈伯茨所指出的），

---

① 在希琵阿斯最擅长的算术和计算方面，他最有能力说谎（366d6），因而他是算术方面的说谎者（367c5）；在几何学方面，没有能力说谎的人不是说谎话者（367e5-6）；在天文学方面，最好的天文学家也是说谎者，因为他有能力说谎（368a4-5）。

② 这句话准确地对应了天文学的例子：在天文学方面也是一样，如果有人是说谎者，他会是好的天文学家，因为他有能力撒谎……所以在天文学方面的说真话者和说谎话者也是同一个人（368a3-7）

③ 冈伯茨，《希腊思想家》（*Greek Thinkers*），L. Magnus 译，London，1920，页296，他把这一论证当作观念归谬法（reductio ad absurdum），与这一论证行为所有的相关项都是知识；目的的选择也很重要。

④ 赫尔贝，"柏拉图的《希琵阿斯后篇》"（前揭），页126。

结论也不一定真实。

第二，马尔赫恩可能会争辩，这一分析甚至无法真正保证论证的有效性，因为它忽略了希琵阿斯的第一个规定，即"诡计多端"，一个明确表示能力的术语，被等同于"虚伪"，一个通常用来描述性格的词。这样，就算结论不从性格含义上去理解"真诚"和"虚伪"，论证也无效，因为它依然至少含有两层含义的转换，（一）从能力术语"诡计多端"转换成性格术语"虚伪"（365b 7 – c2），以及（二）从性格意义上的"虚伪"转换成能力意义上的"虚伪"（366b4 – 5），这还不算"虚伪"的第三层含义，再次回到了最初的性格层面。

不过，还是有可能存在一种方式，既保证论证的有效性，又保证结论为真，比如宣称论证只包含能力术语。不但没有能力术语和性格术语的混淆，也没有把前者还原为后者以及把后者还原为前者，我们在这里所遇见的显然没有性格形容词，对能力术语的才能意义的使用是一以贯之的，同时在日常用法上把能力术语普遍当作性格形容词。这样，苏格拉底和希琵阿斯都不会受到含混不清的指责；他们都把"诡计多端"和"虚伪"用作能力概念。从 365b4 – 5 起，希琵阿斯首次把 $\dot{\alpha}\pi\lambda o\hat{v}_s$ ［单纯］和"真诚"等同起来，把"诡计多端"和"虚伪"等同起来，①到了 366b4 – 5，说谎话者们变成了聪明的而且有能力作假的人们，苏格拉底花了很大力气才弄清楚希琵阿斯确实是把"诡计多端"等同于"虚伪"，认为两者都表示说谎的

---

① 在已提出的解释中，正如我们将看到的，希琵阿斯比对阿基琉斯和奥德修斯进行的比较对论证更有影响，相比之下，对标准的影响不大，在那一解释中，比较仅仅被当作一种文学手法，只是用来引入论证，并不对其产生影响。然而在现在的解释中，希琵阿斯（以荷马的名义）把阿基琉斯描述成 $\dot{\alpha}\pi\lambda o\hat{v}_s$ ［通常翻译成"单纯"］，和 $\dot{\alpha}\lambda\eta\theta\dot{\eta}_s$ ［真诚］，而奥德修斯则被描述成 $\pi o\lambda\dot{v}\tau\varrho o\pi o_s$ ［诡计多端］而又 $\psi\varepsilon v\delta\dot{\eta}_s$ ［虚伪］，这一描述将在现在的解释中发挥重要作用。

能力，把两者都看作能力概念。①

就算这一分析是正确的，它还是会遇到两大难题。马尔赫恩的论述具有一定价值，它使希琵阿斯把"诡计多端"等同于"虚伪"这一行为有了意义：既然希琵阿斯想把"诡计多端"看得低人一等，他就需要赋予这一中性的能力术语贬义。他将"诡计多端"等同于一个性格术语，即"虚伪"，于是便达到了其目的。不过，关于以上分析，若坚持认为"虚伪"在《希后》的第一论证中根本不是一个性格形容词，那么希琵阿斯希望把"诡计多端"与之相等同，我们该如何解释呢？

此外，如果苏格拉底和希琵阿斯都意识到他们在论证中仅仅使用了能力形容词，结论便不会给人造成矛盾或成问题的印象。那么，希琵阿斯为何不愿同意说真话者和说谎话者在才能上是同一人呢？

为了回答这些问题，我们必须在文脉中审察论证。在对话开头，我们发现苏格拉底想弄清楚，荷马认为阿基琉斯和奥德修斯谁更好。他向希琵阿斯求助，因为后者号称是解释荷马的权威。凭借对荷马文本的了解，希琵阿斯称涅斯托尔最聪明，阿基琉斯最勇敢，奥德修斯在所有奔赴特洛伊的人当中最诡计多端。由于苏格拉底不明白所说的诡计多端是什么意思，于是希琵阿斯就面临一项双重任务：（a）解释它；（b）赋予它一个价值，最好符合

---

① 冈伯茨和赫尔贝的说法认为，论证是建立在这一假设基础上的：无论是说真话者还是说谎话者，对他来说 δύναμις [能力] 到底是决定性因素抑或只是附加属性。这里的说法认为，"真实"和"虚假"都只是在论证中对"擅于说真话的人"和"擅于说假话的人"的简称。这两种说法是不相同的。在前一种情形中，"说真话者的本质属性在于他说真话的能力，这是真的吗"？这样问合情合理；在后一种情形中，"擅长说真话的人的本质属性在于他说真话的技巧，这是真的吗"？这样问也并非无理取闹。在前一种情形中，苏格拉底也许会遭到批评，因为他未领会说真话者与说谎话者的本性；在后一种情形中，由于苏格拉底只是要探明希琵阿斯所说的 ψευδής [虚伪] 的含义，所以这样的批评完全是牛头不对马嘴。

荷马的用意。

对希琵阿斯来说,"诡计多端"一开始就是个贬义词。因此,当希琵阿斯说到这个词时,乔伊特和福勒译作"狡猾的"①是恰当的。若非如此,将很难发现希琵阿斯为什么将其视为理所当然的,荷马把奥德修斯描述为诡计多端,这使他与其他两位英雄比起来低人一等。另一方面,对于苏格拉底来说,至少在一开始,诡计多端似乎表示的是一种中性的能力,其含义可能与马尔赫恩的"机智的"类似。直到希琵阿斯向他解释,阿基琉斯是单纯而真诚的,因而不可能诡计多端,因为诡计多端和虚伪的是奥德修斯,这时,苏格拉底才明白,希琵阿斯为何认为荷马把奥德修斯造得诡计多端,而没把阿基琉斯造成那样(364e5-6)。②这时苏格拉底才意识到他和希琵阿斯是在不同含义上使用诡计多端。这样的话,倘若讨论要继续,他就必须调整自己对诡计多端的理解,以符合希琵阿斯的理解。

苏格拉底首先问希琵阿斯是否认为诡计多端就是虚伪的意思。当希琵阿斯回答是时,苏格拉底(不像马尔赫恩)并没有立刻假定他懂得希琵阿斯的意思。他接着问:说谎话者是否不同于说真话者(366c3-4)?他是否在他所做的事情方面有能力的(365d6-7)?他是诡计多端而且有能力吗(365e1-2)?他行骗凭借的是

---

① "狡猾的"是对 πολύτροπος 的恰当译法因为它既表达了其内在的聪明的含义,又是一个略带贬义色彩的词,但称不上一个状态型形容词,比方说"邪恶的"和"不忠的"。

② 赫尔贝指出,当这个词出现在《奥德赛》的第一行并用来形容奥德修斯时,它的意思可能是"历尽艰辛的""四处漂泊的",希琵阿斯是在其他意义——"诡计多端的""狡诈的""诡诈的""聪明的""多才多艺的"等含义——上使用这个词,并把它等同于 ψευδής [虚伪]。参见赫尔贝,"柏拉图的《希琵阿斯后篇》"(前揭),页124-125。然而,马尔赫恩在这个词的第二层含义上再次做了区分,他分成才能型的和状态型的;可能他把"狡诈的","诡诈的"视作状态型的,把"聪明的","多才多艺的"视作才能型的,就像他自己译的"机智的"。

πανουργίας καὶ φρονήσεως［为非作歹和审慎］吗（365e3-4）？①他是无知的还是聪明的（365e10）？希琵阿斯回答道：说谎话者和说真话者不同（365c1-2）；他是诡计多端而且有能力的（365e2）；②他凭借为非作歹和审慎行骗（365e4-5）；他知道他在做什么（365e8）；他聪明，并非无知（365e10）。不过，希琵阿斯还主动加入了一些自己的看法。他如此谈论说谎话者们：他们非常有能力做许多事情，特别是骗人（365d7-8）；至少在欺骗的事情上他们很聪明（365e8-9）；在行骗的那些事上是聪明的（365e10-366a1）。

希琵阿斯的回答超出了问题所要求的"是"或"否"的范围，这一转变非常重要，值得注意。一方面，苏格拉底一直在问，是否说谎话者们有能力、审慎、聪明等，不断强调"虚伪"中性的能力含义；他甚至问，说谎话者们是否诡计多端（365e2）。另一方面，希琵阿斯虽然同意说谎话者们有能力、审慎、聪明，而且诡计多端，这无异于承认"虚伪"的能力含义，但他仍然坚持，说谎话者的能力是一种特殊能力。具体说，它是一种欺骗和作恶的能力、技艺、知识、智慧。

我们解开第一个难题的钥匙便在于此。苏格拉底和希琵阿斯之间立场的差异并不等于性格概念和能力概念之间的差异，也不等于指称特定行为的术语和指称技艺的术语之间的差异，而是两种能力概念之间的差异，一种概念是中性的，而另一种是贬义的。问题在

---

① 在这点上，苏格拉底一直在寻找希琵阿斯把πολύτροπος［诡计多端］等同于ψευδής［虚伪］的意图。这个问题是真的："虚伪的人骗人凭借的是为非作歹以及某种审慎吗？"这可能表明虚伪的人的技艺并不是ψευδής［虚伪］的一部分，而是虚伪的人凭借ψευδής［虚伪］欺骗，由于交互审察并不完善，所以根本没有时间去决定。不过，通过366b4-5，苏格拉底不仅问了虚伪的人是否就是智慧的人，还问了他们是否是智慧的，是否有能力欺骗，并且均得到了肯定的回答。

② 说苏格拉底逼希琵阿斯承认是不对的，正如冈伯茨的观点，见《希腊思想家》（前揭），页291。考虑到希琵阿斯把诡计多端的等同于假的，苏格拉底便有理由问是否虚伪的人是有能力的，而且希琵阿斯也做了肯定的回答，没有丝毫迟疑。

于强调 δυνατοὺς ἐξαπατᾶν ἀνθρώπους［有能力欺骗的人们］中的哪一部分；苏格拉底强调的是能力，希琵阿斯则强调欺骗。于是，通过把"虚伪"当作诡计多端的同义词，希琵阿斯虽然确实打算赋予诡计多端贬义，但他还是没让性格形容词取代能力形容词；比如他没有说"说谎话者"是个专门说谎的骗子。相反，他赋予说谎话者的能力以具体的内容，他认为这一内容可以歪曲能力本身；虽然他确实说过说谎话者在本质上是有技艺的人，但他更主张，说谎话者的技艺对于说谎和欺骗是有限的。因此，对希琵阿斯来说，"诡计多端"一如英文中的"狡猾"（wily），指向一种特殊的技艺，一种诡诈、欺骗的技艺。但就像"诡计多端"在希腊文中一样，"狡猾"是能力术语，主要指向技艺，虽然也有负面含义，却不像马尔赫恩所信，是一个关于一贯表现的性格概念。

希琵阿斯并没有把阿基琉斯表现得有才能或有力量，注意到这点将大有启发。作为奥德修斯的绝对对立面，阿基琉斯据说是 ἁπλοῦς ［单纯］，这是一个有趣的词，它的部分含义可与诡计多端作比较：它的意思既可以是"单纯"（"诡计多端"的反义词），也可以是"坦率"（"狡猾"［πολύτροπος］的反义词）。也许，当时苏格拉底对"诡计多端"的含义感到困惑，他问希琵阿斯：难道阿基琉斯没有被荷马表现得诡计多端吗？因为他仍旧把"诡计多端"当作中性的能力。但是当希琵阿斯回答：一点都没有，苏格拉底啐，相反，表现得十分单纯、真诚，这时，苏格拉底立即确认了"诡计多端"为贬义，"单纯"为褒义。

这一点让我们有一个更好的立场去面对我们的第二个难题。正如刚才的解释所表示的，如果论证只包含能力术语，因而不再含混，那么结论也只包含能力术语，所以也失去了矛盾的基础；现在的结论仅仅说明，擅长说真话的人和擅长说谎话的人是同一人。可为什么苏格拉底希望证明一个如此无害的论点呢？而希琵阿斯为何又反对它呢？原因或许在于，希琵阿斯否认这一点，他把"诡计多端"专门用于奥德修斯，把阿基琉斯形容成"单纯"。通过把"真实"和"单纯"联系起来，希琵阿斯实际上否认了阿基琉斯（以及更一般的说真话者）具有说谎的能力和技艺。

现在就可以解释，为什么苏格拉底两次问希琵阿斯（荷马认为）说真话者与说谎话者是否不同（365c3－4、366a5－6）。依据标准解释，ὁ ἀληθής 和 ὁ ψευδής 分别被认为是"说真话者"和"说谎话者"，二者是同一人，这结论如此惊人，以至于希琵阿斯在论证的过程中两次强调二者的差异都无济于事（甚至还丢掉了什么）。其实，当我们先前设立解释标准时，它并没有提到说真话者不同于说谎话者，因为没有这样提的余地；它明显同它之前或它之后的解释没有联系。但在现在的解释中，说真话者与说谎话者的区分很关键。因为，如果像希琵阿斯所说，"诡计多端"和"虚伪"可互换（两者的意思都是有能力说谎），甚至像他进一步同意的，"说真话者"与"说谎话者"不同，那么说真话者没有能力说谎，因而并不诡计多端。剩余的论证将致力于反驳这一概念，说真话者没有能力说谎。

论证如下：

1. πολύτροπος = ψευδής。
2. 说谎话者不同于说真话者。
3. 说谎话者是最有能力说谎话的人。
4. 说真话者是最有能力说真话的人。①
5. 任何一门技艺或知识，最有能力说真话的人是那一领域最聪明、最有能力的人。
6. 任何一门技艺或知识，最有能力说谎话的人是那一领域最聪明、最有能力的人。
7. 任何一门技艺或知识，最有能力说真话的人就是最有能力说谎话的人，即最聪明、最有能力的人。
8. 最有能力说真话的人和最有能力说谎话的人是同一人，即最

---

① 这是关键的转换（367c6）。它直接反对希琵阿斯把 ἀληθής ［真实］和 ἁπλοῦς ［单纯］联系起来，因为在这里，好人和有能力的人其实是同一人。参见注释31，对比 Sprague，她对论证的分析总体上与此相似，参见氏著，页66－70，她同样将这点理解为关键的转换，页68。

聪明、最有能力的人。

∴ 9. 说谎话者和说真话者是同一人。

∴ 10. 如果奥德修斯是说谎话者，他同时也是说真话者。

∴ 11. 如果阿基琉斯是说真话者，他同时也是说谎话者。

∴ 12. 阿基琉斯和奥德修斯并非彼此不同，而是相同。

这一论证最令人震惊的，莫过于四条结论中的三条（9）（10）（11）直接与论点（2）相悖。没有论点（2），论点（9）（10）（11）要么是矛盾的结果（对说真话者和说谎话者的标准解释），要么无关紧要（对现有解释）。但有了论点（2），苏格拉底两次保证建立的论点，论点（9）（10）（11）反而成为归谬希琵阿斯意图的重要步骤，希琵阿斯把"诡计多端"［作为"虚伪"的近义词］当贬义使用，视其为欺骗和说谎的能力，这样他就可以证明，奥德修斯不如阿基琉斯。最后的论点（12）便拒绝将"诡计多端"当作区分阿基琉斯与奥德修斯的手段。通过宣告这二人基于"诡计多端"的相似性，声明了两点，一、具有说谎的智慧和能力并不低人一等；二、相反，说谎的智慧和能力使拥有它们的人变得更好，无论这人在什么方面拥有智慧和能力。①

这样，苏格拉底在《希前》这第一阶段达成的并不是一个无法接受的矛盾看法，常说谎话的人与常说真话的人是同一人（其情形正如以性格含义解释说真话者和说谎话者），而是一个合理的看法，在某一特定技艺或知识方面，有能力说谎的人（作为能力术语的说谎话者）与在同一技艺或知识方面有能力说真话的人（作为能力术语的说真话者）是同一人，两者都诡计多端，就他们各自的能力而言，两者都不比对方更好或更差。②实际上，在所有技艺和知识中，

---

① 这样，苏格拉底实际上否认，希琵阿斯（和希琵阿斯口中的荷马）声称的说真话者是 ἁπλοῦς ［单纯］。相反，他认为说真话者才诡计多端。

② 这其实返回到苏格拉底最初的立场，两者都诡计多端，只有现在 πολύτροπος 才意味着"有能力说谎"。但对苏格拉底来说，事物根本没有发生真正的改变。

有能力说谎话者都是好人。

下一阶段，即第二阶段（369b8－373c6），是一个过渡，苏格拉底问，诡计多端的奥德修斯或阿基琉斯，是否真的在荷马笔下说过谎。如先前所示，如果第一论证的结论是说谎话者和说真话者是同一人，很难理解为何会提出这一问题。如果他们相同，那么无论谁被发现是真正的说谎者，他也同时是真正的说真话者，也就并不亚于没有真正说谎的那位。

无论如何，在所提出的看法上，第一阶段的最后结论不是把习惯说谎话的人等同于习惯说真话的人，而是取消"诡计多端"作为区分阿基琉斯与奥德修斯的标准，它在能力含义上等同于"虚伪"。下一逻辑步骤或者是寻找一个完全不同的标准，或者看"诡计多端"是否可能被误解了。虽然苏格拉底从未为"诡计多端"提出另一种解释，但他认为"诡计多端"被误解了；他问，把"诡计多端"等同于"虚伪"是否正当。

他推理如下：由于荷马把奥德修斯的特征描述为"诡计多端"，①人们便会预期，根据这一看法，诡计多端指向说谎的技艺，奥德修斯——而非阿基琉斯——才是实际说谎的人，尤其当他们中间只有一人说谎时。但希琵阿斯没法证明奥德修斯说谎，除了阿基琉斯指责他说谎的一段文字（《伊利亚特》9.308 以下）——没有一段文字可以证明奥德修斯确实说过谎。②另一方面，就在不超过那一段落的五十行内，另一段文字可以证明阿基琉斯在说谎（《伊利亚特》9.357 以下）。如果诡计多端确实指向说谎的技艺，如果阿基琉斯确实说过谎，为什么荷马还是称奥德修斯为诡计多端呢？③其实，苏格拉底进一步论证，阿基琉斯不仅确实说过谎，而且他这样做靠

---

① 荷马在《奥德赛》第一行即如此描述奥德修斯。

② 虽然希琵阿斯无疑能够找到奥德修斯说谎的相关段落（尤其是在《奥德赛》中），但柏拉图只让他引用那些段落，苏格拉底的问题在此没有意义。

③ 这样就没理由相信，苏格拉底在寻找真正说谎的人时，回到［诡计多端］的性格含义。他仅仅把真正说谎看作可能的说谎技艺。

的是阴谋诡计（371a4－6）。①事实上，阿基琉斯非常聪明ψευδής，在假装方面胜过奥德修斯（371a4－6）。②希琵阿斯不同意，他宣称，当阿基琉斯说谎时，他并非靠阴谋诡计……而是无意的（370e6－7），可当奥德修斯说谎时，他是有意的，而且靠的是阴谋诡计。此外，阿基琉斯说谎是出于好意（371e1），③而奥德修斯，无论说真话

---

① 其实，苏格拉底知道，证明阿基琉斯真的说过谎这点并不足以证明他诡计多端，或许是因为即使并不诡计多端的人们也会出于无知而说谎；苏格拉底必须证明，阿基琉斯说谎是有意的。这就解释了苏格拉底说到的小品词 γε: ὁ δὲ Ἀχιλλεὺς πολύτροπός τις φαίνεται κατὰ τὸν σὸν λόγον ［反倒阿基琉斯显得像个诡计多端的家伙，根据你的论证，至少他撒过谎］（370a1－2）；说谎的事实不过表明诡计多端是说谎者的性质之一。在此指出这点很重要，第一论证，正如它所呈现出的"通常"解释，包含了作为其第二前提的陈述："只有在他有实力、才能和智慧去说谎的那些事情上，这人才是说谎话者"。这一陈述似乎与这里说的相反，即多数人说谎并非出于能力或智慧。无论如何，在第一论证的反转分析上，ψευδής 不再意味着"说谎的人"，而是"有能力说谎的人"。这样，在 366b6－7，苏格拉底才说：Ἀδύνατος ἄρα ψεύδεσθαι ἀνὴρ καὶ ἀμαθὴς οὐκ ἂν εἴη ψευδής ［因此，一个没有能力说谎，而且无知的男子汉，不可能是个骗子］，他的说法没有被理解成一个没有技艺而且无知的人不会说谎，而是理解成一个没有技艺而且无知的人不可能是一个 ψευδής，一个善于说谎的人。

② 强调阿基琉斯在狡猾方面胜过奥德修斯，这表明阿基琉斯有能力说谎，因而希琵阿斯的说法必定被误解，πολύτροπος 意味着善于说谎；如果是这样，为什么荷马称奥德修斯，而不是阿基琉斯为 πολύτροπος 呢？

③ 希琵阿斯这样宣称是想说，阿基琉斯没有欺骗的意图，"但外部环境的压力迫使他言行不一；希腊大军濒临绝境，这使他无法撤退，因为他受到了威胁"，冈伯茨，《希腊思想家》（前揭），页292。正如苏格拉底即将证明的，如果事实如此，那阿基琉斯确实要低人一等。虽然冈伯茨认为，这是希琵阿斯对阿基琉斯正义的辩护，但那不是讨论的重点，因为阿基琉斯表明他不能随时随地说真话，只要他愿意（阿基琉斯受制于外部环境而不能说真话，这个个案还不同于另一个个案，苏格拉底早先所描述的情有可原的环境（366b），即受制于疾病或某些类似情况；在这个案例中，还有可能有技艺。无论如何，在阿基琉斯这个个案中，肯定是缺乏能力）。

还是说谎话，总是先拿定主意（$\dot{\epsilon}\pi\iota\beta o\upsilon\lambda\epsilon\dot{\upsilon}\sigma\alpha\varsigma$）再说出口（371e3）。①

奥德修斯是有意的说谎者，而阿基琉斯是无意的说谎者，这一对比为第三阶段也就是最后一阶段引入即将讨论的主题作好了铺垫，即有意的说谎者和无意的说谎者谁更好。如上所示，有意说谎者与无意说谎者之间的对比构成了对话第一部分和最后一部分的关联。因为苏格拉底设想，有意说谎者比无意说谎者更好，这一优越性建立在第一阶段的论证上（有意说谎②的人们比无意说谎的人们更好，371e7-8），希琵阿斯否认这点，直接导致论证的重新开始。

苏格拉底感觉，有意说谎者的优越性已经在第一阶段被充分证明了，这根本不令人惊讶。由于希琵阿斯承认以下三点：一、在算术、几何、天文以及在所有技艺和知识方面最有能力的人能够在这些事情上面说谎（366e1-367a5）；二、只有做事随心所欲③的人才算有能力（366b7）；三、善即是能力（367c5-6），④由此可见，有意说谎者⑤（即当且仅当他想要说谎时才说谎）比无意说谎者（由于没有能力，当然不可能是善的）更好，肯定具有坚实的基础。

更令人吃惊的或许是希琵阿斯竟然否定了这一推论。有一种不言自明的可能性，希琵阿斯没有把第一阶段讨论的那种谎言，即在诸技艺和知识方面的谎言，与奥德修斯和阿基琉斯在第二阶段的谎

---

① 这明确表明，希琵阿斯关心的不是奥德修斯的性格，而是他的能力，关心奥德修斯是如何说话的——他在什么时候说谎，什么时候不说谎。

② $\psi\epsilon\upsilon\delta\acute{o}\mu\epsilon\nu o\iota$ 指说谎者；$\psi\epsilon\upsilon\delta\epsilon\tilde{\iota}\varsigma$ 用于那些善于说谎的人们。$\psi\epsilon\upsilon\delta\epsilon\tilde{\iota}\varsigma$ = $o\acute{\iota}$ $\acute{\epsilon}\chi\acute{o}\nu\tau\epsilon\varsigma$ $\psi\epsilon\upsilon\delta\acute{o}\mu\epsilon\nu o\iota$。

③ 对勘 366b2-3：你的意思是只要他们愿意，就有能力撒谎？

④ 对勘 366d3-5：苏格拉底问希琵阿斯，他是否是在算术和计算方面是最聪明和最有能力的，或者他是否也是最优秀的，希琵阿斯说他是最优秀的。苏格拉底确信，希琵阿斯一方面发现了最聪明与最有能力之间的联系，另一方面，他发现了最优秀，因此善与能力的联系并非新出现的。

⑤ 即使没有用 $\dot{\epsilon}\kappa\acute{\omega}\nu$ [有意的]，而是用的 $\beta o\upsilon\lambda\acute{o}\mu\epsilon\nu o\varsigma$ $\psi\epsilon\upsilon\delta\epsilon\sigma\theta\alpha\iota$ [有计划地说谎]，但 $\ddot{\alpha}\kappa\omega\nu$ [无意的] 用作 $\beta o\upsilon\lambda\acute{o}\mu\epsilon\nu o\varsigma$ [有计划的] 的反义词（367a3），在说谎方面，$\ddot{\alpha}\kappa\omega\nu$ [无意的] 意味着 $\tau\grave{o}$ $\mu\grave{\eta}$ $\epsilon\dot{\iota}\delta\acute{\epsilon}\nu\alpha\iota$ ——不知道（367a3）。

言，希琵阿斯视之为作恶的情形，①联系起来。如若不是作恶，那么为何要为阿基琉斯辩护，称他这样做是无意的？其实，希琵阿斯重新陈述了奥德修斯和阿基琉斯的对比，之前是由苏格拉底从有意说谎和无意说谎方面，以及有意作恶和无意作恶方面陈述的（371e9）。

注意到这点会很有趣，苏格拉底无疑表达出了他的观点，有意说谎者比无意说谎者更好；因此苏格拉底把奥德修斯的优越性看作是毋庸置疑的（closed）：看来，奥德修斯要比阿基琉斯更好（371e4-5）。但是，当希琵阿斯用以下论点取代这一观点时：那些有意行不义、有意设诡计和施恶行的人们，怎么可能比那些无意这样做的人们更好呢？（371e9-372a2）苏格拉底声称他也感到非常困惑，并承认可能会改变想法。然而同时，尽管有希琵阿斯的可怕和苏格拉底本人特有的犹疑，但他还是说，至少现在在他看来，有意作恶者更好。此外，苏格拉底把他现在的前提归诸之前的论据，像他所说：我把前面的论证归因于如今的经验，因而在此时此刻那些无意这样做的人比故意这样做的人更加一无是处。②

这样一来，苏格拉底不仅建立了第一阶段和第三阶段之间的联系，而且还解释了这一联系：因为第一阶段的论证表明，一个在任何事情上都无意行事的人比有意这样做的人更坏，苏格拉底现在倾向于认为，甚至连无意作恶者也比有意这样做的人更坏（372e2-3）。

但是，即便第一阶段和苏格拉底现在的困境之间有这种明确关联，这种关联也肯定不像第一阶段与有意说谎者们（liars）的优越性之间的联系一样严格。因为，如前所示，苏格拉底把有意说谎者们的优越性看作之前论证显而易见的结果，他还在犹豫是否要确认这一结果。这似乎表示，对于苏格拉底而非希琵阿斯而言，关于有

---

① 这不能成为借口，因为如果他没有把所有说谎的情形看作坏的，那么他用"虚伪"取代"诡计多端"就没有意义。

② [译按] 原文为希腊文。

意说谎者们的真不必然是关于有意作恶者们的真。①这是为了探究这一新的可能性，即无意作恶者们在这一点上，就像苏格拉底重新开启的讨论中的其他有意行事者们一样，包括有意说谎者们。

让我们进入第三阶段。在《希后》的第三阶段也是最后阶段的论证中，希琵阿斯比较了四种情况：第一，在所有要求强壮和优雅的身体锻炼方面，比较有意做得糟的人和无意做得糟的人；第二，比较有意有缺陷的器官和无意有缺陷的器官②——声、脚、眼、耳等；第三，有意使得糟的用具和无意使得糟的用具，例如船舵、乐器、马、狗（这里被当作人的用具）；第四，有意把技艺用得糟的灵魂和无意把技艺用得糟的灵魂，比如射手的灵魂、弓箭手、医生、吹箫者、弹琴者和奴隶。③在每一个例子中，希琵阿斯都同意前者比后者更好。苏格拉底得到了肯定，于是他接着问希琵阿斯，"我们的"灵魂，它们类似于刚才所讨论的那些灵魂么，那些有意作恶的人更好么？由此结论便可以预料，那些有意作恶的人经证明是比无意这样做的人更好的，希琵阿斯还没听完就开始反对。但苏格拉底继续他的论证：

1. 正义要么是一种能力，要么是一种知识，要么两者皆是。
2. 如果正义是一种（灵魂的）能力，那么越有能力的灵魂也就越正义。
3. 如果正义既是能力又是知识，那么更聪明并且更有能力的灵魂也就更正义。
4. 更有能力而且更聪明的灵魂更好。

---

① 苏格拉底似乎意识到这一变化，因为当他陈述他当时的信念时，他谈到了伤害他人、行不义之举、说谎、欺骗、有意犯错的那些人。正如我们将看到的，那些作恶者具备那些有意犯错者不具备的素质，尽管他们两者对于讨论都是新出现的。有趣的是，这是我们最后一次看见阿基琉斯和奥德修斯出现在对话中；丢掉他们的名字，苏格拉底也标志着一个新话题的开始。

② 苏格拉底谈论这些行为，仿佛这些行为是它们本身自动完成的，除了眼睛的情形，眨眼是有意完成的。

③ 虽然没有具体说明，但奴隶的技艺大概在于出色地执行其主人的意愿。

5. 更好的灵魂更有能力行善和作恶（因为它更有能力、更聪明）。

6. 有意作恶的灵魂在干可耻的事时凭借的是能力和技艺（τέχνη）。①

7. 行不义（ἀδικεῖν）就是作恶（kaká）。

8. 更有能力、更好的灵魂有意行不义。

9. 坏的灵魂无意行不义。

10. 好人拥有好灵魂。

11. 坏人拥有坏灵魂。

12. 好人有意行不义。

13. 坏人无意行不义。

∴ 14. 犯错、干可耻的事、行不义的人是好人。

有两种重要的方式，在其中，这一论证比第一阶段的论证走得更远。首先，它无意表明，四种类型的每一种情况中的行为都被认为是坏的。假如像我们上文表明的，希琵阿斯没有把第一阶段讨论的说谎与作恶（由于这个原因，他把奥德修斯和阿基琉斯的说谎理解成坏的，他反对苏格拉底在第二阶段的说法，有意说谎者更好）关联起来，苏格拉底在第三阶段明显不把这些行为看作不坏的行为。这样，有意跑得慢的跑步者不是在做好事，而是在赛跑中做坏的和可耻的事（373e1）。同样，更好的人有意使其身体孱弱（374b2）。在优雅方面，更好的人可以摆弄出可耻而一无是处的姿势（374b6）。眨眼是眼睛的无用（374d3），是感官行为的恶（374e1），掌舵掌得

---

① 技艺在这里代替了知识，和能力一道成为选择，在含义上没有任何变化。赫尔贝试图表明，苏格拉底区分了两个概念，一个是希琵阿斯的技艺，另一个是之前讨论的知识，诸如算术、几何以及天文学（368b1 - 2），但赫尔贝放弃了这一区分，当把这一区分用到希琵阿斯上时（375b8 - e1），《柏拉图的〈希琵阿斯后篇〉》（前揭），页126。无论如何，事实是，苏格拉底在他的对话中从未区分过这两个术语。他没有把希琵阿斯的手艺与知识区分开，反而称这些手艺是知识，他请希琵阿斯考虑在所有知识方面，同样的原则是否有效。他所列举的知识全是希琵阿斯的技艺。

糟的人（374e4）、骑马骑得糟的人（375a2）以及马产生无用的效果，在所有技艺和知识方面都是如此，甚至连灵魂方面也不例外：那些有意产生坏的、可耻的效果并且犯错的灵魂，比无意这样做的灵魂更好。

其次，苏格拉底声明，更好（better）之所以更好，是因为它是好的（good）；更坏的（worse）东西之所以更坏是因为它是坏的（bad）。① 在第一阶段，两种有能力的人——说真话者和说谎话者的对比表明，他们是同一种人，说真话者不比说谎话者更好（367c8-d1）。但在这里，第三阶段，比较的双方是有意作恶者和无意作恶者，不但前者比后者更好，而且前者好，后者坏。② 因此，当讨论赛跑者时，苏格拉底不仅说有意跑得慢的赛跑者更好（ἀμείνων，373d6），而且是好的（ἀγαθός，373e4）赛跑者。③ 同样，当希琵阿斯说他更倾向于有意跑调的声音，因为它更好时，苏格拉底问：" 你愿意选择拥有好的效果还是坏的效果？"（374c5-6）而且在感官方面，那些无意产生坏效果的东西不值得拥有，因为它们一无是处（374e1），而那些故意产生坏效果的就值得拥有，因为它们是好的（374e2）。虽然论证强调的是更好/更坏而不是好/坏，这可能是因为假设的形式，即有意作恶者比无意这样做的人更好，这一形式要求比较级的短语而非绝对的术语。无论如何，正如论证所澄清的，更好的人之所以更好是因为他是好的；更坏的人之所以更坏是因为他是坏的。

讲完这点后，让我们来探究这一论证是否有效。正如第一阶段论证的情形，这一阶段的错误也被批评为论证语义含混。一般所谓

---

① 或许这就是格思里的意思，他指责苏格拉底把略有不同的事物处理成完全相反的事物。参见氏著，《希腊哲学史》（*A History of Greek Philosophy*）卷四，Cambridge，1975，页195。

② 这在第一阶段中有所预示，好人是有能力的人，正如最有能力、最聪明的人最优秀。参见注释215。

③ 对好的赛跑者有两个定义，一是跑得好（373d2），二是有意跑得慢（373e4）。

的语义含混体现在三个词上。ἀγαϑός指某物的好或道德上的善；ἀμείνων指更好或道德上的更好；ἑκών指一个人的能力或意愿。①如果存在语义含混，必须思考（批评家们也确实这样做的）语义含混是否是柏拉图有意为之，如果是，那目的何在，理由何在。并不是所有接受语义含混的人都同意其目的和理由。有些人因此而指责柏拉图的诡辩，②另一些人则站在希琵阿斯不见得更好的基础上，③为语义含混辩护，一些人认为语义含混是设计蒙对手的圈套，④另一些人则认为是对读者的挑战。⑤

然而，就像在第一阶段中，似乎这些词更有可能在一个（可能是非标准的）意义上被始终如一地使用。例如，只要未经过论证，

---

① 格思里发现，ἀγαϑός的含混在于它既可以表示技术效果上的好，又可以表示道德上的善；ἑκών的语义含混混淆了"能力和意愿"与单独的"能力"，《希腊哲学史》（前揭），页195。赫尔贝发现ἀμείνων和βελτίων之间存在含混，只有后者才具有道德内涵，《〈柏拉图的《希琵阿斯后篇》〉》（前揭），页127。若是如此，很难去看待苏格拉底为什么把βελτίων用于器具！马尔赫恩这样形容语义含混：ἀγαϑός，既可以是中性的（擅长某事，能力概念），也可以是评价性的（性格概念）；ἑκών，既可以指我们的能力（能力概念），也可以指我们通常的意愿（性格概念）；ἀμείνων，既可以是能力含义上的ἀγαϑός比较级，也可以是其性格含义上的比较级。运用到有意犯错者身上，有能力犯错的人确实在能力含义上更优秀，但一个希望做坏事的人可能在性格含义上并不更优秀，参见《柏拉图〈希琵阿斯后篇〉中的"性情"与"诡计多端"》（前揭），页288。Sprague认为最大的谬误在于从作恶的能力朝道德意义上更优秀的转换；所以它才证明了有意作恶的人（因为他有能力）比无意犯错的人（在道德上）更优秀，参见《柏拉图对谬论的运用》（前揭），页77。

② 参见 Grote,《柏拉图与苏格拉底的其他同伴们》(*Plato and the Other Companions of Sokrates*), London, 1865, 页394, 他上承Steinhart, 认为历史上的苏格拉底确实在谈话方面使用过智术师的诡辩风格。对勘页258。

③ 例如Mulhern就为语义含混辩护，因为他认为希琵阿斯混淆了性格术语和能力术语。

④ 参见 Apelt,《柏拉图著作集》(*Platonische Aufsätze*), Leipzig, 1912, 页205。

⑤ 赫尔贝,《柏拉图的〈希琵阿斯后篇〉》（前揭），页128。

把我们"道德上的善"的表达强加到 ἀγαθός 上或许是不公平的。若论证在"擅长某物"或"对某物好"的意义上使用 ἀγαθός，那么这一含义或许是连贯的。但是关于 ἀγαθός［好人］本身，问题就出现了：难道他不是道德上的善吗？答案只可能是第三阶段中那个，他仍然是"擅长"某物的，比如正义。① 同样，"更好的"人、灵魂、器具、感官或运动是 ἀμείνων［更好的］，这里被理解为 ὁ ἀγαθός 的比较级，意思是"善于"或"对…是好的"。当 ἑκών［有意的］用于错误的行为时，其含义可能很含混，它总是表示，只有当行动者希望时，行动才会被实现；它既不完全表示能力，也不表示纯粹的意愿。无论如何，它意味着一个人有能力实现其意愿。

必须承认，在某种程度上，确定第三阶段没有语义含混比确定第一阶段没有语义含混更加困难，因为第三阶段不同于第一阶段，它花了大量的篇幅致力于定义问题。但即便在第三阶段，这一看法也得到相当程度的确认。至少在一件事情上，苏格拉底对论证感到满意，这使我们放心。因为虽然他对结论表示了强烈的质疑（"因为我自己都不同意我自己"，376b8），可他并不怀疑论证的有效性（"可无论如何必然如此"，376b8 – c1）。这样说似乎很公允，希琵阿斯在论证期间也没有表示反对，至少在他领会论证的含义之前没有（375d3 – 6）。那么我们将设想，既然当 ἀγαθός［好］、ἀμείνων［更好］、ἑκών［有德的］这些词完全按照上述意义理解时，论证并非没有意义，既然论证得到了苏格拉底和希琵阿斯的肯定，即便没人对其结论感到高兴，那么说明没有语义含混之处。当然，这一假设使我们完全不必为柏拉图所谓的有意（或无意）的语义含混辩护或加以抨击。

那么，我们进而可以思考论证的关键。这里的任务相对轻松一点，因为论证圆满地完成了它所设定的目标，即证明有意犯错者比无意这

---

① Sprague 相信，在论证中存在语义含混，因为"没有任何行为比成为一个人能更明确地说明他（即好人）所擅长的，"柏拉图对谬论的运用（前揭），页 75。然而，我们看到，苏格拉底的确明确说到正义是好人所擅长的，我们不一定非得说 ἀγαθός 在结论中的意思是"道德上善的"。

样做的人更好。虽然最终结论被置于绝对化而不是相对化的情况，即有意犯错的人是说真话者，相对于无意这样做的人也更好，这很容易被先前的规定说明，无论什么更好的之所以如此，是因为它是好的。

关于论证，饶有趣味的是，$αδικεῖν$［行不义］明显在他们交谈中缺席了，直到希琵阿斯在375d4引入它（他在第二阶段也这么干过）。苏格拉底用$ἁμαρτάνειν$或$ξαμρτάνειν$指称"犯错误"，或者用$ποιεῖν$［做］或$ἐργάζεσθαι$［干］+ $τὰ κακά$［坏事］、$πονηρά$［一无是处的事］或$αἰσχρά$［可耻的事］，①苏格拉底在375b8 - c2说：其他所有类似的技艺和知识，故意产生坏的和可耻的效果并且犯错的灵魂是不是更好，还是无意这样做的更一无是处？②在375c3，当苏格拉底考虑奴隶的灵魂时，他在第三阶段第一次引入了$κακουργούσας$［做坏事者］（375c5）③，他在"我们"灵魂的情形中继续使用这个词，他

---

① 即便在跑步的情形中用到了$τὸ θεῖν$［跑］，苏格拉底也将其当作一种$ποιεῖν$［做］或$ἐργάζεσθαι$［干］（373d7 - 9）。

② 根据R. Robinson，《柏拉图早期辩证法》（*Plato's Earlier Dialectic*），Oxford，1953，页39，在柏拉图笔下，只有两处情形，在其中归纳法是作为论证的主要方法，这两处情形即《希后》中的这两段长论证。然而，并不一定真是如此，因为在第三阶段，在有意行不义者出现前，就作出了一个普遍的陈述，虽然在还原到结论之前，论证又回到了一个特殊情形，即奴隶的灵魂。尽管如此，有意犯错的灵魂才是更优秀的灵魂，这一结论并不完全来自特殊的情形，而更依赖于"其他所有类似的技艺和知识"（375b8 - c1）。同样，在第一阶段，在得出结论，说真话者和说谎话者是同一人，之前，从阿基琉斯和奥德修斯来说，苏格拉底问的是在所有技艺和知识方面的说真话者和说谎话者（368a8 - 369a2）。

③ $κακουργέω$［做坏事］一词在这篇对话中一共出现过三次，第一次在365e8 - 9，希琵阿斯说说谎话者们有知识因而可以做坏事；第二次在373b4 - 5，希琵阿斯批评苏格拉底老是在论证中捣乱，他说苏格拉底似乎想要做坏事；第三次是这里，375c5 - d1，有意做坏事的灵魂被拿来与无意这样做的灵魂相比较。这个词以一种有趣的方式把这篇对话统一成一个整体，一次出现在说谎话者的讨论中，一次出现在有意说谎者与无意说谎者的对比中，还有一次出现在有意犯错的灵魂与无意犯错的灵魂的讨论中（这里）。正如我们所见，这三个地方分别对应了《希后》三个阶段中的三个具体的主题。

说：那更好的（βελτίων）人是有意作恶和犯错的人，还是无意这样做的人（375d1–2）。但正是希琵阿斯根据行不义者们重新赋予这一比较新的含义："这将成为一件可怕的事情，苏格拉底啊，如果那些有意行不义的人将要比那些无意这样做的人更好的话。"（375d3–4）

最令人吃惊的是，所有这些是如何与发生在第二阶段的论证紧密关联起来的。就像我们所指出的，苏格拉底在第二阶段时从第一阶段的论证中推导出，有意说谎者比无意这样做的人更好，但希琵阿斯被这一推论吓到了，即有意作恶者比无意这样做的人更好。在第三阶段，苏格拉底推导出，有意做坏事的灵魂比无意这样做的灵魂更好，但希琵阿斯再次反对源于他自己观点的推论，即有意作恶者比无意这样做的人更好。

再者，希琵阿斯在这里和之前引入行不义者，苏格拉底对此如何作出类似反应，注意到这点会很有趣。在第二阶段，苏格拉底发现，第一阶段的论证使他相信，有意行不义者高人一等，但他仍旧感到这一令人震惊的优越性需要进一步探究；于是便是第三阶段。在第三阶段中，苏格拉底再次说，他认为有意行不义者的优越性是我们所谈论过的内容（375d5），于是他继续他的诡辩（elenchus），他要求希琵阿斯再回答一次（375d7–8）。可万一希琵阿斯已经掌握了结论，那苏格拉底为什么还要继续下去呢？

我们在这里看到的似乎是苏格拉底理性真诚的例子。虽然《希后》中的苏格拉底被批评为欺骗和诡辩，但可以肯定他被不公正地诬蔑了。希琵阿斯两次在论证中仓促地推断，有意行不义者更好，但没有一次苏格拉底让讨论导向那一结论。这不同于另一种情况，苏格拉底继续论证直到得到希琵阿斯的同意，因为即使论证结束了，希琵阿斯也绝不会同意。我们在此目睹的是苏格拉底继续诡辩，直到他对得到论证充分支持的结论感到满意，而不仅仅满足于使希琵阿斯中他的圈套。

那么苏格拉底认为论证中还缺少什么吗？为什么归纳法远不能证明这一结论？要看缺少什么，最简单的方法就是看苏格拉底提供了什么。他提供的论点是，正义是一种能力、知识，抑或两者皆是。

其实，如果没有这一论点：（一）我们不可能理解"行不义"和"做坏事"以及"犯错"和"说谎"之间的相似性；（二）在归纳法中，没有例子可用于与行不义者对比，因而这些例子的真实性不必然等于行不义者的真实性；（三）有意行不义者不可能令人信服地显得更好；（四）我们不可能知道谁是好人。

（一）除非正义是一种能力、知识，抑或两者皆是，否则我们不可能理解行不义和其他形式的错误之间的相似性。在第一阶段，犯错的主要形式是说谎，好人显得就是有能力说谎话和说真话的人。但人们总是认为，有能力说谎话以及真话都发生在特定场合的特定行业。因此，苏格拉底请希琵阿斯回顾他所有的技艺和知识，以及其他的技艺和知识，看他是否能从中发现在这么一门技艺或知识中，说真话者不同于说谎话者（368e1–369a2），并自信地预言他肯定办不到。此外，好人在每一个领域都等同于匠人或科学家，即在具体领域有一技之长的人。因此，好而聪明的数学家也被称为好人（376c6），好而聪明的几何学家也是如此（367e4）。这样，在第一阶段，好人就像说真话者和说谎话者，这是一个不完整的表达，需要通过具体技艺或知识方面有一技之长的人来说明。在第一阶段的结论中，拿说真话者（阿基琉斯）和说谎话者（奥德修斯）作比较，意思是既然说真话和说谎话发生在不同的技艺和知识领域之内，那么无论何时，只要有人擅长说谎话，他同时也擅长说真话，因为他是这一领域的专家，有能力按照意愿说谎话或真话。基于同样的原因，在第二阶段，有意说谎的人是更好的人，因为他在他说谎的领域是专家。

同样，在第三阶段，有意作恶者被当作无意作恶者的反面来讨论，恶行（ἁμαρτάνειν, ποιεῖν κακά, ἐργάζεσθαι πονηρά, κακουργεῖν 等等）总是发生在知识或需要能力的领域。这样，一个人可以在跑步和其他身体锻炼方面做得糟（比如跑得慢），或是在发挥身体机能方面做得糟（比如视力弱），或者可能是运用某项具体技能时的用具使得糟（比如掌舵的舵、骑马的马、射手灵魂之于命中的目标、医生灵魂之于治疗、奴隶的灵魂之于主人的意愿等等）。就像希琵阿斯所同意的，当有人有意把某项技能运用得糟糕，或某种用具被使用得糟糕时，他［它］更好。

但是，当讨论转向行不义者时，问题就产生了，这些犯错者显然不是在一门要求能力的技艺或知识之内干得坏，而仅仅是犯错。无论如何，除非他们在技艺和知识之内犯错，不然不可能按所有犯错者这样来考虑他们。为了抹去这一显著的差异，必须在行不义者身上找到一种技艺或知识，这就是苏格拉底接下来要处理的正义。

（二）除非正义是一种能力、知识，或两者皆是，否则归纳法中得出的结论将没有一个必然适用于行不义者。既然整个归纳法基于一门技艺或知识内的犯错，或某些功能发挥得糟，除非行不义在某种意义上是误用一门技艺或在一门技艺或知识之内发挥得糟，否则经归纳法证实的任何事都无法适用于行不义。因此，苏格拉底必须规定一门技艺或知识，在其中，有意犯错者就是有意行不义者；他规定了正义。

（三）除非正义是一种能力、知识，或两者皆是，否则有意行不义者不可能令人信服地被表现得更好。只有在技艺和知识中，有意犯错者才被发现更好。因此，有意行不义者不可能被证明为更好，除非他们的错误发生在特定的领域。行不义者做得坏的特定领域就是正义。在这样的特定领域中，苏格拉底能够重新使用他之前的术语，使行不义等同于作恶（376a5），并称好人为有意犯错、做可耻和不义之事的人（376b5）。

（四）除非正义是一种能力、知识，或两者皆是，否则我们不可能知道谁是好人。在所有的技艺和知识中，好人就是好的艺人或科学家，在他的专业领域内有技艺和能力的人。但仅仅发现好人（相对于好的几何学家、天文学家、吹箫者、奴隶等等）是不够的，我们需要发现人之为人的技艺。这就是正义。①

当然，有人可能会希望提出，好人是做高贵和正义之事的人。但这

---

① 另一个把正义看作一门手艺的尝试参见《王制》卷一334a，那里主要关心的是说明正义的用途，因为所有手艺都假定为对某些目的来说是有用的。最后结局类似于《希后》中的结局，即正义的人被证明是某种小偷，即善于偷钱的人同时也善于管钱。

一意愿无法帮助我们在有意行不义和无意行不义之间作出抉择。有趣的是，归纳法在某种意义上为好人提供了两种定义，一个是做正义之事，一个是有意做不义之事。归纳法定义好的跑步者时也采用了两种方法：好的跑步者是跑得棒的人（373d1），另一种定义法是，有意跑得坏和可耻的人（373e4－5）。于是，通过类比，如果正义是一门技艺、知识或能力，那么好人就是做正义之事的人，或者有意做坏事的人。

　　区分好人的这两层含义非常重要。因为虽然对一个人行为的检审足以在第一层含义上断定他是不是一个好人——如果他常常做高贵和正义之事，那么他在这个意义上就是好人，如果不是，如此检审对发现一个人在第二含义上是不是好人没有丝毫帮助。一个既做过好事又做过坏事的人，仍旧可以在第二层含义上是好人，因为关键在于技艺，不是被结果所决定，而是被行动者通过结果的控制所决定。于是我们需要检审事情的有意性和无意性——是好是坏——以判断行动者在目前所争论的意义上是否是好人。一个做高贵和正义之事的人在第二层含义上既可以是也可以不是好人；只有当他有意践行这些好的行为时，他才是好人。任何人都可能无意践行好行为，但这样做的人显然算不上好人。①

---

　　① 为了增强这点的论据，让我们转向 Guthrie 的评论："一个人至少会问，为什么希琵阿斯立刻同意正义必须是一种能力，或知识，或两者皆是。这点真的可以从他先前的承认所得出吗？即没有行为可以被践行，除非那人有践行的能力或技艺，正义被看作是一种行为的形式？"参见氏著，《希腊哲学史》（前揭），页195，注释3。Guthrie 谈到先前承认的根本不是他所说的什么没有行为可以被践行，除非那人有践行的能力或技艺。相反，行为可以被践行，即使一个人没有技艺或能力去践行它们，比如，一个人可以无意地践行它们。这样，除非一个人是有能力——善于说谎——否则当他希望说谎时，可能会不经意地说出真相。只有想成为能力含义上的说谎者，一个人才需要这种能力；仅仅为了说谎，并不需要这种能力。说谎的人必须有能力说谎，事实并非如此，而是只要当他想说谎时，他必须有能力说谎。于是苏格拉底说（367b2－3），若他真的想要成为说谎者，像你刚才同意的，需要有说谎的能力，他却没有说，若他想要说谎……需要有说谎的能力。当然，正义也并没有被当作一种"行为的形式"；它是灵魂中的一种能力或知识。做高贵或可耻的事情正是符合这一能力的行为。

假设论证是有效的,这结论确实来自论证,好人是有意犯错的人,那么就有必要问这个结果是否真的可耻。

如果我们紧贴对话文本,我们会发现,高人一等抑或低人一等的是行动者(或他的用具或灵魂),这才是问题所在——而不是所践行的行为。比如,任何地方都没有暗示说有意的谎言比无意的谎言更好,①而是说有意的说谎者更好,因为他更有能力。同样,并没有说有意跑得慢比无意跑得慢更好,而是说有意跑得慢的人是更好的跑步者。因此,如果有意的不义比无意的更好,那确实是可耻的,更不必说,如果不义是好的,那么它对更好的人、更有能力的人、有意行不义的人来说,肯定不会如此可怕。②

① 在《王制》卷七 535e 中,苏格拉底坚持无意的谎言被统治者们所瞧不起,他们热爱真理就像热爱有意的谎言。那么我们可以假设,如果出于无知而说出的谎言不比自愿说出的谎言更好,自愿说出的谎言当然是要被谴责的。混淆有意的谎言和有意的说谎者,这也许会导致 Hamilton 和 Cairns 对《希后》的判断,他们认为这篇对话"低于其他所有对话……它讨论了有意的犯错和无意的犯错,希琵阿斯坚持无意犯错比有意犯错更好,而苏格拉底持相反观点",参见 Hamilton 和 Cairns 编,《柏拉图对话选集》(*The Collected Dialogues of Plato*),Princeton,1963,页 200。Shorey,《柏拉图说过什么》(*What Plato Said*?),Chicago,1933,页 86-87,他说,"《希后》在矛盾中处理了德性是否是知识的问题,德性以苏格拉底的方式可以与技艺和知识相比较,知而犯错比不知犯错更好,因为归纳法证明了在所有知识和手艺中,好的艺人就是最有能力,只要愿意,最能犯错"。然而,它并没有真正遵从这一结论,如果好的艺人最有能力犯错,那么自愿犯错就更好,而在《希后》中没有标明这一点。

② 这让人想起 Donald Ogden Stewart 对 Emily Post 辛辣讽刺,《完美行为》(*Perfect Behavior*),Philadelphia,1977,页 1,这本书以这一定义开头:完美的绅士从不无意制造痛苦。如果有人接受这一观念,结论的可耻可以严格还原到对以下差异的评价,有意犯错者的善和有意犯错的善之间的差异,亚里士多德对这段的批评丢失了这篇对话的某些力量。亚里士多德试图在有能力说谎的人和有意愚蠢的人之间找到一个切入点,但当有人意识到这两者是相同的,尤其是这里没有提及行为而只提到了行动者时,差异的重要性便消失了。当然,当比较的对象是有意犯错者和无意犯错者,而不是有能力的和无能力的犯错者时,结论更显矛盾,柏拉图无疑打算这样做。但有人必须一直牢记在心,对话中的

正是这一点使《希后》能够针对说它不道德的指责为其自身清白辩护。因为在行动者践行其行为①的有意性或无意性中探明善或恶的过程中，而不是在行为本身的价值探明行动者的善或恶的过程中，《希后》从未被迫去尝试洗刷其邪恶性的恶行；相反，这篇对话坚持它所思考的所有行为的坏处。②其实，第一阶段和第三阶段的论证不过是宣称，（更）好的人在所有技艺和知识方面都是能人和聪明人。

《希后》的好人于是就不是标准的好人，后者要依据其行为判断他。对这篇对话中的行动者，既然仅仅依据其技艺来判断他们，那么就不可随口说此人是通常意义上的好人，这样就可以免受惩罚。

这些术语是希琵阿斯引入的——不是苏格拉底；苏格拉底从未越过有意说谎者的界限。对勘 Grote，《柏拉图与苏格拉底的其他同伴》（前揭），页 398，他与亚里士多德看法一致（必须这样说，亚里士多德令人绝望地混淆了《希后》的论证，他声称说谎话者和说真话者的同一性建立在以下两个假设上，一是更擅长说谎的人是说谎话者，二是好人会自愿犯错。当然，出现在对话中时，说真话者和说谎话者的同一性已经确立了）。

① 在第三阶段，它甚至不是通常所讨论的行为者本人。的确，只有在跑步者和摔跤者（以及其他体育运动员）的情形中，这种人本人才被考虑到。在这之后，有声音、脚、舵、乐器、马、狗以及所有类型的灵魂，直到苏格拉底说"好人拥有好灵魂"（376b3 – 4）时，人才重新进入讨论范围。这点可能非常重要，因为苏格拉底已经问过希琵阿斯，他是否偏爱一位有意误诊的医生，胜过无意误诊的医生，希琵阿斯可能不知道作何选择。但以灵魂来选择，就很容易取舍：更好的灵魂是能够做它想做的任何事，无论好坏；那有意误诊的医生的灵魂便更好。这甚至可以应用到作为正义的匠人的义人。其实，首先，人的灵魂有待探讨，然后再认好人拥有好灵魂之后，好人据说是有意犯错的人。灵魂与其所有者的关联只可能为正义才连接起来。

② 对勘色诺芬，《回忆苏格拉底》，4.2.19 – 20，苏格拉底问的是相同的问题，他再次谈到的不是有意和无意的欺骗，而是已有和无意的骗子，在这里行为也被解释成坏的：排除了以下可能性，有意者的善依赖于有意践行行为的善。

我们只需在心里清楚，这里的好人是"擅长正义的人"，而不是"正义的人"。

到目前为止，我们面临的问题是，通过清理苏格拉底得出的一个矛盾的、关于非标准意义的善的结论，来判断柏拉图的意图可能是什么。当然，如果这一结论的有效性基于苏格拉底自己引申出来的假设，那么我们必须知道他为什么对此不满。①如果柏拉图声称的不过是，好人就是聪明人和能人，因而好人是有意犯错的人，那么为何他还让苏格拉底问是否存在这样的人？（376b5-6）这些难题，正如开篇所陈述的，已经超出了本文的范围，本文仅试图为这些难题的探究打下基础。

---

① 正如冈伯茨注意到的，"苏格拉底没有掩饰他对结论的不满，尽管讨论的结果必然导致如此"，《希腊思想家》（前揭），页294。然而，并不是每个人都相信，遭到了苏格拉底的质疑，尽管他已经说过确是如此。亚里士多德引用了《希后》的矛盾，却没有说明柏拉图或苏格拉底是否相信这些矛盾（《形而上学》，1025a6-13）。色诺芬，也让苏格拉底在《回忆苏格拉底》中以说谎者和骗子的方式提出了同样的问题。许多现代学者也认为苏格拉底的看法是，有意犯错者比无意这样做的人更好。比如，Grote 认为这一看法是柏拉图和苏格拉底"在伦理学说上惊人的新玩意"，《柏拉图与苏格拉底的其他同伴》（前揭），页393。

柏拉图《希琵阿斯后篇》中的"性格"与"诡计多端"*

马尔赫恩(J. J. Mulhern) 撰
王江涛 译

近来有一篇文章注意到以下事实,柏拉图《希琵阿斯后篇》(以下简称《希后》)中的大部分论证取决于若干术语的含混用法,比如狡猾(wiliness,既意味着"善变"又意味着"理智的能力")、能力(既意味着行善的能力,又意味着作恶的能力)、善(既意味着某物的好,又意味着道德上的善)、故意(既意味着存在于我们能力中的东西,又意味着我们的希求或渴望)。① 然而,这些含混的用法以什么方式相互关联,却尚未被揭示出来。揭示这一点乃是本文的目的。

《希后》恰好开始于希琵阿斯关于荷马的讲演结束时。苏格拉底和一位名叫欧狄库斯的青年在场听讲演,欧狄库斯希望苏格拉底可以在讲演结束的时候赞扬希琵阿斯,或者挑挑错也行。不过,苏格拉底对赞扬和挑错都不感兴趣。他仅仅想要知道,如果希琵阿斯愿

---

* [译按]选自 *Phoenix*, Vol. 22, No. 4, 1968, 页 283 – 288。

① Rosamond Kent Sprague,《柏拉图对谬误的用法》(*Plato's Use of Fallacy*), New York, 1962, 页 68, 67, 74, 75 – 76。括号内容是对 Sprague 的引用。

意告诉他的话,阿基琉斯和奥德修斯谁更好、理由何在(πότερον ἀμείνω καὶ κατὰ τί,364b4),希琵阿斯又是如何区分他们的(364c2)？希琵阿斯回答说,荷马把阿基琉斯塑造得最勇敢(ἄριστον),把涅斯托尔塑造得最聪明(σοφώτατον),把奥德修斯塑造得最诡计多端(πολυτροπώτατον)(364c4–7)。

不料,苏格拉底抱怨道,他不理解这一回答。他尤其反对希琵阿斯对πολυτροπώτατον的用法。说涅斯托尔最聪明、阿基琉斯最勇敢,这对苏格拉底来说不是问题:智慧和勇气都属于性格(qualities),它们指向某一类行为,而这些行为是人们可以从具有这些性格的人身上预料到的。因为涅斯托尔聪明,他才会提供好的建议;因为阿基琉斯勇敢,他才会在战场上表现英勇。这些性格区分了一个人。诡计多端却不是一个类似于勇气和智慧的性格:诡计多端并不指向某一类型的行为,人们无法从具有诡计多端性格的人身上预料到他的行为。苏格拉底完全不能理解希琵阿斯的回答(364e3–4),如此的诡计多端怎么就能够把奥德修斯与别人区分开来。荷马本人已经承认,诡计多端是阿基琉斯和奥德修斯共同具有的性格(364e5–6)。荷马之所以敢这样做,是因为诡计多端并不指向一个人将要采取的行动。实际上,勇气和诡计多端没有把它们的拥有者们彼此区别开来,因为它们并不互相排斥。

从365b3–4可以看出,希琵阿斯并非完全没有意识到苏格拉底反对的论证要点。为了判断出阿基琉斯和奥德修斯谁更好,希琵阿斯必须把彼此区分开来;为了把彼此区分开来,他必须根据他们共同性格之外的性格来描述这二人的特征。这些性格或许将成为某种类型的 ἀρεταί [德性],可以参考希琵阿斯的说法 τὸν τρόπον ἑκατέρου τοῦ ἀνδρός [男人各自的性格]。希琵阿斯认识到 πολυτροπία [诡计多端] 不可能是如此性格,他试图告诉苏格拉底奥德修斯的性格,于是他引用《伊利亚特》的诗行,在这几行诗中,阿基琉斯称奥德修斯诡计多端(365a1),是一个口是心非的人(365b1)。根据希琵阿斯提供的第二层区分,阿基琉斯是一个 ἀληθής τε καὶ ἁπλοῦς [真诚而单纯的人],而奥德修斯则是一个

πολύτροπός τε καὶ ψευδής [诡计多端而且虚伪的人]。(365b4–5)①

不过，关于这第二层区分，可以这样问：希琵阿斯有意新增的特征描述是否并非多余？如果ψευδής [虚伪] 是多余的，当然，那么希琵阿斯不会因为使用它就增强了对奥德修斯的特征描述。但是可以很清楚地看出，有意规定了πολύτροπός [诡计多端] 的一种含义，而不仅仅充当同义词的功能：对于引入"虚伪"，苏格拉底的反应仿佛表明，"虚伪"可能具有某些新含义。当苏格拉底继续探究这一新线索时，他对比了

---

① πολύτροπός的含混之处被通常的英文翻译 wily（狡猾的）所掩盖了。Jowett 和 Fowler 在他们各自关于《希后》的版本中均使用 wily 翻译πολύτροπός。同时，wily 在 Fowler 的译本中还是对柏拉图引用《伊利亚特》9.309（365a1）中πολυμήχαν的翻译；Jowett 用 crafty（诡诈的）翻译πολυμήχαν，也许是想表达这一事实，他的翻译代表了两个不同的希腊语词。对勘《柏拉图对话集》(*The Dialogues of Plato*), Benjamin Jowett, Oxford, 1964, 卷4, 页608–609。《柏拉图：克拉底鲁，帕默尼德，希琵阿斯前后篇》(*Plato: Cratylus, Parmenides, Greater Hippias, Lesser Hippias*), H. N. Fowler 译, Cambridge, 1963, 页433–435。Jowett 和 Fowler 似乎都在他们的译文中丢掉了πολύτροπος 和τρόπος 之间值得玩味之处。如果这一值得玩味之处没有被译文所掩盖，那么在 346c6–7 处对πολυτροπώτατον 的翻译万万不能使人想起，πολυτροπία更倾向于τρόπος [性格] 一方，而不是另一方。这一翻译只能使人想起一种所拥有的能力；它不能让读者相信，所谈论的能力还有任何特殊的或普通的使用方法。所以 wiles（诡计的）和 wily 都不是合适的翻译，因为根据《简明牛津英语词典》(*the Shorter Oxford English Dictionary*), 这两个词意味着诡诈的，狡猾的 (cunning) 和欺骗 (deceit)；也就是说，这两个词带有τρόπος [性格] 的性质。对话一开始并没有把πολυτροπία解释成诡诈的，狡猾的和欺骗，而是一直到365b4–5，当πολύτροπος和ψευδής并置时，才这样解释。不可能赞成使用 wily 来翻译形容奥德修斯的语词，就算连荷马的译者都不会一致同意这点。当然，Cowper 的翻译"以诡计著称"（for wiles renown'd）确实略显时髦。可另一方面，近来 Richmond Lattimore 偏好选用"多计谋的"（resourceful）来翻译πολύτροπος。对勘《伊利亚特》(*The Iliad of Homer*), William Cowper, New York, 1852, 页219；《伊利亚特》(*The Iliad of Homer*), Richmond Lattimore, Chicago, 1957, 页208。R. J. Cunliffe 的《荷马方言词典》(*A Lexicon of the Homeric Dialect*, London, 1924）在πολυμήχανος和πολύτροπος条目下均作多计谋的解释。

"虚伪"和 365d6 – 7 处没有能力的人,从而暗示"虚伪"和 δυνατός τι ποιεῖν [有能力做某事] 之间有一种联系。希琵阿斯提得更加明确:他认为"虚伪"具有正在谈论的这种能力,不仅仅是"有能力做某事",更是 δυνατούς...πολλὰ καὶ ἐξαπατᾶν ἀνθρώπους [有能力做许多事,尤其是骗人](365d8)。

在"诡计多端"首次被引入的这层意义上,"诡计多端"证明了它还不足以描述奥德修斯的特征,因为"诡计多端"仅仅表明奥德修斯拥有某一类型的能力,不表明奥德修斯以一种独特的方式行事。也就是说,"诡计多端"表达出的是一种 δύναμις [能力],而不是一种 τρόπος [性格]。第二层含义(被定义为"虚伪")增强了"诡计多端"描述特征的用途,它不只表明拥有一种能力,还表明"诡计多端"有特殊和一般的使用方法。只有这能力的特殊和一般使用方法,才证明对语词"虚伪"的使用是正当的;毫无疑问,还有一种可能,希琵阿斯确实想用这一语词。于是,随着引入"虚伪","诡计多端"的含义发生了改变。在其第二层含义中,"诡计多端"似乎提供了某些基础,可以回答苏格拉底的问题。①

---

① 亚里士多德在他的《形而上学》1025a 2 – 8 中用到了 δύναμις 其中一层含义来解释他的 ψευδής 的第三层含义。参见 W. D. Ross 版,Oxford,1924。肖里在评述《希后》的过程中,他断言在这篇对话中可以发现"区分 δύναμις 和 ἕξις,能力天赋与状态习惯的源头,亚里士多德关于德性的定义正是奠基在这一区分上"。参见氏著,《柏拉图说过什么》(*What Plato Said*),Chicago,1934,页 89 – 90。毫无疑问,Shorey 的评述涉及《尼各马可伦理学》1105b20,亚里士多德在这里区分了 πάθη [经验],δύναμεις 和 ἕξεις,不过,亚里士多德此处关于 δύναμις 的用法,比《希后》中的用法要限制得严格得多。亚里士多德把 δύναμις 定义成 καθ᾽ ἃς παθητικοὶ τούτων [παθῶν] λεγόμεθα [使我们能获得这些感情,1105b23 – 24]——这一个定义,不可能应用于苏格拉底和希琵阿斯思考的关于 δύναμεις 的全部例子,比如,δύναμις τοῦ ψεύδεσθαι(说谎的能力,366b5)。当然,说《希后》的讨论是"(亚里士多德式)区分 δύναμις 和 ἕξις 的源头",不等于说《希后》的区分与亚里士多德的区分相同。无论如何,在本文中,δύναμις 和 τρόπος 不应当被当作 δύναμις 和 ἕξις 在《尼各马可伦理学》中的意义具有相同的范围。具体语境,参见 *The Ethics of Aristotle*,John Burnet 编,London,1900。

对于这次讨论，不幸的是，马上出现了"虚伪"的含义，它与"诡计多端"的第一层含义完全吻合，这下诡计多端的含义就一直含混下去了。"虚伪"的这层含义出现在对话者们试图澄清其意义的过程中。"说谎者，"苏格拉底提到，"有能力……而且诡计多端。"希琵阿斯也表示同意（365e1-2）。当然在这里，"诡计多端"用作规定"虚伪"的一种意义，却没考虑到以下事实，即"虚伪"已经被用作规定"诡计多端"的意义。这一循环论证既然成立，那么 πολύτροπός τε καὶ ψευδής［诡计多端而且虚伪］的表达就很多余；但这一短语并非多余。这样，"虚伪"的含混性使得πολύτροπός［诡计多端］的含混性也继续下去。

无论如何，二人都同意，说谎者凭借邪恶和审慎（ὑπὸ πανουργίας...καὶ φρονήσεως）享有他们的能力，因而他们也同意这些说谎者是φρόνιμοι［审慎的］（365e4-6）。既然他们是审慎的，他们便知道自己打算做什么，所以他们也是σοφοί［有智慧］，不过只是σοφοί...ἐξαπατᾶ［在欺骗方面有智慧］（365e9-366a1）。根据上述的限定，对话者们即可接受这一定义：οἱ ψευδεῖς εἰσιν οἱ σοφοί τε καὶ δυνατοὶ ψεύδεσθαι［这些骗子们既有智慧，而且又有能力说谎］（366b4-5）。可是，在这个定义中，"虚伪"已经从一种性格形容词的状态还原为仅仅是一种能力形容词的状态，从第二层含义回到了第一层含义。

用智慧和能力来定义"虚伪"，这点将会被注意到。这两个概念在关于技艺性知识的讨论中发挥着他们自身的含混作用。紧接在366b4-5处定义"虚伪"之后的几页，苏格拉底和希琵阿斯思考技艺性知识在成功行骗者的伎俩中的位置。他们论证道，如果有人精通算术方面的运算，他将知道他的结果并且有能力说出关于结果的真相（366d6-e1）；在这些运算上最聪明、最有能力的，就是最优秀的算术家（366d4-5）。如果有一个人知道结果的真相，反过来讲，他将有能力就结果说谎，而且可以把谎说得天衣无缝，使无知的人们都察觉不了（366e1-367a5）。于是，最好的算术家在以下两方面都最有能力，一是说出结果的真相，二是说谎（367c2-3）；如此矛盾的是，关于这些事情说谎话的和说真话的竟是同一人（367c 7–8）。一个个与此相似的论证先后被用于几何学（367e 2–6）、天文学（368a 2），以及所有其他知识门类方面的专长（368a 8–b 1）。

  这一矛盾的可靠性完全依赖于能力概念和性格概念的不可分性，这一不可分性是由以下论证建立的，即说谎者和说真话者是同一人。在技艺性知识的每一件事例中，能力被认为是由其恰切的智慧所赋予的——算术、几何或者天文——能力时而被当作能力，时而又被当作 τρόπος［性格］。矛盾之所以是矛盾，是因为它在一层意义上是真的，而在另一层意义上又是假的：说它是真的，是因为同一个人既有能力说谎话，又有能力说真话，不管在什么情形下，对任何性格来说，前提是要熟知某些门类的知识；说它是假的，是因为这同一个人必须经常说谎，又必须经常说真话，即便熟悉某些门类的知识可以使他能够在任何一门知识方面获得成功。矛盾对于这篇对话中的苏格拉底来说体现在用法上，因为这一矛盾为他提供了一个关键的反驳理由，以此来反对能力概念与性格概念的混用，这种混用正是希琵阿斯试图用来区分奥德修斯与阿基琉斯的。在 365b4–5，苏格拉底提到，他坚持这一混用将无法以真假的方式把阿基琉斯和奥德修斯彼此区分开来，因为刚才详细审查过的论证表明，说真话的人与说谎话的人是同一人（369b3–4）。希琵阿斯已经被搞糊涂了。

  对话的剩余部分表现了希琵阿斯徒劳的尝试，他只试图从这一尴尬的局面中摆脱出来，却无益于他坚持的区分。只要这一区分依赖于对 ἑκών［有意］及其同源词的含混运用，依赖于对 ἀγαθός［好］及其比较级、最高级的含混运用（373c7–375d4），最后的结果无非是尽可能把评价性的谓语应用于能力概念，而不是性格概念——一项注定不幸的工作。

  希琵阿斯证明了他使用"虚伪"的合法性。说真话还是说假话这一事实无助于把阿基琉斯与奥德修斯区分开来。他希望事实是这样：阿基琉斯欺骗 οὐκ ἐξ ἐπιβουλῆς ...ἀλλ' ἄκων［不是靠阴谋诡计，而是无意的］（370e6–7），甚至是 ὑπὸ εὐνοίας［出于好意，

371e1]，相反，奥德修斯这样做是ἑκών τε καὶ ἐξ ἐπιβουλῆς [有意的而且是有计划的]（370e8 - 9）。这一事实有助于把他们区别开来。不过，苏格拉底指出，如果刚才关于这二位英雄的陈述都是正确的，那么奥德修斯就是两者中更优秀的那位，因为 οἱ ἑκόντες ψευδόμενοι βελτίους ἢ οἱ ἄκοντες [有意说谎者比无意这样做的人更好]（371e7 - 8）。苏格拉底扬言他本人会接受这个立场，即使希琵阿斯已经反对该立场了（371e9 - 372a5）。

372a6 至 373c8 这一段，苏格拉底讨论的主题从ψευδόμενοι [说谎话者] 和其他若干类型的罪犯一直到整个ἁμαρτάνοντες [犯错误] 的人群。① 这段归纳替苏格拉底总结了一部分简明的范式——ἑκὼν ἁμαρτάνων [有意犯错] 这个范式将在 376b4 - 5 出现。于是，从运用身体力量的例子开始，接着依次是运用感觉、死的工具、活的牲口的例子，苏格拉底最后考虑的是人的ψυχή [灵魂]。这个无所不包的论述用来体现人们对好人的看法，即他的身体和他的力量受他自己控制（对勘 374a7 - b4），而没有考虑会不会出现这种情况，即他所列举的这些行为是人们会在通常场合下称赞的行为。既然一个人的优秀在于控制他自己的力量，既然灵魂也是这些力量之一，那么只有当一个人控制着他的灵魂时，他才好。于是控制自己的灵魂并施恶行才更好。"但这将太可怕了，"希琵阿斯反对道，"如果那些故意犯错的人将要比那些无意这样做的人更好的话。"（375d3 - 4）希琵阿斯再一次被弄糊涂了。

这一部分的矛盾来自ἑκών [有意] 与ἀγαθός [好] 的含混。这一论证的结尾就已经指出，ἀγαθός意味着"道德的善"，而在阐述的过程中却意味着"善于做某事"。② 然而，"善于做某事"说的是能力方面，而不是性格方面。"善于做某事"在道德上可以说是中立的；这一点可以从不少例子中清楚地看出，某些恶行的名称可以取代"善

---

① 对勘 372d4 - 6：οἱ βλάπτοντες τοὺς ἀνθρώπους καὶ ἀδικοῦντες καὶ ψευδόμενοι καὶ ἐξαπατῶντες καὶ ἁμαρτάνοντες [那些伤害他人、行不义之举、说谎、欺骗、故意犯错的人]。

② Sprague,《柏拉图对谬法的用法》（前揭），页 74。

于做某事"这一表达中的"某事",而且丝毫不显突兀。但是,"道德的善"不可能单指能力方面,却有可能单指性格方面。因此,一个人可以在上述的第一层含义上谈论奥德修斯的诡计多端——说谎或做某事的能力,而不必褒奖或谴责他在道德上善或恶;这些形容词指的仅仅是能力概念,这些词不具有道德方面的评价性。另一方面,一个人也可以在这些形容词的第二层含义上使用它们,以指称性格概念。评价性谓语诸如"道德上的善"也就变得合适了。

"有意"的两层含义完全符合上述对 πολύτροπός [诡计多端]、ψευδής [虚伪] 和 δυνατός τι [某种能力] 区分的两层含义。当"有意"被当作指向我们力量中的什么东西时,它被用作才能概念;当它被当作指向我们希求或渴望的什么东西时,它被用作性格概念。这样,"那些有意犯错的人更好"这一论断就有两种意思:

1) 那些有"有意"这种能力去犯错的人更好;或者
2) 那些希求或渴望犯错的人更好。

当然,"更好"在 1) 中是"善于做某事"的比较级;那些有"有意"这种能力去犯错的人必须善于做某事。1) 是一个真命题。在 2) 中,"更好"指的是"道德的好"的比较级;那些希求或渴望犯错的人在道德上是好的。2) 在绝大多数情况下都是一个伪命题。

对话的最后部分(375d7 至结束)讲述了一个更加复杂的论证——分析这个论证的长度将超出本文的范围。然而,可以发现,这一论证所包含的含混性与以上概述的那些论证非常相似,柏拉图已经把这些论证的钥匙给了我们,钥匙就是这篇著作开头的 τρόπος [性格] 与 πολύτροπος [诡计多端] 的辨析。

厄里斯人希琵阿斯与自然－习俗思想

约翰（Horst－Theodor Johann） 撰
张羽军 译

一

冈伯茨（H. Gomperz）认为,①在柏拉图《普罗塔戈拉》337c–d处，希琵阿斯的著名讲辞中的省略号与对话的进程无关，属于柏拉图的隐微笔法。这个省略号暗示了另一种常见的文学表达方式。柏拉图写得模棱两可，"戏弄智术师，将智术师当作只能播放唱片的留声机，借助智术师来传递柏拉图的一种（eine）②立体声，柏拉图的做法完全不厚道"。③冈伯茨总结道，希琵阿斯在《普罗塔戈拉》中的讲辞很有可能具有突出地位。④柏拉图笔下的智术师是在夸耀自己的原创思想，还是知道自己在借用同时代人的观点以表达相关的⑤

---

① 见氏著《智术与修辞》（*Sophistik und Rhetorik*），Leipzig–Berlin，1912，页75。
② 冈伯茨原文用疏排字体强调。
③ F. Dümmler 已有先见，*Akademika*，GieBen，1889，页252。
④ W. Nestle 已有先见，《从神话到逻各斯》（*Vom Mythos zum Logos*），Stuttgart，1940，页367。
⑤ 参见《智术与修辞》（前揭），页78，"有别于古希腊"的奥林皮科斯（Olympikos）城。

理念？冈伯茨没发现什么"独创的深远思想"，因此，他认为后一种可能性更大。①所以，冈伯茨怀疑"厄里斯人希琵阿斯是否拥有所谓的伦理-法哲学学说"。②迪姆勒（F. Dümmler）在其论文中首先谈到，③希琵阿斯"第一次让人注意到，习俗具有社会性"④，"这种思想很丰富"。虽然冈伯茨质疑智术师思想的原创性，但上述对智术师思想的实证式评价总是获得现代学术的认可。希琵阿斯最全面地呈现了希腊的法学思想，⑤ 跻身"自然法学说的奠基人"行列。⑥ 这种学说具有革命色彩。⑦海尼曼（F. Heinimann）认为，希琵阿斯的政治观点与安提丰（Antiphon）有关。⑧海尼曼和内斯特勒（W. Nestle）都认为希琵阿斯这个先驱非常重要，内斯特勒认为希琵阿斯"博学多识"，似乎未独自创立任何哲学，师从安提丰，⑨而海尼曼认为希琵阿斯"普及"了安提丰的以及作为阿里斯托芬《云》的基础的学说，至于安提丰是否是原创者，尚需存疑。

在《普罗塔戈拉》中，希琵阿斯的出场是有意安排的插曲，以推进主要对话者苏格拉底和普罗塔戈拉的哲学式对话。希琵阿斯建

---

① 同上，页78以下。
② 同上，页76。
③ 参前注迪姆勒文章所在的学刊，页251–260。
④ 同上，页256。
⑤ E. Wolf,《希腊法学思想卷二：智术时代的法哲学和立法诗》（*Griechisches Rechtsdenken II: Rechtsphilosophie und Rechtsdichtung im Zeitalter der Sophistik*），Frankf. a. M.，1952年，页76以下。
⑥ 参 A. Verdross,《西方法哲学：历史观、法学、国家学说中的基础和难题16》（*Abendländische Rechtsphilosophie. Ihre Grundlagen und Hauptprobleme in geschichtlicher Schau, Rechts – und Staatswissenschaften* 16），Wien，1963，页22：希琵阿斯是智术师自然法学说的奠基人。
⑦ 《从神话到逻各斯》，页369；《希腊法学思想卷二》，页82。
⑧ 见氏著《习俗与自然：公元前五世纪一个希腊思想矛盾的起源和意义》（*Nomos und Physis. Herkunft und Bedeutung einer Antithese im griechischen Denken des 5 Jahrhunderts*），Schweiz, Beiträge zur Alterumswiss. 1, Basel 1945 (1965)，页142以下。
⑨ 《从神话到逻各斯》，页375以下。

议，苏格拉底与普罗塔戈拉应该彼此妥协，达至中道。此情此景中，希琵阿斯的讲辞当然值得注意。羞耻（αἰδῶς），若是诉诸有教养者本已足够，但智术师借助哲学委婉提醒并教导对话者，他们相亲相近、同出一源、是一对同胞，乃是凭借自然而非习俗（φύσει οὐ νόμῳ）；因为，相同者因自然而相同。他们是希腊最有教养的"懂得诸事物的自然"的男人们，却将"懂得诸事物的自然"这句话证明为不可靠，因为他们像最愚蠢的人们一样相争。

二

僭主的法（νόμος τύραννος）激发了对品达（Pindar）残篇169①的对比性研究。②品达认为，赫拉克勒斯（Herakles）抢夺牲畜，就是习俗的作用："法乃万物之王，一切有死者与不死者［之王］，凭至高无上的手，使正义的事物最有力量。"残篇169虽未引发争议，③但

---

① 亦参希罗多德《原史》3.38；柏拉图《高尔吉亚》484b – c（卡里克勒斯），《法义》690bc，714e – 715a。

② 参迪姆勒 254；W. Eckstein，《社会哲学解释中的古代自然法》（"Das antike Naturrecht in sozial – philosophischer Beleuchtung"，*Soziologie und Sozialphilosophie*，2，Wien – Leipzig，1926 页 29；H. E. Stier,《君主法》（"NOMOS BASIIEUS"），*Philologus*，83，1928，页 244 以下。

③ 参见斯蒂尔，前揭，页 225 以下；海尼曼，前注，页 67 以下；M. Gigante,《君主法》（"NOMOS BASLEUS"），*Ricerche Filologiche*，1，Neapel，1956；M. Treu，《君主法：新老问题》（"'NOMOS BASIIEUS' : alte und neue Probleme"），*Rh. Mus.*，106，1963，页 193 –214；M. Ostwald,《品达、习俗和赫拉克勒斯》（*Pindar*，*Nomos*，*and Heracles*），参见 Pindar，frg. 169 [Snell2] + P. Oxy. No. 2450，frg. 1），*Harv. Stud.*，69，1965，页 109 –138；W. Theiler,《众王之法》（"Nomos ho panton Basileus"），*Mus. Helv.*，22，1965，页 69 –80 = Unters. zur ant. Lit.，Berlin，1970，页 192 –205。V. Ehrenberg 考订了早期对品达的解释，《早期古希腊的法律观》（*Die Rechtsidee im frühen Griechentum*），Leipzig 1921，页 119 以下。A. Menzel,《卡里克勒斯：强权法律学说史探幽》（*Kallikles. Eine Studie zur Geschichte der Lehre vom Rechte des Starkeren*），Wien – Leipzig，1922，页 30 –36。

很难讲品达认为赫拉克勒斯抢夺牲畜这一行为很正义。①品达笔下的习俗有别于希琵阿斯口中的习俗，前者涉及篡位者。②如果品达笔下习俗的作用包含专属于篡位者的权势，上述说法就有一定道理，但也容易引发联想，实际的政治不会这么区分两种习俗。区分是：僭主法压制现实的自然状态，君主法（νόμος βασιλεύς）使通常遭到谴责的暴力从根本上合法化。首先，前者涉及诸神与人，后者也包括不少愚蠢之极的人（φαυλότατοι τῶν ἀνϑρώπων），但两者的共同之处是使用暴力，前者的暴力用于压制，后者的暴力融入高贵的秩序。因此，品达笔下的习俗和希琵阿斯口中的自然乃是一致，自然是高贵秩序的护卫者，用于王道，习俗是对人的自由和地位的威胁。

施蒂尔（H. E. Stier）指出，品达笔下的习俗"具有荣耀感、神圣感"。③希罗多德《原史》3. 38 涉及品达的残篇169，也证实了上述说法。希罗多德在谈论葬礼规范时，认为所有人都认为自己的法律最好，并援引了品达笔下的君主法，以期希罗多德自己的观点显得有理有据。之前，希罗多德写到，冈比西斯（Kambyses）嘲笑并玷污埃及圣物，这是疯狂之举。希罗多德尽管向智术式的相对主义④妥协，但仍认识到习俗不可损害、值得尊敬，并反思到，在习俗统治下的人处

---

① 今人认为，"正义属于强者"是品达的说法。柏拉图《高尔吉亚》484b 的"强力最正义"引发读法上的争议。门泽尔，前注页 93 - 96；斯蒂尔，前注，页 247 以下；Gigante，前注，页 150 注 1（考据尤多）；Treu，前注页 193 以下；泰勒，前注页 69 以下 = Unters. zur ant. Lit. 页 192 以下。

② 《从神话到逻各斯》，页 367；《希腊法学思想卷二》，页 80。

③ 参前注，页 229。

④ 《原史》3，38 处的智术起源，参海尼曼，前注，页 78 以下。

于或相信自己处于正义中。①

海尼曼认为,希罗多德的习俗观远未过时,并未使自然和习俗的相互对立进一步得到承认。②波伦茨(M. Pohlenz)③引用海尼曼的观点,④并确定自然和习俗的矛盾出现在论述神圣疾病的文献中(c.14),时间约为公元前435年到前430年。希波克拉底论述环境时,将自然和习俗用作术语,自然和习俗成为一对概念,⑤并借用了欧里庇得斯《希波吕托斯》中的一句话(c.22),时间晚于公元前428年。波伦茨质问道,⑥既然"公元前430年左右,一位医生能够将自然和习俗用于学术研究",那么这对概念出现在何时何地。波伦茨猜测,⑦雅典的阿尔凯劳斯(Archelaos)"将伊奥尼亚的学术思想运用于雅典的实际问题,使自然和习俗成为一对概念,当时,自然和习俗这对概念尚处于萌芽阶段"。"虽然希琵阿斯等智术师滥用自

---

① 海尼曼认为(前注,页79以下),希罗多德笔下的习俗就是政治共同体的具有束缚力的权威,有悖于迪姆勒(前注文章249页以下)和内斯特勒。内斯特勒的《希罗多德与哲学及智术的关系》(Herodots Verhältnis zur Philosophie und Sophistik, Stuttg. 1908,页25)认为,希罗多德的史述反对自然,谴责习俗(亦参《从神话到逻各斯》,页509以下;368注31)。直至希波战争,希腊人仍普遍尊敬习俗,希罗多德的史述(7, 101-107)中薛西斯(Xerxes)和流亡的斯巴达国王德玛拉托斯(Demaratos)的对话就是证据。斯巴达国王告诉波斯国王薛西斯,希腊人相当尊敬despotes nomos [僭主法],甚于波斯人对统治者的尊敬。——习俗受人尊敬,保障了人的自由,参 E. Kirsten, Rh. Mus., 90, 1941,注66, 15;海尼曼,页32,页34注42;波伦茨,《习俗和自然》(Nomos und Physis), Hermes, 81, 1953,页428以下 = Ki. Schr., H. Dorrie 编, Hildesheim, 1965, Bd. 2,页351。
② 前注, 79。
③ 前注, 423 = Kl. Schr. 346。
④ 前注, 129。
⑤ 海尼曼强调(前注,页42),希波克拉底的用法和后来的用法根本不同。
⑥ 前注, 424 = Kl. Schr. 347。
⑦ 前注, 432 = Kl. Schr. 354。

然和习俗的矛盾",①但阿尔凯劳斯早就有这种想法。"谁可能是自然和习俗这一矛盾的首位发现者（πρῶτος εὑρέτης）"这个问题一旦提出，那么新近对《希琵阿斯》具有原创性的怀疑就值得关注。

三

迪姆勒顺便注意到，②赫拉克利特（Heraklit）笔下的共同的逻各斯（ξὺνος λόγος）相当于《希琵阿斯》中的自然（φύσις），赫拉克利特笔下的个人的审慎（ἰδίη φρόνησις）相当于《智术师》中的习俗（νόμος）。相应的，赫拉克利特残篇22b2处，πολλοί [众人] 前移了，似乎众人拥有个人的审慎，虽然逻各斯为人共有。b112处，审慎（σωφρονεῖν）是最高的德性（ἀρητή），它说出真理并实现真理，也就是智慧（σοφίη），即听命于自然（κατὰ φύσιν ἐπαΐοντας）③并顺从自然。b2处要求面对共同的逻各斯，众人不能遵守此要求，而在b112处，顺应自然可视为智慧的标志。b2和b112处都涉及指导性原则和接受性的理念。共同的逻各斯和自然似乎相同。④b114借助万物的共同点

---

① 波伦茨，前注，433 = Kl. Schr. 355。
② 前注，256。
③ 参 Karl Reinhardt，《帕默尼德》（*Parmenides*），Bonn，1916，页223，注1。
④ 海尼曼将phusis译作"（物体）真正的本质"——莱因哈特（前注，页222页以下）将phusis译作认知理论——海尼曼说，二格名词的缺乏并不能让人想起"高于万物的个人化'自然'"。公元前五世纪的前半叶就没有这个词，智术师时代和公元前五世纪末也鲜有这个词。G. S. Kirk《赫拉克利特：宇宙论残篇》（*Heraclitus. The Cosmic Fragments*，Cambridge 1954，页230）处，phusis = "某个物体或多个物体的真正结构"。除了B112、B1、B123，关于自然的言辞太少，不能证实赫拉克利特笔下逻各斯和自然的关系。B123处：自然喜爱隐藏（Phusis kruptesthai philei），基尔克（同前）援引B18和B22，自然并非不可认识，只是隐藏着。因此，自然临近可以认识逻各斯，虽然不可理解的东西并不能发现逻各斯。E. Schmalzriedt《"论自然"：书名的早期历史》（*Peri Physeos. Zur Frühgeschichte Buchtitel*），München，1970，页114以下也得出海尼曼

(ξὺνος παντῶν) 强调具有理智的言说者 (ξὺν νόῳ λέγοντες)，赫拉克利特随后使之朝向神法 (εἶς ϑεῖος [νόμος])，赫拉克利特声称，神法造就人法。这种说法就是前述"有理智的言说者"的基础，并总结道，万物的共同点和朝向神法 (εἶς ὁ ϑεῖος νόμος) 是一回事。①因此，共同的逻各斯、万物的共同点和朝向神法三者处于同一层面，三者和自然②很可能也处于同一层面，③与人法相依托。基尔克为此关系而指明柏拉图笔下的分有 (μέϑεξις)。④

亚里士多德似乎读过赫拉克利特，在《修辞术》Ⅰ 10，1368b7 处，亚里士多德分辨了个人法 (νόμος ἴδιος) 和共同法 (νόμος κοινός)，将前者等同于成文法，后者等同于不成文法。《修辞术》Ⅰ 13，1373 b4 以下又出现同样的思想，共同法基于自然 (κοινὸς νόμος κατὰ φύσιν)。⑤廊下派的芝诺（Zenon）也像上面那样要

的结论，但证明，赫拉克利特涉及自然的三个地方就涵盖了自然的所有意义。Ekasta phusis 这个总结就引申出"万物的自然"等用法。——赫拉克利特的逻各斯概念，参 W. J. Verdenius，《赫拉克利特和帕默尼德笔下的逻各斯概念》(*Der Logosbegriff bei Heraklit und Parmenides*)，*Phronesis* 11，1966，81 – 98；*Phronesis* 12，1967，99 – 117；参 E. Kurtz《赫拉克利特逻各斯残篇解》(*Interpretationen zu den Logos – Fragmenten Heraklits*)，*Spudasmata* 17，Hildesheim 1971。

① 海尼曼，前注，66。
② 莱因哈特（前注，页215以下及页222以下）将 theios nomos 等同于 phusis。莱因哈特为此引用 peri diaites，11。莱因哈特认为，习俗和自然都是认知理论。
③ 至于逻各斯和自然的关系，Kartz（前注，页92）注意到，赫拉克利特关于个别对象的论述符合自然，所有的现象符合逻各斯。赫拉克利特的讨论就是自然的镜像。
④ 前注，54 f。
⑤ 参 E. Berneker 编的《古希腊法学史》(WdF45，Darmstadt 1968) 页146 – 151 处 E. M. Michelakis 的论文。习俗涉及希琵阿斯的讲辞和《尼可马各伦理学》X10，1179b4 以下。Polloi 的本性不屈服于荣誉，只屈服于恐惧，必然需要具有强制力的 anagkastike dunamis 习俗，理性的言辞和劝导不是万金油，只对天生受神赐福的人有效。

求（SVF I 262），人不该受制于城邦或德谟（Demo）——对于个别正义的每一个定义（*ἰδίοις ἕκαστοι διωρισμένοι δικαίοις*）——其应该视为同胞和公民："一种生活和秩序，就像凭借共同法共同养育群体"。上述"自然"的意义非常新颖——在《克里西普》（Chrysipp）（SVF III 4）中，共同法的目的与整全的自然（*φύσις τοῦ ὅλου*）一致——这种一致涉及希琵阿斯曾稍微谈到①的赫拉克利特的逻各斯观和习俗观中的精神与世界城邦思想的关系。

自然的占有者即具有理智的言说者（*ξὺν νόῳ λέγων*）指明了万物的共同点，而多数人服从人法，即个人的审慎的现实。②客观规则，即万物的共同点，与属人的法虽然分有，却二律悖反，因此在主观层面上，有智慧的人的举止和大众的举止形成反差，虽然"认识自己和节制对所有人来说都是中道"（B116）。③智慧的占有者完全能认识自我、能够审慎，且因为所有人都有原则上的接受能力，所以智慧的占有者会分享认识自我的能力和审慎，万物的共同点拥有主导力量，④ 并衍生出人间的法则。

四

因此，赫拉克利特的思想是希琵阿斯关于自然－习俗的论述的深刻基础。古希腊最负盛名的聪明人——智术师自以为属于其间——将赫拉克利特笔下的多数人等同于不相往来的人们（*ἀξύνετοι*）。⑤这些聪明人具有个人的审慎，压制了苏格拉底口中的习俗，"坚决维持严格的谈话样式，……简洁明了"（338a 1 以下）。普罗塔戈拉也受

---

① S. 注 48。
② 参赫拉克利特残篇 b2，b112，b114。
③ 参 b113 "审慎对所有人都是一样的"。对 b113 真伪的错误怀疑，参 Verdenius，*Phronesis*，11，1966，91 注 34。[译按] 引文为希腊文。
④ 参 b114。
⑤ 参 b1。

制于其本人的习俗。我们从普罗塔戈拉身上看出:"宏伟壮丽,井井有条……乘风张帆,漂入言辞的海洋,脚不沾地"(338a 5 以下)。苏格拉底狭隘的辩证术和普罗塔戈拉浮夸的修辞术都是呆板的法则,因此两人无法从容对话。①

当然,有教养的精英聚集在卡里阿斯(Kallias)家中,他们所遵守的原则不再是神性的规制力量,而是精英们独有的天性。智术师的习俗远离人法,神法($\vartheta\varepsilon\tilde{\iota}o\varsigma\ \nu\acute{o}\mu o\varsigma$)就是人法的存在之基。希琵阿斯未谈及僭主法。习俗经常($\pi o\lambda\lambda\grave{\alpha}$)起作用,而人的天性并不经常起作用。色诺芬怀疑智术师(《回忆苏格拉底》4,4,14),习俗和符合习俗的举止,由于人间法则的嬗变,未得到严肃对待,但并不会阻止色诺芬接受苏格拉底关于正义 = 守法($\delta\acute{\iota}\varkappa\alpha\iota o\nu = \nu\acute{o}\mu\iota\mu o\nu$)的等式(4,4.13.18)。②不成文法基于上述关系,虽然具有普遍效力——在必须宣告凭借自然的正义($\varphi\acute{\upsilon}\sigma\varepsilon\iota\ \delta\acute{\iota}\varkappa\alpha\iota o\nu$)之后才这样——却并不能带来人事的正义,并不能回避成文法,至少不能取代成文法。③《希琵阿斯前篇》(284d)中的智术师注意到不好的法律的危险,承认习俗的作用。在另一个文段(VS 86 B17 D. - K),最终,"立法者受到召唤"④,因为诽谤行为不会像盗窃行为那样受到惩罚。

如果习俗不是原则,却受制于僭主,那么当法律开始变得正义

---

① 希琵阿斯信奉据说由普罗狄科发现的关于中道的逻各斯的理念,参柏拉图《斐德若》267b。

② 参 R. Maurer,《柏拉图、"国家"、民主:政治伦理的历史体系式考量》(*Platons, 'Staat' und Demokratie. Historischsystematische Überlegungen zur politischen Ethik*),Berlin 1970,页 70 注 2。

③ 参 M. Salomon,《智术师的自然法概念》("*Der Begriff des Naturrechts bei den Sophisten*"),Zeitschr. d. Savigny - Stiftung für Rechtsgesch. , Rom. Abt. 32, 1911,页 149。至于对色诺芬叙述价值的怀疑(参维拉莫维茨,《柏拉图 I》Platon I 93),参 B. Horváth 的反驳,《苏格拉底和柏拉图的正义学说》(*Die Gerechtigkeitslehre des Sokrates und Platon*),Zeitschr. f. Öffentl. Recht, 10, 1931,页 259 以下。

④ Salomon,前注,页 149.

或变坏时，用于统治的法律智慧就受制于法律的本性。最愚蠢的人们的天性早已注定了受制于僭主的习俗。在僭主的习俗中，也会有最智慧的人们，只要最智慧的人们的良好天性等品质不引人注意。

五

希琵阿斯所描述的自然是否可理解成泛希腊的①规则或宇宙政治论的②规则？毫无教养的大众受习俗管制，③智术师可曾想到，自然可视为有教养的精英们的准则？以下观点毫无争议：希琵阿斯所列举的自然平等（亲缘、属性、公民）并不特别，不适用于最愚蠢的人们；苏格拉底与普罗塔戈拉受到审判，说明审慎也会遭受危险，遭受各种规则的僭政。上述都说明了自然的普遍效力以及习俗的统治力的普遍效力。④另一方面，正如前述，希琵阿斯思想具有赫拉克利特色彩，他切割了各种规则。所有人都拥有作为共通性（κοινά）的自然、逻各斯、审慎，但在通常情况下，聪明人（σοφοί）比蠢人（φαῦλοι）更接近共通性，习俗更有益于蠢人。上一句话的观点中这

---

① 冈伯茨，前揭，页 78；菲尔德罗斯、Drossberg，《古代法哲学和国家哲学纲要》（"Grundlinien der antiken Rechts - und Staatsphilosophie"），*Rechts - und Staatswissenschaften*，1，Wien，1948，页 53。

② 策勒（Zeller）、内斯特勒，I 2，1397；Echstein，前揭，页 32；门泽尔，前揭，页 19，论及宇宙政治、民主、人性。

③ Wolf，前揭，页 82（M. Untersteiner 反驳 Wolf，Sofisti，III，页 104）；Verdross，《西方法哲学》（注 11），页 22。

④ 自然和习俗统治力的普遍有效性是否涉及全希腊和宇宙政治论，暂且不论。毫无疑问，Untersteiner（I Sofisti 1949，页 344 以下）和 I. Lanas《前犬儒派时期古希腊宇宙政治论探微》（"Tracce di dottrine cosmopolitiche in grecia prima del Cinismo"），*Riv. di Filol.*，29，1951，页 320 - 325）初步呈现了宇宙政治主义。参 J. Mewaldt，《古代的世界公民》（"Das Weltbürgertum in der Antike"），*Die Antike*，2，1926，页 180 以下。

几种说法彼此粘滞。

因此，出现了一个很重要的问题：赫拉克利特的思想后来才出现自然和习俗的对立？自然和习俗的对立起源于其他人的思想？就这一矛盾思想而言，思想先驱希琵阿斯等人只是恰巧与赫拉克利特的思想相符？早期希腊的思想材料非常贫乏，难以回答上述问题。诚然，自然和习俗的矛盾思想早于希琵阿斯和希波克拉底的论文。为了使两个智术师呆瓜协调一致，柏拉图就致力于让智术师研究自然，并用习俗反射出智术师们不得体的举止，柏拉图似乎戏仿了智术师的思维模式，而智术师们无意间透露出这种思维模式。冈伯茨认为柏拉图嘲讽了"一张唱片"和"一种立体声音阶"，这有一定道理。智术师的讲辞并非不合适。智术师出色地用废话感化了别人，因为爱智慧者所爱之物（φιλοσοφούμενον）就是优雅、有逻辑的肇因，更确切地讲：古希腊最有智慧的男人并未展现符合他们声望的品质。剩下的只是冷嘲热讽。所有人满足于并称赞这些最有智慧的人们的构想（338b2）。

厄里斯的希琵阿斯及其对正义的追求[*]

奥格雷迪(Patricia O'Grady) 撰
王江涛 译

[摘要：希琵阿斯对正义概念的关注构成了本文的哲学主题。毫无疑问，希琵阿斯没有发明正义。为了理解从大写的正义（Justice）到小写的正义（justice）之间的转变，我们需要返回伟大的神宙斯，去认识他的女儿Δίκη（狄刻），狄刻是大写正义的拟人化身。我们将叙述荷马与赫西俄德所表述的正义概念，然后为了追溯正义概念的演变，我们将涉及数位希腊伟人，一直到希琵阿斯的时代，约为公元前450年。最后，我们将主要关注希琵阿斯与苏格拉底之间的联系，关注希琵阿斯对正义的理解，以及自然法与人为法之间的二分关系。]

本文只是一篇长文的缩写版——希琵阿斯是位多才多艺之士——除了柏拉图和色诺芬的著作，古代关于希琵阿斯的文献少得

---

[*] [译按] 选自 E. Close, M. Tsianikas, G. Couvalis 编，《澳大利亚的希腊研究：第六届希腊研究会议文集》(*Greek Research in Australia*: *Proceedings of the Sixth Biennial International Conference of Greek Studies*), Flinders University, June 2005, 页 19 – 26。

可怜，重建这位才华横溢的智术师的一生，需要大量的研究素材。

这是一个关于女神荻刻以及追求荻刻的凡人，厄里斯的希琵阿斯的故事。

我们现在当作古希腊神话中精彩刺激的故事，原本是古希腊人的日常宗教，古希腊人的生活与诸神的伟大家族紧紧相连，而诸神则居住在奥林匹亚山上。

荻刻神话之所以引人入胜，是因为我们都知道，当凡人们侵犯荻刻带到山上的传统价值，并且继续违反以至罪孽加深时，荻刻便抛弃了凡人，并连同拒绝了尘世。如今她被看作天空中的处女星座。

赫西俄德的作品著于公元前8—前7世纪，他告诉我们："永生不死的诸神在人们中间，他们提防着两类人，一类是以欺骗的审判压迫别人的人，另一类是对诸神的愤怒置若罔闻的人。"(《劳作与时日》，248 – 250)。①

赫西俄德来自波俄提亚（Boeotia），他的父亲是从小亚细亚迁往此地的。"佩尔苏斯啊，我们的父亲逃避的不是富裕、财产和兴旺，而是宙斯加给人们的可怕的贫穷"(《劳作》，635 – 637)。他逃跑是为了摆脱贫穷，无疑希望在希腊本土过上好日子，但波俄提亚人口稠密，土地却并不肥沃。他们居住在阿斯卡拉（Ascra），一个落后的小村庄，那里冬冷夏热，几乎没有好时光（劳作，638 – 640)。

赫西俄德从缪斯们那里获取了灵感，他在他家附近的赫利孔山上收到了来自缪斯们的神圣灵感。他这样介绍自己：

> 我不是一位诗人，也不是一位沉思者，我仅仅是一个农夫，不过恰巧收到神启罢了……新的世界充满了秩序与正义，它将取代荷马在《伊利亚特》中描述的种种古代贵族观念。在赫西俄德的《神谱》中，他记叙了缪斯们告诉他的那些事迹——他

---

① ［译按］中译文参见张竹明、蒋平译，《工作与时日》，商务印书馆，2009，页8。

以谱系的方式将各地神灵组成一个统一体,由此奠定了一个泛希腊宗教的基础。①

赫西俄德解释道:

> 其中有荻刻——宙斯与忒弥斯的女儿,她在诸神中享有荣誉和尊重,无论何时,只要有人想用欺骗的辱骂中伤她,她便坐到她父亲宙斯身旁,告诉宙斯这些人心术不正……(《劳作》,255-268)。

由此我们见到了荻刻,正义的化身。希琵阿斯非常关心正义,而且我们还注意到,上文提到的欺骗的辱骂,正是被希琵阿斯认作不义的一种恶行。

正义女神,即荻刻,虽然被描述为宙斯最宠爱的孩子,但她并不是针对弱小的正义。对于正义来说,平等是必需的:只有有了平等,才可能有正义——这一点在下文将再次被提及。

$Δίκη$具有许多含义,即使在荷马和赫西俄德那里也是如此。$Δίκη$描述律法中的判决,$Δίκη$解释说明风俗常规,$Δίκη$表达死者的约定方式:"奥德修斯没有在行为或言辞上冒犯这块土地上的任何人,这是神圣国王们的正义($Δίκη$)……"(《奥德赛》11:218)。

赫西俄德总是告诫他的兄弟要倾听正义,不要希求暴力:"反之,追求正义之事($δίκαια$)是明智之举,因为正义最终要战胜强暴"(《劳作》,213-218)。希腊人坚信,荷马与赫西俄德传达的都是真理。

接下来我跳到泰尔忒乌斯(Tyrtaeus),他活跃于公元前640

---

① Aude Engel, Hesiod, *Meet the Philosophers of Ancient Greece*, Patricia O'Grady 编, Aldershot, 2004, 页 21。

年。①泰尔忒乌斯对当时社会的不平等与不公正有着清醒的认识，他在一首名为《欧诺弥亚》的诗歌中记叙道，斯巴达充满了不平等与不公正，并且还导致了对重新划分土地的诉求。②欧诺弥亚（Eunomia），是宙斯与忒弥斯的女儿，是律法与秩序的化身。③律法与秩序充分表达出了 eunomia 的含义，尽管 eunomia 指的也许是"一种城邦内的邦民们遵守律法的状态，而不是指这一城邦拥有好律法的状态"。④

大约在公元前 620 年，德拉古（Draco）给雅典人的正义赋予了新含义。我们从他的名字中衍生出形容词 draconian 体会到这点，一般被译作"极其严酷的"。亚里士多德记叙过"在德拉古时代，发生过一次改革"，那时，即公元前 621 年，德拉古公布了一部法典。⑤德拉古甚至对于诸如偷懒、盗窃之类的轻罪处以死刑的重罚，当人们质疑德拉古的正义太过严酷时，"德拉古回应道，在他看来，轻罪理当处死，至于更大的罪，还找不到比死刑更重的刑罚"。⑥这就是德拉古意义上的正义，不过介于这段话出自普鲁塔克之笔，我们不可太过当真。

至于公元前 630 年出生的梭伦，完全是另一类立法者。如果雅典在这个时代需要一位拥有杰出才干的人，那非梭伦莫属。当时，

---

① Douglas E. Gerber 译，《泰尔忒乌斯哀歌集》（*Tyrtaeus Greek Elegiac Poetry: From the Seventh to the Fifth Centuries BC*），Cambridge，1999，页 25。

② 亚里士多德，《政治学》，1306b36。［译按］中译本参见，吴寿彭译，《政治学》，商务印书馆，1965。

③ 赫西俄德，《神谱》，902。［译按］Eunomia 的希腊文字面含义是好的律法。

④ A. Andrewes，"欧诺弥亚"（Eunomia），*The Classical Quarterly*，Vol. 32，No. 2，April，1938，页 89 – 102。

⑤ 亚里士多德，《雅典政制》，XLI。［译按］中译本参见日知、力野译，《雅典政制》，商务印书馆，1999，页 45。

⑥ 普鲁塔克，《希腊罗马名人传》，Solon：17，2，谢义伟译，商务印书馆，1990，页 184。

雅典已经陷入了经济、政治和社会危机。经济以土地的所有制为基础，而不是以货币为基础。上层与下层的经济差距悬殊，穷人负债累累，乃至要把他们自己抵押给债权人，更有甚者会被贩卖到国外当奴隶。底层阶级的愤怒主要是由于特权阶级们的贪婪无度，而不是赫西俄德所记载的错误的判决。梭伦是"一位与堪比赫西俄德的道德主义者"，①而且从梭伦的一句诗行中，我们发现，他把正义视为一种神圣的力量："我想有财富，但用不正当的方法取得它，我不愿意，正当的方法虽然慢，可是稳当"（《梭伦传》Ⅱ3）。

梭伦记叙了那些不敬畏女神获刻的人们。②他清楚那些受压迫阶层们所遭受的苦难。大约在公元前594年，梭伦，所有人中最公正、最聪明的人，被选作国家的首领（《梭伦传》ⅩⅣ3），他力图释放那些已被定罪的负债者，重新分配土地，并彻底改革政治制度（《梭伦传》ⅩⅢ3）。

一位斯基泰（Scythian）的王子阿纳卡西斯（Anacharsis）曾拜访过梭伦，他嘲笑梭伦，说梭伦妄想用写成的法律来约束公民的不义和贪婪，这种法律就像蜘蛛网一样（《梭伦传》Ⅴ2）。阿纳卡西斯是正确的，因为梭伦终将两边不讨好——特权阶层认为，梭伦在重新分配土地方面做得太过头，而贫民和奴隶则认为，梭伦在缓解不平等方面做得还不够，雅典已经饱受不平等的摧残了。

紧跟在梭伦之后的是米利都的阿那克西曼德（Anaximander），他大致生于公元前610年。阿那克西曼德关于事物本质的理论基于现存事物的稳定性概念，他把现存事物视作在本质方面有变化的科学过程，一种像自然事件的发生过程，他以非常诗意的语言描述了这一自然事件："因为万物按照时间的秩序，为它们（所谓的元素）

---

① Gregory Vlastos，《希腊哲学研究》（*Studies in Greek Philosophy*），vol. 1, Princeton，1995，页33。

② J. M. Edmonds 编，《古希腊哀歌与抑扬格》（*Greek Elegy and Iambus*），London，1961，页117 – 19。

彼此间的不义而受到惩罚并相互补偿"。①他也以这行诗闻名。

雅典人埃斯库洛斯约生于公元前525年。他不仅是一名战士，还是一位戏剧家，更对正义的首要地位有着坚定的信念，并且相信神义的统治。有人发现，随着文学的发展，正义明显被越来越多地提及，但是尽管这些对正义的提法都比较含混，大体而言，正义的转变还是有迹可循。

公元前495年，伯里克勒斯（Pericles）出生。公元前450年，伯里克勒斯成为雅典最有权势的人，最受民众欢迎领袖，公认作风廉洁。他废除了阿雷奥帕古斯（Areopagus，雅典的最高审判法庭）几乎所有的权力，把法庭向邦民们开放。他支付了邦民们的日常开销，从而使他们离开他们的土地和其他工作，投入到雅典的商业活动中去。在这个时候，邦民们必须学习如何构思一篇讲演，如何组织论据，以及如何为这些论据辩护以便反对针对它们的指责与非难。负责这项工作的便是智术师们，他们兴趣不同，但都能施行教诲。智术师是第一代正式的教师，他们中的大多数都攒下了不菲的钱财。

希琵阿斯是这些智术师中最多才多艺的一位，他来自厄里斯，厄里斯是伯罗奔尼撒半岛上的一座城邦。希琵阿斯大约生于公元前480—前470年，基本上可算作苏格拉底的同时代人。他擅长天文学、几何学、算术学、文法、音韵、音乐、谱系、神话和历史，甚至还包括哲学史。似乎只要他提前准备，他就可以讲授几乎所有的话题，无论他访问哪一座城邦都是如此。于是他成了一名广受欢迎的讲演者，并且赚了一大笔钱。希琵阿斯既不是第一位智术师，也不是最有名的智术师，但他在这个时代的历史和哲学中都是一个不可忽略的角色。

我们知道，希琵阿斯在伯罗奔尼撒战争爆发之前曾在雅典盘桓过一段时日，伯罗奔尼撒战争是雅典及其属国与斯巴达及其盟国之间的一场战争，从公元前431年一直打到公元前404年，最终以雅典的战败告终。对希腊来说，这是最具悲剧性的事件之一。作为一名伯罗奔尼撒人，一名异方人，希琵阿斯无法在战争进行期间访问

---

① Simplicius, *Physics*, 24。

雅典，除非当时正好停战。他发现了一座令人兴奋的城邦，艺术与科学在此繁荣，智识上的好奇达到了一个前所未有的高度，这种好奇心质疑迷信与传统，相信进步。所有的艺术，尤其是文学艺术，讲演术与修辞术都达到了各自的顶峰，在那个时候，各个学科的翘楚为了名声和荣誉互争高下。①

在此我不得不提到色诺芬及其作品《回忆苏格拉底》，这部作品不仅是苏格拉底文学的组成部分，更是研究希琵阿斯的重要素材。色诺芬生于公元前428年（一说前427年），当苏格拉底于前399年被判刑时，他大约29岁。色诺芬这样讲到苏格拉底的正义观：

> 关于正义，苏格拉底并不隐瞒自己的看法，而总是通过他的行为把他的看法表现出来。他在私人生活方面总是遵守法律……他却宁愿选择守法而死，而不愿违法偷生。②

苏格拉底与希琵阿斯的对话发生时，希琵阿斯已经很久没来雅典了。当时，苏格拉底正在批评以下事实，当匠人们要从该领域方面的专家那里学习技艺时，他们说如果一个人要学鞋艺或建筑术，他会找一名鞋匠或木匠，但"奇怪的是，当你本人想学习正义时，或者让你的儿子或家奴学习正义时，你并不知道到哪里去学。(《回忆》Ⅳ iv5 - 6)。

当希琵阿斯从苏格拉底那里听到这以前就听过的同样过时、无聊的讨论和提问时，他这样说道："不是吧？……依然还是我老早以前就从你那里听过的老一套？"这一套说法估计是苏格拉底最乐于听到的，他回应道："是的，不仅老一套，而且还是同一个题目呢"(《回忆》Ⅳ iv6)。

---

① Matthew Usher,"修昔底德"(Thucydides), *In Meet the Philosophers of Ancient Greece*, 2005, 页113。

② 色诺芬,《回忆苏格拉底》, Ⅳ iv1 - 4。中译本参见吴永泉译本，商务印书馆, 1986, 页161。

这样的回答表明，苏格拉底坚信"什么是正义"的问题并未得到回答。也许人们会把某个行为说成是正义的行为，或者说某个决定是正义的决定，但他们无法定义"正义"本身。一个正义的人可以说就是一个举止正义的人，但倘若一个人掌握不了"正义"的本质（essence），倘若那一本质不为人所知，那么正义的自然（nature）便无法被领会，也无法被遵循。至少，苏格拉底是这样看待正义的。

希琵阿斯同样没有意识到自己对"正义"的自然一无所知，至少在苏格拉底试图从他的对话者中提取的定义方面，希琵阿斯一无所知。也许希琵阿斯考虑的是，如果苏格拉底还是不能够得出"正义"的本质，那么致力于这一探究的争论就该结束了，年头也足够长了。希琵阿斯不关心苏格拉底式的定义。对希琵阿斯来说，正义是一个现实的问题。对希琵阿斯来说，他更愿意接着讨论正义或不义的实例，接着讨论这些实例是如何被执行的，而不是为了看似无法定义的对象进行没有结果的探究。我们可能会把这一点同亚里士多德的《尼各马可伦理学》（1103b272-329）联系起来，《尼伦》约比《希前》晚一个世纪写就："……我们认识德性是什么，不是为了探究德性的自然，而是为了使我们变善，否则我们的探究将一无是处……"。①

当时希琵阿斯语出惊人："至于正义，我自信我所说的你或任何人都无法反驳"（《回忆》Ⅳ ⅳ 7）。

震惊的苏格拉底报之以嘲弄。他故作轻蔑，对希琵阿斯在正义上的大发现感到高兴，这发现乃是一桩大好事：这样一来，法官们不再有分歧，邦民们也不会在打官司，互相之间也不再起争执。反讽的苏格拉底对希琵阿斯如此不屑一顾，但希琵阿斯还是接受了挑战。他回答：

---

① ［译按］中译本参见廖申白译注，《尼各马可伦理学》，商务印书馆，2003，页37。

在你没有首先把自己对于正义的自然的看法讲出来之前，我发誓你是听不到我的意见的；因为，你总是在嘲笑别人，质疑、反驳每一个人，从不透露自己的看法，在任何事上都不愿表达自己的意见（《回忆》Ⅳ iv 9）。

苏格拉底和希琵阿斯的论争接下来转移到"城邦的律法"上。希琵阿斯说，"城邦的律法"是"由邦民们缔结而成"，规定邦民们应该做什么和不应该做什么（《回忆》Ⅳ iv 13）。

希琵阿斯不太关心人造法，因为在他看来，"制定这些律法的人通常是那些废除并修改律法的人"（《回忆》Ⅳ iv 13）。毫无疑问，正是人造法审判了苏格拉底，并处以他死刑。

自然法是普遍的律法。苏格拉底和色诺芬都同意未成文法是由诸神制定的神圣律法（《回忆》Ⅳ iv 19）。洞悉神明的标准被视作不可克服的问题，况且神圣启示似乎也屈指可数：有两个实例算得上神圣启示；一是上文提到的赫西俄德，他在《神谱》中记载了诸神的律法，是缪斯把这些律法揭示给赫西俄德的；而在西奈山上，神法是以十诫的形式颁布给摩西的。

另一个证据是，除了服兵役，苏格拉底打出生以来从未离开过雅典这座城邦。乡下什么都教不了他。因此苏格拉底缺少机会直接观察其他城邦或国家的生活方式与风俗习惯。希琵阿斯在这方面比苏格拉底更有阅历。他游历四方，有机会观察不同的社会及其风俗，以及这些社会施行正义的方式。

现在让我们转向柏拉图的对话《希前》与《希后》。《希前》的戏剧时间设定在尼西阿斯和平时期，大约是公元前421—前416年，《希后》发生在《希前》的两天之后。

《希前》以苏格拉底问候希琵阿斯开场，对话提到希琵阿斯有很长一段时间没有来过雅典了。希琵阿斯解释道，他太忙了，常常要作为厄里斯的使者公干，因为他的邦民们都把希琵阿斯看作是最有能力代表他们的人。

我们可以设想希琵阿斯具有一位使者的必要素质，而苏格拉底似乎明显缺乏这些使希琵阿斯显得非常得体的素质——苏格拉底不是使他安抚的人更加愤怒就是使他们更加沮丧,并在讨论德性和正义等事物的本质时把他们弄得焦头烂额。

在《希前》中我们得知,希琵阿斯在访问雅典期间,受一位名叫欧狄库斯的人之邀,准备举行一场讲演。这场谈话或讲演是准备过的,之前在斯巴达的时候就讲过一次。这一讲演说明了何谓年轻人应当追求的操持。希琵阿斯把家喻户晓的特洛伊故事编入了他的讲演:

> 我讲的是在特洛伊陷落后,涅奥普托勒摩斯请教涅斯托尔什么类型的高贵操持才能使践行它们的人获得高贵的名誉,就算践行它们的是一位年轻人。作为回答,涅斯托尔向他展示了一系列高贵的习俗。(《希前》286b)

这当然令人敬佩,虽然我们不知道涅斯托尔的建议是什么,但我们可以肯定,他的建议与德性和勇气相关,而且他的建议不是诡辩术。

希琵阿斯说:"我认为荷马把阿基琉斯塑造成远赴特洛伊的人中最优秀的一位,把涅斯托尔塑造成最聪明的,把奥德修斯塑造成最诡计多端的"(《希后》364c)。受人尊敬的涅斯托尔是派罗斯国王,派罗斯与厄里斯接壤。奥德修斯是拉埃尔特斯(Laertes)之子,伊达卡的国王,佩涅洛佩(Penelope)的丈夫。伊达卡位于厄里斯的西北边,与厄里斯相距不过100公里。阿基琉斯是女神忒提斯的儿子,但无论真实抑或虚构中的阿基里斯都是一个人,而不是神。他的名字可能与阿卡罗斯河(Achelous)有关,阿卡罗斯河位于希腊内陆,在伊达卡的东边。有人会认为,希琵阿斯会从邻邦的涅斯托尔和附近的奥德修斯和阿基琉斯发掘出遗物。这三人在希琵阿斯的讲演中有可能是真实存在的人物。关于这些人物,希琵阿斯当然知道得比我们多,或许有人会这样设想现场演说,涅斯托尔、阿基琉斯和奥德修斯的品德、缺点、刚强与软弱为高贵的操持提供了例子,这些例子在希琵阿斯的讲演中起着重要作用。

普鲁塔克记载道，希琵阿斯宣称诽谤是一件"可怕的事情"，比暴力还糟糕，因为诽谤不够光明正大（普鲁塔克，《论诽谤》，残篇156）。

就我所搜集到的证据而言，我认为正义概念是希琵阿斯哲学中的要害问题。关于这一论题还有许多地方有待阐述，但这是另一篇更长论文的工作。

让我考虑一下当今的两件关于正义的案例。第一件案例，1983年，澳大利亚人见证了一件环保主义者事件，这一事件关系到在塔斯马尼亚境内一座水坝的修建，即著名的富兰克林河保护运动。①

凭借四票比三票的优势，澳大利亚最高法院判决，联邦政府有权否决塔斯马尼亚政府。于是富兰克林河与戈登河得以保存。但是什么造成了四票比三票这一结果的呢？结果无非表明的是四种个人看法的优势——一次判决的决定获胜。那能够被称作正义么？

另一件案例，2000年美国总统大选：布什对阵戈尔。最终结果依赖的是佛罗里达法院。布什以微弱优势胜出，并进而赢得了总统职位。然而，佛罗里达法院判决的结果引起了民主党阵营的争议，主要原因在于，某些机打选票作废了。这一事件上诉到佛罗里达最高法院，佛罗里达最高法院命令重新计票。共和党阵营反对美国最高法院的决议，最高法院认为不应该重新计票。实际上，这就宣布了布什的胜利。美国最高法院决议的投票结果是五票对四票。

多数人的决议基本考虑的是重新计票太花费时间。不过，每一位法官作出判决时都有自己独立的依据，整个判决都非常模糊，并受到了党派因素的影响。这就是所谓的正义的结果，充斥着相互冲突的考虑，与称之为"真正的"正义毫不相干。

那什么是正义？它是主观的吗，人们是否必须面对这一没有绝对可言的恐怖局面？——人是衡量万物的尺度吗，就像普罗塔戈拉说的那样？正义是神法还是人法？正义是可以定义的，还是可知的？

我们读到或者听到人们说"我要的是正义得到伸张"；"我只要

---

① 欲知详情请参见该网站，http：//en.wikipedia.org/wiki/Franklin_Dam。

一点点正义";"在那件事上没有正义"。我们依然在寻找着飘忽不定的正义女神,但在所有国家的所有团体的男人和女人达成一致前,在平等得到建立和保存之前,都不会有正义,Δίκη依旧像天上的处女座遥不可及。

图书在版编目（CIP）数据

苏格拉底与希琵阿斯 / 王江涛编译． -- 北京 ：华夏出版社，2015.6
（西方传统：经典与解释）
ISBN 978-7-5080-8483-1

Ⅰ．①苏… Ⅱ．①王… Ⅲ．①柏拉图（前427～前347）－哲学思想－研究 Ⅳ．① B502.232

中国版本图书馆CIP数据核字(2015)第102303号

苏格拉底与希琵阿斯

编　　译	王江涛
责任编辑	马涛红
责任印制	刘　洋
出版发行	华夏出版社
经　　销	新华书店
印　　刷	三河市少明印务有限公司
装　　订	三河市少明印务有限公司
版　　次	2015年6月北京第1版　　2015年9月北京第1次印刷
开　　本	880×1230　　1/32
印　　张	7.75
字　　数	240千字
定　　价	45.00元

华夏出版社　地址：北京市东直门外香河园北里4号　邮编：100028
　　　　　　　网址：www.hxph.com.cn　　电话：(010)64663331(转)
若发现本版图书有印装质量问题，请与我社营销中心联系调换。

西方传统：经典与解释

西方传统：经典与解释
Classici et Commentarii
HERMES
刘小枫◎主编

古今丛编

试论古今革命
[法]夏多布里昂 著

托兰德与激进启蒙
刘小枫 编

《劳作与时日》笺释
吴雅凌 撰

图书馆里的古今之战
[英]斯威夫特 著

但丁：皈依的诗学
[美]弗里切罗 著

在西方的目光下
[英]康拉德 著

大学与博雅教育
董成龙 编

恐惧与战栗
[丹麦]基尔克果 著

探究哲学与信仰——基尔克果与苏格拉底
[美]郝岚 著

穆佐书简
[奥]里尔克 著

撒路斯特与政治史学
刘小枫 编

民主的本性——托克维尔的政治哲学
[法]马南 著

希罗多德的王霸之辨
吴小锋 编/译

梅尔维尔的政治哲学——《切雷诺》及其解读
李小均 编/译

第二代智术师——罗马帝国早期的文化现象
安德森 著

英雄诗系笺释
[古希腊]荷马 著

统治的热望
——修昔底德笔下的阿尔喀比亚德和帝国政治
[美]福特 著

席勒美学的哲学背景
[美]维塞尔 著

雅典谐剧与逻各斯
——《云》中的修辞、谐剧性及语言暴力
[美]奥里根 著

莱园哲人伊壁鸠鲁
罗晓颖 选编

果戈里与鬼
[俄]梅列日科夫斯基 著

托尔斯泰与陀思妥耶夫斯基（两卷本）
[俄]梅列日科夫斯基 著

自传性反思
[德]沃格林 著

黑格尔与普世秩序
[美]希克斯 等著

新的方式与制度
——马基雅维利的《论李维》研究
[美]曼斯菲尔德 著

论埃及神学与哲学——伊希斯与俄赛里斯
[古希腊]普鲁塔克 著

凯撒的剑与笔
李世祥 编/译

纪念苏格拉底——哈曼文选
刘新利 选编

科耶夫的新拉丁帝国
[法]科耶夫 等著

夜颂中的革命和宗教——诺瓦利斯选集卷一
[德]诺瓦利斯 著

大革命与诗话小说——诺瓦利斯选集卷二
[德]诺瓦利斯 著

《利维坦》附录
[英]霍布斯 著

巨人与侏儒
[美]布鲁姆 著

或此或彼（上、下）
[丹麦]基尔克果 著

海德格尔与有限性思想（重订版）
刘小枫 选编

海德格尔式的现代神学
刘小枫 选编

走向古典诗学之路
——相遇与反思：与伯纳德特聚谈
[美]伯格 编

论宗教大法官的传说
[俄]罗赞诺夫 著

上帝国的信息
[德]拉加茨 著

双重束缚
[美]基拉尔 著

俄耳甫斯教祷歌
吴雅凌 编译

俄耳甫斯教辑语
吴雅凌 编译

黑格尔的观念论
[美]皮平 著

古今之争中的核心问题
[德]迈尔 著

浪漫派风格——施莱格尔批评文集
[德]施莱格尔 著

神圣的罪业
[美]伯纳德特 著

论永恒的智慧
[德]苏索 著

宗教经验种种
[美]詹姆斯 著

尼采反卢梭
[美]凯斯·安塞尔-皮尔逊 著

施米特对自由主义的批判
[美]约翰·麦考米克 著

舍勒思想评述
[美]弗林斯 著

诗与哲学之争
[美]罗森 著

基督教理论与现代
[德]特洛尔奇 著

亚历山大的克雷蒙
[意]塞尔瓦托·利拉 著

伊壁鸠鲁主义的政治哲学
[意]詹姆斯·尼古拉斯 著

神圣与世俗
[罗]伊利亚德 著

中世纪的心灵之旅——波纳文图拉神学著作选
[意]圣·波纳文图拉 著

弓弦与竖琴——从柏拉图解读《奥德赛》
[美]伯纳德特 著

论古人的智慧
[英]培根 著

柏拉图注疏集

情敌
[古希腊]柏拉图 著

哲学如何成为苏格拉底式的
[美]朗佩特 著

苏格拉底与希琵阿斯
王江涛 编译

理想国
[古希腊]柏拉图 著

谁来教育老师——《普罗塔戈拉》发微
刘小枫 编

立法者的神学——柏拉图《法义》卷十绎读
林志猛 编

柏拉图对话中的神
[德]薇依 著

厄庇诺米斯
[古希腊]柏拉图 著

智慧与幸福——柏拉图的《厄庇诺米斯》
程志敏 选编

论柏拉图对话
[德]施莱尔马赫 著

柏拉图《美诺》疏证
[美]克莱因 著

政治哲学的悖论——苏格拉底的哲学审判
[美]郝岚 著

神话诗人柏拉图
张文涛 选编

人应该如何生活
[美]布鲁姆 著

阿尔喀比亚德
[古希腊]柏拉图 著

叙拉古的雅典异乡人——柏拉图《书简七》探幽
彭磊 选编

阿威罗伊论《王制》
[阿拉伯]阿威罗伊 著

《王制》要义
刘小枫 选编

柏拉图的《会饮》
[古希腊]柏拉图 等著

苏格拉底的申辩
[古希腊]柏拉图 著

苏格拉底与政治共同体
[美]尼科尔斯 著

政制与美德——柏拉图《法义》疏解
[美]潘戈 著

《法义》导读
[法]卡斯代尔·布舒奇 著

论真理的本质
[德]海德格尔 著

哲人的无知
[德]费勃 著

米诺斯
[古希腊]柏拉图 著

亚里士多德注疏集

品格的技艺
[美]加佛 著

亚里士多德哲学的基本概念
[德]海德格尔 著

《政治学》疏证
[意]托马斯·阿奎那 著

尼各马可伦理学义疏
——亚里士多德与苏格拉底的对话
[美]伯格 著

哲学之诗——亚里士多德《诗学》解诂
[美]戴维斯 著

对亚里士多德的现象学解释
[德]海德格尔 著

城邦与自然——亚里士多德与现代性
刘小枫 编

论诗术中篇义疏
[阿拉伯]阿威罗伊 著

哲学的政治——亚里士多德《政治学》疏证
[美]戴维斯 著

色诺芬注疏集

居鲁士的教育
[古希腊]色诺芬 著

驯服欲望——施特劳斯笔下的色诺芬撰述
[法]科耶夫 等著

论僭政——色诺芬《希耶罗》义疏
[美]施特劳斯 著

色诺芬的《会饮》
[古希腊]色诺芬 著

莎士比亚绎读

莎士比亚笔下的爱与友谊
[美]布鲁姆 著

莎士比亚戏剧与政治哲学
彭磊 选编

莎士比亚的政治盛典
[美]阿鲁里斯/苏利文 编

丹麦王子与马基雅维利
罗峰 选编

卢梭集

论哲学生活的幸福
[德]迈尔 著

致博蒙书
[法]卢梭 著

政治制度论
[法]卢梭 著

哲学的自传——卢梭的《孤独漫步者的遐思》
[法]卢梭 著

文学与道德杂篇
[法]卢梭 著

设计论证——卢梭的《社会契约论》
[美]吉尔丁 著

卢梭的自然状态
[美]普拉特纳 等著

卢梭的榜样人生——作为政治哲学的《忏悔录》
[美]凯利 著

莱辛注疏集

汉堡剧评
[德]莱辛 著

关于悲剧的通信
[德]莱辛 著

《智者纳坦》研究版
[德]莱辛 等著

启蒙运动的内在问题——莱辛思想再释
[美]维塞尔 著

莱辛剧作七种
[德]莱辛 著

历史与启示——莱辛神学文选
[德]莱辛 著

论人类的教育——莱辛政治哲学文选
[德]莱辛 著

尼采注疏集

尼采与基督教——尼采的《敌基督》论集
刘小枫 编

尼采眼中的苏格拉底
[美]丹豪瑟 著

尼采的使命——《善恶的彼岸》绎读
[美]朗佩特 著

尼采与现时代——解读培根、笛卡尔与尼采
[美]朗佩特 著

动物与超人之间的绳索
[德]A.彼珀 著

施特劳斯集

苏格拉底问题与现代性[增订本]
——施特劳斯演讲与论文集：卷二
[美]列奥·施特劳斯 著

政治哲学与启示宗教的挑战
[德]迈尔 著

霍布斯的宗教批判
[美]列奥·施特劳斯 著

斯宾诺莎的宗教批判
[美]列奥·施特劳斯 著

门德尔松与莱辛
[美]列奥·施特劳斯 著

哲学与律法——论迈蒙尼德及其先驱
[美]列奥·施特劳斯 著

迫害与写作艺术
[美]列奥·施特劳斯 著

柏拉图式政治哲学研究
[美]列奥·施特劳斯 著

阅读施特劳斯
[美]斯密什 著

《会饮》讲疏
[美]列奥·施特劳斯 著

柏拉图《法义》的论辩与情节
[美]列奥·施特劳斯 著

什么是政治哲学
[美]列奥·施特劳斯 著

古典政治理性主义的重生
[美]列奥·施特劳斯 著

施特劳斯与流亡政治学
[美]谢帕德 著

犹太哲人与启蒙
——施特劳斯演讲与论文集：卷一
[美]列奥·施特劳斯 著

回归古典政治哲学——施特劳斯通信集
[美]列奥·施特劳斯 著

隐匿的对话——施米特与施特劳斯
[德]迈尔 著

苏格拉底与阿里斯托芬
[美]列奥·施特劳斯 著

古典学丛编

希腊古风时期的真理大师
[法]德蒂安 著

古罗马的教育
[英]葛怀恩 著

古典学与现代性
刘小枫 编

表演文化与雅典民主政制
[英]戈尔德希尔、奥斯本 编

西方古典文献学发凡
刘小枫 编

古典语文学常谈
克拉夫特 著

古希腊文学常谈
[英]多佛 等著

修昔底德集

修昔底德笔下的人性
[加]欧文 著

修昔底德笔下的演说
[美]斯塔特 著

古希腊政治理论
格雷纳 著

赫西俄德集

神谱笺释
吴雅凌 撰

赫西俄德：神话之艺
[法]居代·德·拉孔波 等著

赫拉克勒斯之盾笺释
罗逍然 译笺

古希腊诗歌丛编

阿尔戈英雄纪（上、下）
[古希腊]阿波罗尼俄斯 著

诗歌与城邦
[美]费拉格、纳吉 主编

品达注疏集

幽暗的诱惑——品达、晦涩与古典传统
[美]汉密尔顿 著

阿里斯托芬集
《阿卡奈人》笺释
[古希腊]阿里斯托芬 著

古希腊肃剧注疏集
希腊肃剧与政治哲学
[美]阿伦斯多夫 著

希伯莱圣经历代注疏
希腊化世界中的犹太人
[英]威尔逊 著

第一亚当和第二亚当
[德]朋霍费尔 著

新约历代经解
属灵的寓意
[古罗马]俄里根 著

维吉尔注疏集
《埃涅阿斯纪》章义
王承教 选编

维吉尔的帝国
阿德勒 著

塔西佗集
塔西佗的政治史学
曾维术 编

但丁集
但丁的圣约书
[美]霍金斯 著

洛克集
上帝、洛克与平等
[美]沃尔德伦 著

施米特集
宪法专政——现代民主国家中的危机政府
[美]罗斯托 著

美国宪政与古典传统
美国1787年宪法讲疏
[美]阿纳斯塔普罗 著

大学素质教育读本
古典诗文绎读 西学卷·古代编（上、下）
古典诗文绎读 西学卷·现代编（上、下）

中国传统：经典与解释
Classici et Commentarii
经典与解释
刘小枫 陈少明◎主编

皇清经解提要
[清]沈豫 撰

冬灰录
[明]方以智 著

从公羊学论《春秋》的性质
阮芝生 撰

药地炮庄笺释·总论篇
[明]方以智 著

松阳讲义
[清]陆陇其 著

起凤书院答问
[清]姚永朴 撰

青原志略
[明]方以智 原编

冬炼三时传旧火——港台学人论方以智
邢益海 编

药地炮庄
[明]方以智 著

周礼疑义辨证
陈衍 撰

经学通论
[清]皮锡瑞 著

韩愈志
钱基博 著

论语辑释
陈大齐 著

《庄子·天下篇》注疏四种
张丰乾 编

荀子的辩说
陈文洁 著

古学经子—— 十一朝学术史述林
王锦民 著

经学以自治——王闿运春秋学思想研究
刘少虎 著

《铎书》校注
孙尚扬 肖清和 等校注

经典与解释辑刊（刘小枫　陈少明　主编）

1. 柏拉图的哲学戏剧
2. 经典与解释的张力
3. 康德与启蒙
4. 荷尔德林的新神话
5. 古典传统与自由教育
6. 卢梭的苏格拉底主义
7. 赫尔墨斯的计谋
8. 苏格拉底问题
9. 美德可教吗
10. 马基雅维利的喜剧
11. 回想托克维尔
12. 阅读的德性
13. 色诺芬的品味
14. 政治哲学中的摩西
15. 诗学解诂
16. 柏拉图的真伪
17. 修昔底德的春秋笔法
18. 血气与政治
19. 索福克勒斯与雅典启蒙
20. 犹太教中的柏拉图门徒
21. 莎士比亚笔下的王者
22. 政治哲学中的莎士比亚
23. 政治生活的限度与满足
24. 雅典民主的谐剧
25. 维柯与古今之争
26. 霍布斯的修辞
27. 埃斯库罗斯的神义论
28. 施莱尔马赫的柏拉图
29. 奥林匹亚的荣耀
30. 笛卡尔的精灵
31. 柏拉图与天人政治
32. 海德格尔的政治时刻
33. 荷马笔下的伦理
34. 格劳秀斯与国际正义
35. 西塞罗的苏格拉底
36. 基尔克果的苏格拉底
37. 《理想国》的内与外
38. 诗艺与政治
39. 律法与政治哲学
40. 古今之间的但丁
41. 拉伯雷与赫尔墨斯秘学
42. 柏拉图与古典乐教

刘小枫集

诗化哲学［重订本］
拯救与逍遥［修订本］
走向十字架上的真
这一代人的怕和爱［增订本］
现代性与现代中国：现代性社会理论绪论
沉重的肉身
圣灵降临的叙事［增订本］
罪与欠
西学断章
现代人及其敌人
儒教与民族国家
拣尽寒枝
施特劳斯的路标
重启古典诗学
共和与经纶
设计共和
卢梭与我们
好智之罪：普罗米修斯神话通释
民主与爱欲：柏拉图《会饮》绎读
民主与教化：柏拉图《普罗塔戈拉》绎读
巫阳招魂：《诗术》绎读

编修［博雅读本］

凯若斯：古希腊语文读本［全二册］
古希腊语文学述要
雅努斯：古典拉丁语文读本
古典拉丁语文学述要
危微精一：政治法学原理九讲
琴瑟友之：钢琴与古典乐色十讲